D1869060

Margret Steen · Die Langenbachs

Margret Steen

Die Langenbachs

Vierhundert Jahre Frankfurter Familiengeschichte

Verlag Waldemar Kramer

Bibliografische Information Der Deutschen Bibliothek
Die Deutsche Bibliothek verzeichnet diese Publikation in der Deutschen Nationalbibliografie; detaillierte bibliografische Daten sind im Internet über http://dnb.ddb.de abrufbar.

© 2002 Verlag Waldemar Kramer, Frankfurt am Main
ISBN 3 7829 0536 9
www.frankfurtbuecher.de
Umschlagentwurf: Peter H. Schäfer, Frankfurt am Main, unter Verwendung des Bildes auf Seite 125: Geschäftshaus in der Kaiserstraße.
Bildnachweis:
Institut für Stadtgeschichte, Frankfurt am Main: S. 19, 25, 37, 81, 122, 125, 139, 145, 153, 169
Historisches Museum, Frankfurt am Main: S. 35, 39, 68, 105
alle übrigen: privat
Druck: Betz-Druck GmbH, Darmstadt
Buchbinderische Verarbeitung: Schaumann GmbH, Darmstadt

Inhalt

7 Ankunft in Frankfurt
17 Die frühen Jahre
29 Der Fettmilchaufstand
45 Rabbiner in schweren Zeiten
52 Brand in der Judengasse
59 Das Zeitalter der Aufklärung
69 Neue Perspektiven
83 Wanderjahre
89 Schikanen
99 Die bürgerlichste Stadt
111 Familie
118 Möbelhandlung
130 Glückliche Jahre
141 Das Ende der guten alten Zeit
156 Der Niedergang der Firma
165 Das Ende der Republik
171 Auswanderung und Wiederkehr
179 Weit weg von Europa
184 Neuer Anfang in Brasilien
198 Nachwort

Ankunft in Frankfurt

Um 1590 kommen die Langenbachs nach Frankfurt. Sie sind nicht die einzigen, die es in die Reichsstadt zieht. Seit dem Augsburger Religionsfrieden von 1555 herrscht nach den Wirren von Bauernkriegen und Reformation Frieden im Land. 1565 stellt der Frankfurter Rat fest, dass Frankfurt gegenüber vergleichbaren Städten eine zu geringe Bevölkerungszahl habe. Etwa 18 000 Einwohner zählt Frankfurt um 1600, Köln und Augsburg sind da mit 40 000 Bewohnern deutlich größer. Dem Rat macht Sorge, dass vor allem in der Neustadt „neben etlichen Häusern an den Straßen weitläufige Plätze und Gärten" zu finden seien, „daraus leichtlich zu schließen, daß von wenigen gesteuert oder Nutzens gehabt werden möge". Um dem Mangel an Steuerzahlern abzuhelfen, sucht der Rat „habhaftige Leute herbeizuziehen". Zwischen 1556 und 1593 zeigen die Steuerlisten den Erfolg der Ansiedlungspolitik. Die Zahl der Steuerzahler vermehrt sich um fünfhundertunddrei Personen – von 2489 auf 2992. Denn in den Nachbarländern sind die Glaubenskriege noch in vollem Gange und so fliehen Calvinisten und Lutheraner aus Frankreich, Spanien, Italien und vor allem den Niederlanden. Anfangs werden sie auch in Frankfurt, das in der Reformationszeit lutherisch geworden ist, freundlich aufgenommen.

Die Glaubensflüchtlinge bringen aus ihren Heimatländern höher entwickelte Techniken und neue Herstellungsverfahren mit. Besonders im Tuchgewerbe, der Seidenweberei, der Posamentenherstellung und der Edelsteinschleiferei haben die Neuankömmlinge herausragende Kenntnisse. Sie fördern diese Handwerke und sie handeln mit diesen Produkten. Da natürlich nicht nur die reichen Kaufleute vor der religiösen Verfolgung geflohen sind, sondern auch unbemittelte Handwerker, gelingt den Neuankömmlingen sehr schnell der Aufbau einer florierenden Seidenindustrie. Seidenstoffe und vor allem Posamente werden hier gefertigt – Fransen, Bänder, Litzen und Schnüre aus Seide. Die neuen Frankfurter führen in der Stadt eine bis dato unbekannte Produktionsform ein: den Verlag. Ein kapitalkräftiger Kaufmann stellt einem Handwerker Rohstoffe zur Verfügung und nimmt ihm das Endprodukt ab, um es selber zu verkaufen. Damit hört der Handwerksmeister auf sein eigener Unternehmer zu sein.

Die Posamentierer bilden mit zwei- bis dreihundert Meistern die größte Zunft in Frankfurt. Die meisten von ihnen arbeiten in Abhängigkeit von Verlegern. Nur 10 % des produzierten Warenwertes geht an die Hersteller. Gesellen werden kaum noch gebraucht, denn an den mechanischen Webstühlen können auch Ungelernte arbeiten, Tagelöhner und deren Kinder.

Das zünftige Handwerk sieht in den Neuankömmlingen zu Recht eine einschneidende Konkurrenz. Schließlich dürfen Frankfurter Handwerksmeister nur zwei bis drei Personen beschäftigen. Lehrlinge müssen zwei bis sechs Jahre lernen, ein Geselle muß ein Jahr bei seinem Meister arbeiten, bevor er eine eigene Werkstatt eröffnen kann. Damit die Konkurrenz nicht zu groß wird und genügend abhängige Arbeitskräfte vorhanden sind, verlangen die Zunftordnungen ein teures Meisterstück und jahrelange Wanderschaften. Die Glaubensflüchtlinge sind auch sonst nicht beliebt in der Stadt: die Patrizier fürchten um ihre ansehnliche Stellung, da einige Flüchtlingsfamilien zu erheblichem Reichtum kommen; der mühsam ausbalancierte Religionsfrieden zwischen den Lutheranern und den Katholiken scheint durch die Reformierten in Gefahr. Daher wird ihnen ihre Religionsausübung in der Stadt untersagt. Mit ihrer Wirtschaftsmacht sorgen sie für die Proletarisierung der städtischen Unterschichten. (Als Reformierte werden die Anhänger Zwinglis und Calvins bezeichnet, die französischen Calvinisten nennen sich Hugenotten. Der reformierte Gottesdienst wird sonntags in der Jakobskirche in Bockenheim abgehalten, das damals zu Hanau gehört. Erst 1788 dürfen die Reformierten in Frankfurt selbst ihren Gottesdienst abhalten.)

Viele der reformierten Glaubensflüchtlinge, später auch die Hugenotten, bleiben nur kurze Zeit in Frankfurt. Sie ziehen weiter an Orte, wo man sie nicht nur ihrer Steuerkraft wegen schätzt. An manchen Orten wird ihre innovative Leistungsfähigkeit so geschätzt, dass man ihre Ansiedlung durch die Gewährung von Steuerfreiheit fördert.

In den vergangenen Jahrhunderten war die Reichsstadt stark landwirtschaftlich geprägt gewesen. Die bäuerliche Produktion in der Stadt und den zu ihr gehörigen Dörfern diente der Versorgung der eigenen Bevölkerung, auch das zünftige Handwerk produzierte überwiegend für den lokalen Eigenbedarf. Die Flüchtlinge bringen die kapitalistische Neuzeit ins fast noch mittelalterliche Frankfurt.

Da sind Konflikte zwischen den Gewinnern und den Verlierern der neuen Zeit vorprogrammiert.

Die herausragende Bedeutung Frankfurts als Handelsstadt entwickelt sich erst mit dem Zuzug der Flüchtlinge. Die Frankfurter Herbst- und Frühjahrsmessen gewinnen stetig an Gewicht, verbunden damit blüht das Bank- und Wechselgeschäft. Die Bezahlung der auf der Messe gehandelten Waren erfolgt häufig mit Wechseln, die erst am nächsten Messetermin fällig sind. Durch den Geldbedarf der Fürsten, die ihre Söldnerheere und den Luxus ihrer Hofhaltung finanzieren müssen, erweitert sich der internationale Kreditverkehr erheblich. Auf den großen Messen werden gewaltige Anleihen aufgenommen. Große Handelsgesellschaften und bedeutende Händler geben den arbeitsintensiven Warenhandel auf und verlegen sich ganz auf das Geldgeschäft. Hier sind hohe Gewinne zu erzielen, allerdings ist das Risiko ungleich höher als im Warenverkehr.

Während sich die wirtschaftlichen Strukturen der Stadt vergleichsweise schnell ändern, bleibt im sozialen Gefüge und in der politischen Vertretung alles beim Alten. Die Frankfurter Bevölkerung gliedert sich nach in sich abgeschlossenen Ständen. Die Zugehörigkeit hängt von Herkunft und Vermögen, Amt und Beruf ab. Den vornehmsten Stand bilden die Patrizier. Sie hatten über Jahrhunderte Reichtum und Ansehen erworben, nennen sich „uralt-adlig“ und bezeichnen alle anderen als Untertanen. Die alten Geschlechter dieses „Stadtadels“ achten sorgfältig darauf, dass kein anderer Bürger zu ihnen aufsteigen kann, sei er auch noch so reich. An zweiter Stelle folgen bedeutende Kaufleute, Unternehmer und Gelehrte, die vornehmen Bürger. Die Handwerker und einfachen Krämer, die an dritter Stelle in der Ständehierarchie kommen, machen mit etwa dreitausend Haushalten die größte Gruppe aus. Wenig Ansehen genießen die etwa dreitausend Personen, die sich als Lohnarbeiter, Dienstmägde, Tagelöhner und Fuhrleute verdingen müssen.

Auch der Rat der Stadt entspricht der Ständepyramide. Die drei Bänke, aus denen die Stadtregierung besteht, werden zu zwei Dritteln mit Patriziern, zu einem Drittel mit Handwerksmeistern besetzt. Dabei entscheiden die Patrizier nicht nur über die Besetzung ihrer eigenen Ratssitze, sie wählen auch die Vertreter der dritten Bank, die sich das Handwerk im 14. Jahrhundert ertrotzt hat, aus bestimmten Zünften aus. An der Spitze des Rats stehen der Stadtschultheiß und die beiden Bürgermeister, sämtlich Patrizier. Der größte Teil der Bevölkerung ist im Rat überhaupt nicht vertreten.

Auf der alleruntersten Stufe in der Hierarchie der Ständegesellschaft stehen die Juden. Auch von ihnen kommen jetzt viele in die Reichsstadt, obwohl Frankfurt ihnen nicht besonders wohl gesonnen ist. Die ersten Belege für jüdische Bewohner in Frankfurt stammen aus dem 12. Jahrhundert. Zu jener Zeit sind Juden in Frankfurt wie an anderen Orten des Reiches noch Einwohner gleichen Rechts. Weder in der Ausübung ihrer Berufe noch in der Belastung durch Abgaben und Dienste unterscheiden sich christliche und jüdische Nachbarn. Die Maße der Freiheit wie der Abhängigkeit bewegen sich innerhalb der Zuordnungen der mittelalterlichen Gesellschaft. Erst mit der Etablierung des Christentums als herrschender Religion in Europa ändert sich das Verhältnis von Christen und Juden. Nun werden die Juden als Gruppe wahrgenommen, die andere Religion zum feindseligen Glauben erklärt.

Zur Ausbreitung des siegreichen Glaubens wird mit den Kreuzzügen nicht nur dem Morgenland der „Heilige Krieg“ erklärt, auch im Inneren beginnt die Verfolgung der Andersgläubigen: der jüdischen Bauern, Handwerker, Gelehrten und Kaufleute.

Die erste Nachricht über die Verfolgung Frankfurter Juden stammt aus der Mitte des 13. Jahrhunderts. Als „erste Frankfurter Judenschlacht“ geht das Pogrom in die Überlieferung ein. Etwa hundertachtzig Juden werden getötet, die vierundzwanzig Überlebenden müssen sich zwangstaufen lassen.

Rechtfertigende Grundlage dieser wie weiterer Verfolgungen sind Beschlüsse des dritten (1179) und vierten (1215) Laterankonzils: sie formulieren die Mittel der Ausgrenzung. Dazu gehören die Einrichtung von Ghettos, Kleidungsvorschriften zur Kennzeichnung ihrer Träger als Juden und das Verbot des „Wuchers“ – sprich des Zinsnehmens – für Christen.

Noch zur Zeit der „ersten Judenschlacht“ (1241) gelten die jüdischen Bewohner der Stadt als Frankfurter Bürger. Sie unterstehen dem Schutz des Kaisers und haben den Rechtsstatus als „kaiserliche Kammerknechte“. Schutz bezeichnet im Mittelalter ein Abhängigkeitsverhältnis. Wer geschützt wird, gehört zu den Personen mit eingeschränkter Freizügigkeit und muß für den Schutz Abgaben und Dienste leisten.

Für den, der schützt, ist die ihm anvertraute Gruppe also auch eine gute Einnahmequelle. „Ihr gehört uns mit Leib und Gut an, wir mögen mit euch schaffen, tun und handeln, wie wir wollen und wie es uns gut dünkt“, beurkundet Kaiser Ludwig der Bayer den Status der Juden. Das war wörtlich gemeint: 1349 verpfändet der verschuldete Kaiser Karl IV. die Frankfurter Juden an den Rat der Stadt. Wem die Juden nun wirklich „gehören“, ob dem Kaiser oder der Stadt, wird in den folgenden Jahrhunderten immer wieder zum Kristallisationspunkt von Auseinandersetzungen zwischen Bürgerschaft, Rat und Kaiser. Zu ihrem Schutz zahlen die Frankfurter Juden nun abwechselnd an den Rat und an den Kaiser Judensteuer, Kopfgelder, Strafgelder, Ehrenabgaben usw.

Nur kurze Zeit danach dringt die Horde der Geißler in Frankfurt ein und brennt die halbe Stadt nieder. Alle Juden werden ermordet oder kommen in ihren brennenden Häusern um. Die „zweite Judenschlacht“, wie das Massaker genannt wird, geht einher mit Judenverfolgungen im ganzen Reich.

Erst Jahre später siedeln sich wieder Juden in Frankfurt an. Auch diese dritte jüdische Gemeinde in Frankfurt wohnt zwischen Dom und Main. An der Nachbarschaft zwischen Dom und Synagoge entzünden sich die Auseinandersetzungen, die schließlich zur Einrichtung des Ghettos führen. Das Nebeneinander „verunehrt“ die christliche Ordnung.

Nach Jahren gedeihlichen Neben- und Miteinanders beginnen die Judenverfolgungen erst in dem Augenblick, in dem sich die mittelalterliche Gesellschaft als „christliche“ etabliert hat. Die judenfeindlichen Äußerungen in den Evangelien und den Apostelbriefen gehören nun zum wesentlichen Bestandteil des Glaubens selbst. Ihrem historischen Bezug als Reaktion auf die Verfolgung der neuen frühchristlichen Sekte entkleidet, gerinnen sie zum religiösen Postulat und liefern die glaubensmäßige Begründung der Verfolgung: „Die Juden als Mörder Christi“. Zum Ausbruch kommen die gewalttätigen und gnadenlosen Verfolgungen immer dann, wenn die Verfasstheit der mittelalterlichen Gesellschaft selbst in Gefahr ist: in der zunehmenden Ausdehnung der Geldwirtschaft und in der Auseinandersetzung mit den sogenannten Ketzern und Häretikern, die die geistliche und weltliche Macht der Kirche gefährden.

Nach der Aufhebung des „Bilderverbots“ gewinnen die antijudaistischen biblischen Zitate in Altarbildern oder Kirchenfresken anschauliche Gestalt, erreichen später mit der Erfindung des Buchdrucks und der Lutherschen Bibelübersetzung eine noch breitere Öffentlichkeit der mittelalterlichen und frühneuzeitlichen Gesellschaft. Die Metapher von den „Kindern des Teufels" wird selbstverständlich und erlaubt, soziale Auseinandersetzungen und gesellschaftlichen Hass auf die jüdische Minderheit umzuleiten. So unterstellt man ihnen durch Brunnenvergiftung für den Ausbruch der Pest verantwortlich zu sein. Die Verbreitung der Seuche geht stets einher mit Judenverfolgungen. Und nach jeder Judenverfolgung sind die christlichen Nachbarn schuldenfrei.

Seit 1462 müssen die Frankfurter Juden im Ghetto der Judengasse wohnen. Gegen ihren Willen hat der Rat der Stadt sie auf Drängen des Kaisers außerhalb des städtischen Wohnbereichs in eine dreihundert Meter lange Gasse auf den zugeschütteten Wollgraben zwischen der alten Staufermauer und der neuen Stadtbefestigung gezwungen. Von jetzt an werden mehr als dreihundert Jahre lang jeden Abend bei Sonnenuntergang bis zum Morgen die drei Ghettotore von außen verschlossen. Am Freitag schließt der Rabbiner die Türen von innen, damit die Christen den Sabbat nicht stören, am Samstagabend bis Montagmorgen verschließen die Christen die Ghettotore von außen, damit die Juden ihren Gottesdienst nicht stören. Der Grund und Boden, auf dem die Häuser der Judengasse stehen, gehört dem Rat und egal ob die Häuser auf Kosten der Juden oder -einige wenige- auf Kosten des Rats erbaut worden waren, der Rat behält sich das Obereigentum an den Häusern vor.

Vor dem Bau der Judengasse beschließt der Rat der Stadt Frankfurt ein spezielles Recht: „Der Juden Stättigkeit". Über Jahrhunderte hinweg regelt dieses ausschließlich für Juden geltende Gesetzeswerk die Bedingungen ihres Lebens in Frankfurt. Immer wieder wird es erneuert. Die Anzahl der einschränkenden Paragraphen machen etwa 99 Prozent seines Inhalts aus. Im Laufe der Jahrhunderte wächst die Zahl der Paragraphen auf fast einhundertfünfzig.

Fortan ist den Juden verwehrt, sich als Frankfurter Bürger zu bezeichnen. Sie unterliegen Berufsverboten, einem unsicheren Aufenthaltsrecht, ihr Zuzug ist beschränkt, heiraten dürfen nur zwölf Paare im Jahr, die Kleidung ist vorgeschrieben, der Kennzeichnung als Jude dient ein aufgenähter gelber Ring an den Kleidungsstücken, Waffenbesitz ist verboten, der Aufenthalt in der Stadt scharf reglementiert. Für begangene Straftaten werden Juden stets härter bestraft als Christen.

Neben dem ungeheuerlichen Erfindungsreichtum der Einschränkungen der Lebensbedingungen für die jüdischen Bewohner gibt es einen ebensolchen für die schier unendliche Anzahl zusätzlicher Steuern und Abgaben, die man von ihnen erpresst: Opferpfennig, Krönungskostengelder, Judenzins, Weinschankgebühr, Beerdigungsgeld, Studentengeld, Neujahrsgeschenke an die Schöffen, Verehrungen für die beiden Bürgermeister, Nachtgeld, Schutzgeld, Stättigkeitserneuerungsgebühr, Grundzins, Grabenzins, Herdschilling, Kopfsteuer, Einschreibgeld, Abzugsgeld, Fleischsteuer und Fleischschätzergebühr, Kanalabgabe, Sitzgeld, Schanzengeld, Einlassgeld, Maklergebühr usw.

Die Frankfurter jüdische Gemeinde ist beim Bau der Judengasse noch recht klein: etwa sechzig Bewohner dürfte das Ghetto in seinen ersten Jahren gehabt haben und noch bis 1500 haben sie die Zahl hundert kaum überschritten. Sechs Wohnhäuser sind 1463 fertiggestellt; dazu mit der Synagoge, dem Gemeindehaus, dem Hekdesch (Spital) für Dienstboten und Fremde, der Herberge zum Affen und dem Tanzhaus mit dem Kalten Bad noch fünf Gemeinschaftseinrichtungen. Anfangs sieht das noch schmuck aus, wie ein kleines umfriedetes Dorf. Von den Juden wird das Ghetto „Neu-Jerusalem" genannt. Dem Frankfurter Rabbinat unterstehen die Juden in Friedberg, Weißenberg (Thüringen), Schweinfurth und Rothenburg. Die Christen nennen die Judengasse „Klein-Ägypten", denn die erzwungene Niederlassung erweise die Juden nun als Knechte der Christen, so wie ihre Vorfahren einst Knechte der Ägypter gewesen seien.

Nach der Jahrhundertwende beginnt ein beispielloser Zuzug in die Frankfurter jüdische Gemeinde. Im Jahre 1573 gibt es bereits auf der westlichen Straßenseite der Judengasse 57 Häuser, auf der östlichen Seite 56 Häuser. Bis 1612 steigt auch diese Zahl noch einmal deutlich an: auf 111 Häuser der Westseite und 84 Häuser der Ostseite. Die Bevölkerungszahl in der Gasse steigt in diesem Zeitraum auf etwa dreitausend Personen. Eigentlich kann die kleine Gasse mit ihren etwa 300 Metern Länge so viele Leute gar nicht aufnehmen. Aber die Frankfurter stellen den Juden keine Grundstücke zur Erweiterung der Gasse zur Verfügung. So entstehen Hinterhäuser, Ställe und Schuppen werden zu Wohnungen umgebaut, alle Häuser werden aufgestockt, die oberen Geschosse werden überhängend gebaut, so dass die Sonne kaum noch auf den Boden dringt, auf die Dächer und die Hofmauern werden Zwerchhäuser gesetzt. Es herrscht qualvolle Enge.

Der Rat der Stadt versucht den Zuzug der Juden nach Frankfurt einzudämmen und setzt eine Obergrenze von fünfhundert Hausgesäßen fest. Die Juden werden in die „Stättigkeit" aufgenommen. Das ist ihre Daseinsberechtigung in der Stadt, das Aufenthaltsrecht gewissermaßen, mit dem sie in ein bestimmtes Haus in der Judengasse eingewiesen werden. Den Obrigkeitsakt müssen sie sich teuer erkaufen. Dieses Aufenthaltsrecht in einem Haus in der Judengasse ist das erste Recht eines Juden in der Stadt, das er sich und seinen Kindern sorgfältig erhält. Für viele wird es auch das einzige Recht bleiben.

Dennoch versucht der Rat auch an diesem Recht zu rütteln. Die Stättigkeit, die einmal im Jahr in der Synagoge verlesen wird, ist auf jeweils drei Jahre befristet und muss dann vom Rat erneuert werden. Daher versucht der Rat einzelnen jüdischen Familien die Stättigkeit nicht mehr zu erneuern. Das scheitert am Eingreifen des Kaisers. Denn auch wenn die Juden dem Rat gehören, so wie anderen ein Bergwerk, so sind sie doch immer noch kaiserliche Kammerknechte. Wenn sie sich durch den Rat der Stadt ungerecht behandelt fühlen, wenden sie sich an den Kaiser, der auf diese Weise häufig mit Frankfurter Händeln beschäftigt wird. Wenn umgekehrt der Kaiser die Juden einschränken will, so versucht er dem Frankfurter Rat die Verschärfung der jüdischen Lebensbedingungen zur Aufgabe zu machen. Erst 1616 erhalten die Frankfurter Juden durch den Kaiser eine unbefristete Stättigkeit, die bis 1807 gültig bleibt.

Neben den Stättigkeitsjuden gibt es noch jüdische „Permissionisten" und jüdische Beisassen. Der Status der Permissionisten heißt nichts anderes, als dass Juden eine regelmäßig zu erneuernde Erlaubnis zum Aufenthalt in der Judengasse bekommen. Ebenso wie die Beisassen, die außerhalb der Stadt wohnen, stehen die Permissionisten häufig in einem Dienstverhältnis zu den Stättigkeitsjuden.

Es ist ein komplexes Feld, in dem sich die unterschiedlichen Gruppen in der Stadt bewegen, voneinander abhängig sind, Parteiungen bilden, Feindseligkeiten austragen.

Da die Lebensbedingungen für die Frankfurter Juden eher erbärmlich sind, stellt sich die Frage, weshalb es dennoch so viele nach Frankfurt zieht. In aller Regel sind es Verfolgungen und Pogrome an ihren bisherigen Wohnsitzen. So kommen etwa zwölf jüdische Familien, die 1498 aus Nürnberg vertrieben wurden. Heinrich Heine hat in „Der Rabbi von Bacharach", einem Fragment gebliebenen historischen Roman, die Verfolgung einer jüdischen Gemeinde und die Ankunft der Überlebenden in der Frankfurter Judengasse geschildert.

Im 16. Jahrhundert kommen die Juden aus folgenden Städten nach Frankfurt: Augsburg, Nürnberg, Aschaffenburg, Fürth, Schwabach, Günzburg, Neuburg, Landau, Neustadt, Speyer, Bingen, Mainz, Friedberg, Harheim, Gießen, Nauheim, Auerbach, Eppstein, Wetzlar, Gelnhausen, Bacharach, Boppard, Koblenz, Bonn, Deutz, Weinsberg, Heidelberg, Wertheim, Durlach, Metz, Hameln, Minden, Göttingen, Emden, Hechingen. Zuzug erfolgt auch aus außerdeutschen Ländern, etwa aus Mantua oder Eger.

In der Reformation haben viele Juden von Martin Luther eine Verbesserung des Verhältnisses zwischen Christen und Juden erwartet. Sie sehen sich schnell enttäuscht. In seiner widerlichen Schrift „Von den Juden und ihren Lügen" gibt Luther geradezu die protestantische Legitimation zu neuen Pogromen. Nachdem er die Juden als „Schlangengezücht, Meuchelmörder und durstige Bluthunde" bezeichnet und ihnen unterstellt, dass sie Lehren entwickelt hätten, die ihnen das Lügen, Stehlen, Betrügen und Fluchen erlaubten, dass sie Brunnen vergiftet und Christenkinder gestohlen und ermordet hätten, um sich an christlichem Blute zu weiden, empfiehlt er, ihre Synagogen anzuzünden, ihre Häuser zu zerstören und ihnen ihre Kleinode zu nehmen.

Manche Juden sind nicht vor der physischen Verfolgung sondern vor der geistigen geflohen. Vor allem die Landjuden werden zu Objekten frommer Bekehrungswut. Besonders eifrig im Zwangsmissionieren ist beispielsweise die fromme Landgräfin Anna Elisabeth von Hessen in der zweiten Hälfte des 16. Jahrhunderts. Auf ihr Geheiß müssen etwa die Juden Kassels häufig in der Stadthalle erscheinen und sich christliche Predigten anhören. Auch in Marburg und anderen der Landgräfin direkt unterstehenden Orten müssen Juden ab dem neunten Lebensjahr an Bekehrungspredigten teilnehmen. Bei Nichterscheinen drohen Geldstrafen oder die Ausweisung. Als in Melsungen ein derartiger Predigttermin auf den jüdischen Versöhnungstag fällt, erscheinen die Juden nicht zur Predigt, sondern versammeln sich zum gemeinsamen Gebet. Man wirft sie ins Gefängnis, verweist den Rabbiner des Landes und beschlagnahmt die jüdischen Gebetbücher und ihre gelehrten Schriften. Wer kann, flieht vor der christlichen Mission und der drohenden Zwangstaufe.

Viele Juden verbinden mit ihrem Zuzug nach Frankfurt die Hoffnung, in der Messestadt den Lebensunterhalt für die Familie eher verdienen zu können als an ihren Herkunftsorten. Jüdische Handwerker gibt es kaum noch, denn die Zünfte, die nicht nur eine berufsständige Organisation sind sondern eine Lebensgemeinschaft, fordern von ihren Mitgliedern die christliche Lebensweise. Die Bestellung des Landes ist den Juden ebenfalls verwehrt. Was man ihnen gerne überläßt, ist der Vieh- besonders der Rosshandel. Da ist nicht viel zu holen, die Bauern können nicht viel und die Metzger wollen nicht viel zahlen. In jedem großen oder kleineren Krieg beschlagnahmt die Soldateska das Vieh und der Händler hat das Nachsehen. Was den Juden bleibt, ist der Trödelhandel, der Pfänderhandel und der Hausierhandel über Land. Verboten bleibt ihnen der Detailhandel, den die christliche Kaufmannschaft für ihren ureigenen Bereich hält, woraus sich logisch ergibt, dass sich die Juden um den Großhandel bemühen. Im 16. Jahrhundert ist auch das Bankgeschäft noch überwiegend in den Händen der großen christlichen Häuser: der Imhoff, Fugger und Welser. Die jüdischen Geldgeschäfte konzentrieren sich noch auf die Pfandleihe, das Wechselgeschäft, den Metallhandel und das Sortengeschäft, d. h. umrechnen und umtauschen der vielen im Umlauf befindlichen Münzen. Gerade das von den Juden ausgeübte Sortengeschäft sorgt wesentlich mit für den Wohlstand der Stadt, weil es den Handel stützt, und es ist im Alltag ihrer Bewohner auch außerhalb der Messezeiten in der sich ausdehnenden Geldwirtschaft von grundlegender Bedeutung.

Die frühen Jahre

Genaues wissen wir nicht über die Beweggründe, die die Langenbachs nach Frankfurt geführt haben. Die Familie gehört zu denen, die immer mal wieder am Rande erwähnt wird. Aus diesen verstreuten Notizen lassen sich zumindest Vermutungen erhärten. Aber für die Frühzeit der Frankfurter Familiengeschichte sind viele Fragen nicht eindeutig zu entscheiden. Und so ist es sinnvoll, für dieses und die folgenden Kapitel einige methodische Anmerkungen zu machen. Zum Ende des 19. und beginnenden 20. Jahrhunderts gibt es eine Reihe von wissenschaftlichen Werken, die sich mit der Geschichte der Frankfurter Juden befassen. Die meisten stammen auch von Autoren jüdischer Herkunft, die in der Zeit der jüdischen Emanzipation mit Akribie der eigenen Geschichte nachspürten. Dazu gehören alle Veröffentlichungen von Isidor Kracauer, der die Geschichte der Frankfurter Juden bis 1824 erforscht hat. Seine Forschungen sind damals von der jüdischen Gemeinde finanziert worden, man hat ihm eine Stelle am Philanthropin bezahlt und ihn von seiner Lehrverpflichtung befreit. Dazu gehören ferner die Arbeiten von Markus Horowitz, der eine unschätzbare Quelle erschlossen hat, nämlich die Veröffentlichung der Inschriften auf den Grabsteinen des alten jüdischen Friedhofs. Diese in Stein gemeißelte Geschichte ist nach dem Zerstörungswerk der Nazis nur noch in wenigen Bruchstücken erhalten, die man gerade jetzt wieder versucht, wissenschaftlich aufzuarbeiten. Simon Unna hat die Aufzeichnungen der jüdischen Beerdigungsbruderschaft veröffentlicht und der Forschung zugänglich gemacht. Alexander Dietz hat eine ausführliche Wirtschaftsgeschichte der Stadt Frankfurt geschrieben und darin den Anteil der Juden am Wohlstand der Stadt dokumentiert. Er selbst hat mit dem „Stammbuch der Frankfurter Juden“ eine wissenschaftliche Grundlage für die familiengeschichtliche Forschung gelegt. Schlomo Ettlinger hat in einem nachgelassenen maschinenschriftlichen Manuskript mit handschriftlichen Ergänzungen ein Verzeichnis aller jemals in Frankfurt lebender Juden erstellt. Paul Arnsberg hat die Arbeit Kracauers weitergeführt und die Geschichte der Frankfurter Juden seit der Französischen Revolution geschrieben und damit die von den Nazis ermordete jüdische Lebenswelt im Gedächtnis bewahrt. Die Erkenntnisse dieser Autoren sind die wesentliche Grundlage für den Versuch, die Familiengeschichte der Langenbachs zu erzählen.

Für die Ankunft der Langenbachs in Frankfurt geben diese Wissenschaftler höchst unterschiedliche Auskunft. Dietz vermutet die Herkunft der Familie in der Rheinpfalz, versieht diese Angabe aber mit einem Fragezeichen. Vielleicht haben ihn spätere Beziehungen der Langenbachs nach Worms zu dieser Annahme bewogen. Die können aber auch anders erklärt werden. Ettlinger nimmt verschiedene Familien mit Namen Langenbach an und glaubt wenigstens für eine davon die Herkunft aus dem Westerwald glaubhaft machen zu können. Da es insgesamt elf Orte namens Langenbach gibt, in Thüringen, Hessen, Bayern, Rheinland-Pfalz und Baden-Württemberg, gibt es noch mehr Möglichkeiten, woher die Langenbachs stammen könnten. Die Herkunft aus dem Schwäbischen könnte meiner Meinung nach genauso wahrscheinlich gemacht werden. Mit Sicherheit wissen wir also nicht, woher die Langenbachs kommen. Ettlingers Behauptung, es habe verschiedene Familien namens Langenbach gegeben und Dietz Hinweis, die Familie Langenbach sei in den frühen Frankfurter Jahren „wenig zahlreich“ gewesen, widersprechen sich scheinbar. Denn wenn es nur wenige Mitglieder gibt, so dürfte es leicht sein, sie einer oder mehreren Familien zuzuordnen. Genau genommen beschreiben beide Autoren das gleiche Dilemma: die Quellenlage für diese Familie ist zu dürftig, um die Verwandtschaftsgrade in ihrem ersten Frankfurter Jahrhundert exakt zu bestimmen. Ab 1700 sind alle in Frankfurt erwähnten Langenbachs nachweisbar miteinander verwandt oder verschwägert. Da sich auch nicht mit Sicherheit feststellen läßt, dass zuvor eine nicht verwandte Familie Langenbach ausgestorben ist, spricht nichts dagegen, die Verwandtschaft oder Verschwägerung auch für die frühere Zeit anzunehmen. Was nicht gelingt, ist die konkrete Beschreibung der Verwandtschaftsbeziehungen. Vater und Sohn lassen sich eruieren, Onkel und Neffe sind schon kaum noch festzustellen, Mutter und Tochter nur noch in Einzelfällen auszumachen, Tante und Nichte lassen sich nicht einmal mehr erahnen.

Als seien diese Verwicklungen noch nicht genug, erhebt sich ein weitere Schwierigkeit: nämlich auseinanderzuhalten, wer zur Familie Krebs und wer zur Familie Langenbach gehört.

Auf dem Ausschnitt des Merianplans ist die enge Bebauung der Judengasse gut zu sehen.

Mendle Levi zum Krebs gilt als der Stammvater der Familien mit den Namen Langenbach, Levi und Krebs in Frankfurt. Mit dem Namensbestandteil Levi wird ihre Zugehörigkeit zum Stamm der Leviten bezeichnet. Leviten sind die geborenen Priesterdiener der Juden, die in den für die Kultusbeamten bestimmten oder in der

Nähe der Synagoge liegenden Häusern wohnen: im Haus zum Kalten Bad, im Rad, im Sperber und im Haus zum Krebs, das die Langenbachs beziehen. Die meisten von ihnen widmen sich Berufen, die ihrer Gemeinde und der Wohlfahrt ihrer Glaubensgenossen dienen: als Vorsänger, Vorbeter, Schulklepper (Schulklopfer), Lehrer, Gemeindediener oder als Ärzte. In aller Regel gehören die Mitglieder dieser Familien zu den hoch angesehenen Bewohnern der Judengasse, höchst selten aber zu den reichen Juden.

Die Priesterfamilien aus dem Stamm der Aroniden und die Levitenfamilien gehören zu den Gelehrten in der Judengasse. Frankfurt gilt in der Mitte des 16. Jahrhunderts als die gelehrteste jüdische Gemeinde mit einem, wie der Rabbiner Elieser Treves 1564 schreibt, „in ganz Edom (Europa) einzigartigen Kreis von Gelehrten". Das dritte in Frankfurt überhaupt gedruckte Buch „Thomas Murner: Chukkat ha- Pesach. Ritus et celebratio Phase Judeorum" von 1512 erscheint zweisprachig in Latein und Hebräisch. 1509 läßt der Dominikanermönch Pfefferkorn, ein getaufter Jude, alle in der Judengasse vorhandenen Bücher beschlagnahmen, mit der Absicht die angeblich den Christen gefährlichen talmudischen Schriften zu verbrennen. Aufgrund eines Gutachtens von Reuchlin untersagt der Kaiser die Bücherverbrennung. Die Juden erhalten ihre Schriften zurück. Es sind, bei damals etwa zweihundert Bewohnern in der Judengasse, für die Zeit unfassbare 1665 Exemplare. Die Errichtung einer höheren Schule auf der Westseite der Gasse zur Ausbildung von Rabbinern zieht weitere Gelehrte nach Frankfurt.

Wahrscheinlich gehören auch die Langenbachs zu den Juden, die nach Frankfurt ziehen wegen der Gelehrsamkeit der hiesigen jüdischen Gemeinde und wegen der Möglichkeit hier in der Gemeinschaft zahlreicher Glaubensgenossen gemäß dem Talmud leben zu können. Denn Frankfurt heißt nicht umsonst bei den Juden „Neu-Jerusalem". Es ist inzwischen die größte jüdische Gemeinde in Deutschland. Der Frankfurter Rabbiner ist einer der drei Oberrabbiner Deutschlands. Die Frankfurter Juden leben streng orthodox. In ihr religiöses Leben redet den Frankfurter Juden niemand drein. Die Gemeindeangelegenheiten verwalten sie ausschließlich selbst. Das führt häufig zu Protesten der Reformierten und Calvinisten, die bitter darüber klagen, dass man den Juden Religionsfreiheit gewähre, während man ihnen die Ausübung ihres Glaubens versage.

1590 wird Mendle Levi als Bewohner des Hauses zum Krebs in der Stättigkeitsliste erwähnt. Er kann aber nicht erst zu diesem Zeitpunkt in die Stadt gekommen sein. Denn 1593 – nach dem Tod seiner Mutter- zieht Mendle Levi zurück in sein Vaterhaus zur Blume. Samuel Günzburg zur Blume ist sein Vater, seine Mutter Gumpchen ist vermutlich eine Tochter des Israel Worms. Beide Familien sind schon seit ein bis zwei Generationen in Frankfurt. Von Mendle Levi stammen die beiden miteinander verwandten Familien Krebs und Langenbach ab, die beide die Vornamen Isaak, Seligmann und Samuel über Generationen hinweg weitergeben. Alle diese Vornamen stammen aus der Tradition der Familie Günzburg. Damit können wir annehmen, dass die Wurzeln der Familien Langenbach und Krebs in Frankfurt weiter zurückreichen als in das Jahr 1590.

Dennoch markiert dieses Datum einen wesentlichen Faktor: die Einweisung der Familie ins Haus zum Krebs. Voraussetzung ist die Aufnahme in die Stättigkeit. Die Einhaltung der Stättigkeitsvorschriften müssen die Juden mit dem „Judeneid" beschwören. Da man den Juden einen Schwur auf den christlichen Gott nicht abfordern kann, weil man ihnen seine Einhaltung nicht glauben würde, müssen sie eine Eidesformel schwören, mit der sie sämtliche denkbare Unbill auf sich ziehen, falls sie den Schwur brechen sollten:

Der Juden Eyd

„Wie mir vorgelesen worden, und ich in Treuen gelobt habe, dem will ich also nachkommen

also schwere ich als mir Gott helf, der Himmel und Erde, Berg und Thal, Laub und Gras geschaffen hat,

da es nicht wahr und ob ich unrecht schwere, daß Pech und Schwefel auf mich regne, daß da regnet auff Sodoma und Gomorra,

und ob ich unrecht schwere, daß ich versinken müst in die Erden, als da thät Sathan und Abiram,

und ob ich unrecht schwere, daß ich zu einer Saltz-Säule würde, als Loths Weib, da sie sich umsahe,

und ob ich unrecht schwere, daß mich die Mahl-Sucht und Außsatz bestehe, wie Naeman und Mirjam, Mosis Schwester,

und ob ich unrecht schwere, daß mein Grieß nimmer zum andern Grieß komme,

und ob ich unrecht schwere, daß mich das Gicht und fallende Sucht bestehe, und das Blut durch mich gehe,
und ob ich unrecht schwere, daß mein Leib verflucht sey, und meine Seele nimmer komme in Abrahams Schooß."

Das Haus zum Krebs liegt auf der Ostseite am südlichen Ende der Judengasse und ist ungefähr zehn Jahre zuvor errichtet worden. Man hat es in die Lücke zwischen die Häuser zum Rad und zum Widder gebaut. Groß ist diese Lücke nicht, denn das Haus hat nur eine Breite von neun Schuh und dreieinhalb Zoll, das sind etwa 2,70 Meter. Die Tiefe dieses und der Nachbargrundstücke misst zwischen 15 und 18 Meter. Acht Gulden Zins (Miete) müssen die Langenbachs dafür jährlich an die Stadt bezahlen.

Anfangs hat das Haus nur eine Wohnung, später müssen sich drei Familien das Häuschen teilen. Nebenan steht das Hinterhaus zum Elefanten, es hat einen Zugang von gerade einmal einem Meter und gehört mit zu den ersten Häusern, die in der Gasse gebaut worden sind. Ursprünglich wohnte der Färber darin, danach dient das Gemäuer als Weinschenke. Ein Zweig der Familie Goldschmidt wohnt hier, als die Langenbachs nach Frankfurt kommen. Vor dem Elefant steht das Haus zum Hirschhorn, Löb Oppenheimer aus Heidelberg hat es für seine Familie und die von Hamel Hirschhorn bauen lassen. Später kommt noch die Familie Strauß hinzu, und alle leben in diesem Haus bis zum endgültigen Abbruch. Nachbarn über mehr als zweihundert Jahre.

An Hirschhorn und Elefant schließt nach Süden zu das Fremdenhospital und Blatterhaus an. Nördlich von den Langenbachs ist das Haus zum Widder gerade in zwei Häuser aufgeteilt worden: der Weiße Widder mit zwei Wohnungen, ab 1709 werden es drei Wohnungen sein und der Rote Widder ebenfalls mit zwei Wohnungen, die man 1709 auf vier Wohnungen aufteilen wird. Um 1700 beziehen die Langenbachs neben ihrer Wohnung im Krebs auch eine Wohnung im Roten Widder. Daran anschließend das Haus zum Sperber, das zur gleichen Zeit wie das Haus zum Krebs entstand. Auch in diesem Haus wohnen Priester- und Levitenfamilien. Nebenan ist das Kalte Bad, später auf gleichem Platz das Tanzhaus.

Die Häuser Rindsfuß und Rindskopf liegen gegenüber. Hier wohnen Familien, die seit ihrer Vertreibung aus Nürnberg 1498 eine neue Heimat in Frankfurt gefunden haben. Die Familien mit ihren zahlreichen Mitgliedern müssen immer wieder anbauen und sich später auch in den beiden winzigen Hinterhäusern Feigenbaum und Kastanienbaum noch ein wenig Platz verschaffen. Nebenan steht der Neubau zum Goldenen Schwert. Das Haus zur Goldenen Kette trägt seinen Namen erst seit kurzem. Er verweist auf den bekannten jüdischen Finanzmann Joseph Goldschmidt, der im Gefängnis gestorben war. Goldschmidt hatte, wie damals üblich, vorzugsweise mit fremden Geldern gearbeitet, zu große Geldbeträge festgelegt und zu viele unzuverlässige Schuldner gehabt. Er kam in Haft.

Bei den Bauarbeiten zum Kundenzentrum der Stadtwerke sind die alten Fundamente aus der Judengasse wieder zutage gekommen. Einige hat man in der Dependance des Jüdischen Museums erhalten können: das Steinerne Haus, das Kalte Bad, Sperber, Roter Widder und Weißer Widder. Die Fundamente des unmittelbar anschließenden Wohnhauses der Langenbachs – das Haus zum Krebs – sind nicht konserviert worden. Sie fielen den Bauarbeiten des Kundenzentrums zum Opfer.

Zur Familie des Mendle Levi zum Krebs gehört dessen Sohn Simon Samuel zum Krebs. Über die Frauen in der Familie berichten die Quellen wenig. Die erhaltenen Quellen, auch die wissenschaftliche Literatur zur jüdischen Geschichte Frankfurts listen sie nur selten auf, etwa wenn sie als Witwen in der Gasse leben oder als junge alleinstehende Frauen nach ihrer Flucht in Frankfurt ankommen. Eine Ausnahme machen die Beerdigungsbücher, die die Bruderschaft führt. Aber auch da erfahren wir nur selten mehr als den Vornamen einer verheirateten Frau und den Namen des Mannes und des Vaters. In der Regel wird nur das Datum der Bestattung angegeben. Wäre auch das Geburtsdatum überliefert, wüssten wir mehr über die Lebensbedingungen und die Lebenserwartung der jüdischen Frauen und Mädchen. So bleibt das Bild der Familie Langenbach, das wir aus wenigen verstreuten Hinweisen nur lückenhaft zusammenpuzzeln können, meist notgedrungen auf die Geschichte ihrer männlichen Mitglieder beschränkt.

Mendle Levi, der um 1613 stirbt, hinterlässt zwei Kinder: den Sohn Simon Samuel und die Tochter Edel. Edel heiratet in eine bedeutende Gelehrtenfamilie ein: Juda Kulp Wetzlar zum Roseneck. Aus dieser Ehe ergeben sich die Beziehungen in den Wetzlarer

Raum, aus dieser Linie stammen auch die Vornamen Gerson und Maier.

Am Anfang dieses Kapitels habe ich unterstellt, die Langenbachs seien nicht nur vor Verfolgung in Frankfurt gestrandet, sondern sie hätten auch ein positives Motiv gehabt ausgerechnet hierher zu kommen. Zum einen, dass bereits Verwandte in der Stadt wohnen. Der Namensbestandteil Levi enthält den Verweis auf eine engere Verantwortlichkeit innerhalb des Gemeindelebens. Und die Lage des Hauses, das die Langenbachs beziehen, in unmittelbarer Nachbarschaft zu den Gemeindehäusern Hekdesch und Kaltes Bad und in unmittelbarer Nachbarschaft zu anderen Levitenfamilien spricht ebenfalls für die besondere Motivation, sich intensiv dem Leben in der religiösen Gemeinschaft zu widmen. Es gibt in den folgenden Jahren kein Indiz dafür, dass es Geschäftssinn gewesen wäre, der die Langenbachs nach Frankfurt geführt hätte, oder die Hoffnung auf den auskömmlichen Lebensunterhalt in der Messestadt. In den Listen der höchstbesteuerten tauchen die Langenbachs nie auf und sie werden weder positiv noch negativ je mit irgendeinem bedeutenden Geschäftsabschluss erwähnt. Wenn in den folgenden Jahren die Langenbachs überhaupt in den Quellen mit mehr Anmerkungen als ihrem Namen auftauchen, dann mit den Attributen „gelehrt, fromm und bescheiden". Wenn man all die – zugegebenermaßen – spärlichen Indizien zusammennimmt, so können wir uns die Familie, die da in die große Frankfurter Gemeinde kommt, so vorstellen: sie sind orthodoxe, gelehrte und fromme Juden. Alle Nachrichten, die wir von der zweiten und dritten Generation der Langenbachs in Frankfurt haben – auch die sind wieder spärlich – werden diese Vermutung verstärken.

Die Grundlagen für die jüdische Gelehrsamkeit werden schon im frühen Kindesalter gelegt. Die Religionsausübung sieht für die erwachsenen männlichen Gemeindemitglieder als besondere Ehre vor, während des Gottesdienstes ausgewählte Stellen aus der Thora vorlesen zu dürfen. Daher lernen schon kleine Kinder die Kulturtechnik des Lesens, insbesondere das Lesen der hebräischen Sprache. Der Rabbiner Joseph Hahn hat 1630 eine Anweisung für erziehende Eltern herausgegeben, die besonders durch ihre pädagogischen und didaktischen Aspekte besticht. „Wenn der Knabe zu sprechen anfängt, lehrt man ihn den folgenden Bibelvers: Die Lehre, welche uns Moses geboten hat, ist ein Erbteil der Gemeinde Jakobs,

Namen der Häuser und Anzahl derer Haus-Gesässe in der Juden-Gasse,

so sich Anno 1612. darinnen befunden.

Erste Seite, wann man bey der Bornheimer Pforte hinein gehet, auf der rechten Hand:

	Haus-Gesässe.		Haus-Gesässe.		Haus-Gesässe.		Haus-Gesässe.
Haus an der Pforten	1.	Schiff	2.	Paradies	7.	Fisch	3.
Bunte Kirsch	2.	Nusbaum	2.	Armbrust	2.	Wilde End	3.
Wedel	1.	Schwartzer Adler	1.	Silberne Kette	2.	Tannenbaum	4.
Güldene Zang	1.	Schuh	3.	Ochs	2.	Wolf	2.
Grüne Thür	4.	Halber Mond	5.	Hellepart	4.	Fuchs	1.
Rothe Thür	1.	Güldener Greif	3.	Buchs	1.	Schwartzer Rapp	2.
Schwartze Thür	1.	Blum	2.	Korb	5.	Güldener Hahn	1.
Wechsel	2.	Knoblauch	3.	Wann u. Blaßbanck	4.	Güldener Hut	2.
Eichhorn	1.	Lindwurm	1.	Weisser Becher	2.	Weisser Thurn	1.
Sonn	2.	Drach	2.	Häy	2.	Schwartzer Hirsch	2.
Holderbaum	2.	Eichel	3.	Guldener Schwahn	1.	Schwerd	3.
Weisser Löw	3.	Straus	3.	Schul	5.	Güldenes Schwerd	2.
Leiter	2.	Reiffenberg u. Krach.	1.	Schlüssel	6.	Rinds-Fus	1.
Güldene Leiter	2.	Bunter Löw (beim	2.	Schloß	2.	Kästenbaum	1.
Papagey	1.	Rothstall	1.	Gans	3.	Rindskopf	1.
Frosch	3.	Fras	3.	Güldener Helm	3.	Feinenbaum	1.
Apfel	2.	Windmühl	4.	Falck	1.	Güldene Kette	1.
Redstock	2.	Stadt Gintzberg	2.	Kranich	3.	Güldener Adler	3.
Weisser Hirsch	1.	Müntz	1.	Enge Thür	2.	Esel	2.
Waag	2.	Gems	3.	Pfluas erster Theil	1.	Diamant	2.
Haas	3.	Luchs	2.	„ „ anderer Theil	2.	Schwartz Schild	3.
Amsel	1.	Handschuh	1.	Salmen	3.	Steeg	1.
Grüner Baum	2.	Grüner Löw	1.	Lämmlein	2.	Schwindelsteg	2.
Stiefel	1.	Guttruff	3.	Rothschild	5.	Stul	2.
Vogelgesang	2.	Trechter	2.	Guldenes Schaaf	1.	Güldener Kopf	3.
Springbrunnen	1.	Frölicher Mann	2.	Guldene Stelz	2.	Eul.	2.
Reus	1.	Rother Apfel	3.	Mapse	2.	Güldene End	1.
Güldener Hirsch	2.	Guldene Birn	2.	Gersten	2.		

Summa derer Haus-Gesäss auf dieser Seite, 241.

Andere Seite, lincker Hand:

	Haus-Gesässe.		Haus-Gesässe.		Haus-Gesässe.		Haus-Gesässe.
Güldener Löw	4.	Tromm	2.	Wetterhahn	2.	Apfelbaum	2.
Güldener Aff	2.	Weisser Ring	2.	Bär	2.	Kann	2.
Löwen Eck	2.	Gelber Ring	2.	Weisser Bär	1.	Guldene Kann	3.
Güldenes Einhorn	1.	Rost	2.	Wilder Mann	3.	Laub	4.
Güldene Schachtel	1.	Aff	5.	Wein-Faß	3.	Hahn	2.
Drey Römer	3.	Schwartzer Ring	2.	Schwartzer Löw	3.	Bisemknopf	1.
Löwengrub	3.	Weisser Schwan	4.	Gülden Rößlein	1.	Rothe Rose	2.
Pfau	4.	Grüner Hut	3.	Rother Löw	1.	Leuchter	1.
Elephant	4.	Ries	4.	Sichel	4.	Ampel	2.
Hirschhorn	4.	Traub	1.	Grün Schild	1.	Weisse Lilch	4.
Widder	1.	Rother Traub	2.	Hirsch	2.	Hecht	7.
Rother Widder	1.	Gülden Faß	1.	zur Hindin	1.	Stern	1.
Krebs	2.	Weis Schild	3.	Schwartzer Hermann	3.	Güldene Rose	2.
Rad erster Theil	3.	Weinheber	6.	Kessel	3.	Güldener Bronnen	1.
„ „ anderer Theil	2.	Spiegel	4.	Silberne Cron	3.	Rother Thurn	1.
Sperber	1.	Mohr	1	Hufeisen	3.	Pfann	3.
Kalt Bad	1.	Fläsch	6.	Einhorn	1.	Braun. u. gelbe Ros	2.
Warm Bad	1.	Rother Hut	2.	Birnbaum	4	Rosenkrantz	2.
Cameelthier	5.	Horn	2.	Goldstein	3.	Weisse Ros	2.
Weis Rößlein	2.	Güldener Bär	2.	Buchsbaum	3.	Rosen Eck	3.
Storch	4.	Engel	6.	„ „ das hintere Theil	1.	Güldene Scheuer	5.

Summa derer Haus Gesässe auf dieser Seiten, 213.

Summa derer Haus-Gesässe auf beyden Seiten, 454.

Das Häuserverzeichnis der Judengasse aus der Stättigkeit von 1612 sowie den ersten Vers des Schemagebets Tag für Tag sprechen. Bei weiter zunehmender Entwicklung läßt man es noch andere Bibelverse auswendig lernen. Ist es drei Jahre alt, so soll es die Buchstaben kennen lernen. Kleine Kinder beschenkt man mit Honig, Nüssen und dgl., um sie zu veranlassen, daß sie in die Schule gehen. Später lehrt man sie Näschereien verachten und verspricht ihnen schöne Kleider. Wenn der Knabe noch älter geworden, eifert man ihn dadurch zum Lernen an, daß man ihm sagt, er werde alsdann „Bachur" heißen. Weiter reizt man ihn an, indem man ihm die Titel Rabbi, Chacham, Dajan, Ab-Bet-Din in Aussicht stellt, bis er endlich so groß und verständig geworden, daß er all diese Dinge verachtet und die Tora um ihrer selbst willen lernt."

Der Vater, so empfiehlt Rabbi Hahn weiter, soll seine kleinen Söhne selbst in die Synagoge führen, sie an den Vorbereitungen bei der Ausübung religöser Vorschriften beteiligen, ihnen selbst den ersten Unterricht erteilen und die Kinder zum ersten Schultag begleiten. Der Schüler soll solange bei einer Aufgabe lernen, bis er sie tatsächlich begriffen hat. Im Alter von dreizehn Jahren sollen sie beginnen den Talmud zu lesen. Auch in der weiblichen Linie wird die Kultur weitergegeben. Von ihren Müttern lernen die Mädchen die Kenntnis der rituellen Speisegesetzgebung und die Gesundheits- und Sanitätsmaßnahmen, für deren Einhaltung sie als erwachsene Frauen kultisch verpflichtet sind. Auch die Mädchen müssen gängige Kulturtechniken erlernen, denn sie arbeiten später selbstverständlich im Geschäft ihres Mannes mit.

Auf den Entwicklungsstand der christlichen Kinder wird weit weniger Rücksicht genommen. Unterricht ist nicht selbstverständlich, schließlich kostet der Schulbesuch Geld und Naturalabgaben wie Brennholz, Talglichte und Lebensmittel. Zwanzig Schulstuben gibt es zu jener Zeit in Frankfurt, sogenannte Elementarschulen, in denen die Kinder zwei Jahre lang Unterricht im Lesen, Schreiben, Rechnen und der christlichen Lehre erhalten. Mit sechs Jahren werden die Kinder eingeschult. Der Unterricht beginnt morgens zwischen 5 und 6 Uhr und dauert bis nachmittags um 4. Bibel und Katechismus sind die Grundlagen des Unterrichts. Der Schulstoff wird aufbereitet für die ABC- Gruppe, die Buchstabierschüler, die Psalmisten und die Abschlussgruppe. Das Auswendiglernen zählt für den Erfolg, wirkliches Begreifen ist nicht Ziel der Übung. Während die kleinen jüdischen Kinder mit Belohnungen zum Lernen motiviert werden, müssen die christlichen Kinder bei einem Ausflug im Frühjahr die Zweige für die Ruten schneiden. Die Strafe ist das pädagogische Prinzip.

Die sorgfältige religiöse Unterweisung, bei der auch die Kulturtechniken des Lesens, Schreibens und Rechnens erlernt werden, ist überlebenswichtig für das Judentum in dieser zweigeteilten Welt: Tagsüber der Zustrom der christlichen Handwerker in die Gasse, in der immer an- und umgebaut wird, oder werktags unter Christen die Geschäfte in der Stadt und auf der Messe als Geldwechsler, Trödler, Pfandleiher und Hausierer. Abends und an den Feiertagen dagegen jüdisches Gemeinde- und Familienleben, abgeschlossen von allen anderen Bewohnern der Stadt.

Verlässt ein Jude das Ghetto, um in die Stadt zu gehen, so führt er stets Würfel mit sich. Nicht um zu spielen. Weil Juden auf Golgatha unter dem Kreuz um Jesu Kleider gewürfelt hätten, darf ein jeder Christ, wenn er dazu Lust hat, einem Juden auf offener Straße Würfel abfordern. Das Verbot Handwerksberufe auszuüben, begründen die Christen ebenfalls mit dem Neuen Testament. Weil der Handwerker Ahasver Jesus auf dem Kreuzweg nicht auf der Bank vor seinem Haus ausruhen ließ, darf im christlichen Abendland kein Jude mehr Handwerker sein und soll zur Strafe auf ewig wandern. Da diese Bibelszenen in den Altarbildern und Fresken in nahezu jeder Kirche dargestellt sind und von der Kanzel verkündet werden, sind auch die „Strafen“ für dieses „jüdische Fehlverhalten“ ebenso weit verbreitet. Sie gehören gewissermaßen zum antijudaistischen Allgemeingut.

Einige wenige Handwerker gibt es dennoch in der Judengasse, zumindest im 16. Jahrhundert: den Schwarzfärber im Elefanten, um 1515 einen David als Koch und einen Lazarus als Glaser, 1523 einen Salomon als Zeugmeister, um 1550 Joseph Goldschmidt als Honigkuchenbäcker und Schmul der Metzger,der um 1530 erwähnt wird. Es sind Einzelfälle vermutlich von neu zugewanderten Juden, die in der Regel keine Nachfolger in ihrem Beruf haben. Nur die Honigbäckerei der Goldschmidts wird noch zwei Generationen weitergeführt, weshalb sie später auch den Namen Honig tragen. Dass jemand in Frankfurt sein Handwerk gelernt habe, ist in keinem Fall belegt. Das einzige Handwerk, das bleibt, ist der Metzger, der nach jüdischem Ritus schlachtet. Hier bestehen die Juden auf der Einhaltung der Speisevorschriften und es ist auch dem Rat gegen das Aufbegehren der Metzgerzunft einsichtig zu machen, dass es nicht um handwerkliche Konkurrenz geht, sondern um einen wesentlichen Bestandteil der Religionsausübung.

Zwischen 1603 und 1608 sieht sich die Judenschaft im Reich schweren Vorwürfen ausgesetzt: die Anklage gegen die Juden hatte ausgerechnet der Glaubensgenosse Löb Kraus, ein höchst zwielichtiger Charakter, nach allem was man weiß, in die Welt gesetzt. Nicht weniger als eine Verschwörung gegen Kaiser und Reich warf er den Juden vor, die sie bei einer Rabbinerversammlung während der Herbstmesse in Frankfurt vorbereitet hätten. Auf diesen bloßen Anwurf hin setzt sich eine beispiellose Ermittlungsmaschinerie in Bewegung, hochrangige kaiserliche Kommissare ermitteln in der Stadt. Sie haben so weitreichende Befugnisse, dass der Rat der Stadt befürchtet, im Zuge dieser Ermittlungen die unabhängige Position als Reichsstadt zu verlieren. Die volle Gerichtsbarkeit über die eigenen Untertanen ist schließlich eines der wichtigsten Hoheitsrechte, über das der städtische Rat verfügt. Auch dem Kaiser will man dieses Recht nicht abtreten. An all den Vorwürfen ist nicht ein wahres Wort, aber es dauert dennoch bis ins Jahr 1608, bis Löb Kraus als intriganter Denunziant entlarvt ist und der Prozess gegen die Frankfurter Juden nicht mehr fortgeführt wird.

Gut zwanzig Jahre leben die Langenbachs schon in Frankfurt. Mendle Levis Sohn Simon Samuel ist selbst schon Vater geworden. Seine beiden Söhne Isaak Levi zum Krebs und Mendle Levi zum Goldenen Faß wachsen heran, als es in Frankfurt 1612 zu einem Aufstand kommt, in dessen Verlauf alle Bevölkerungsgruppen verwickelt sind und in dem die Juden zu Opfern werden: Als Fettmilch- Aufstand geht er in die Geschichte ein.

Der Fettmilchaufstand

Die revolutionäre Erhebung hat innenpolitische Gründe. Die Regierungsgewalt in der Stadt liegt in Händen der patrizischen Geschlechter, allein die vornehmste Adelsgesellschaft, die Limpurger, hat von den 42 Ratsstellen 25 inne, die Zünfte haben gerade mal dreizehn Sitze, selbst deren Besetzung dürfen sich die Patrizier noch aussuchen und sie wählen sich keine Kritiker ins Haus. Der überwiegende Teil der Bevölkerung ist im Rat nicht vertreten.

Das sind alle abhängig Beschäftigten, Arbeiter, Tagelöhner, das Gesinde, nicht zünftige Handwerker und alle Bewohner der zu Frankfurt gehörenden Dörfer, also die ärmeren Schichten. Aber auch Leute, die steinreich sind, haben im Frankfurter Rat nichts zu melden. Nur wer dem lutherischen Glauben zugehört, ist ratsfähig. Es wird auch niemand in die Zünfte aufgenommen, der nicht lutherischen Glaubens ist. Damit scheiden die Katholiken aus, die in Frankfurt wenigstens ihren Gottesdienst halten können. Was weniger auf eine besonders tolerante Haltung des Rats zurückzuführen ist, sondern auf die pragmatische Einschätzung, dass man weder dem benachbarten Kurfürsten von Mainz noch dem katholischen Kaiser Anlass zum Einschreiten geben möchte. Die Reformierten haben keinen mächtigen Verbündeten in Frankfurts Nähe, die kann man ungefährdeter schurigeln.

Die Oligarchie der Patrizier hat ein großes Interesse, die Reformierten in ihre Schranken zu weisen. Die Patrizier leben schon lange nicht mehr von ihrer Hände Arbeit sondern von den Abgaben und Renten, die sie aus Land und Leuten pressen. Unter den Reformierten gibt es viele, die sich einen ähnlich aufwendigen, höfischen Lebensstil leisten könnten wie das Patriziat. Sie sind eine ernst zu nehmende Konkurrenz. So versucht man ihnen den Aufenthalt in Frankfurt möglichst zu verleiden: Sie dürfen hier keine Gottesdienste abhalten und selbst die Schule für die reformierten Kinder wird geschlossen. Zudem ist die Politik des Rats äußerst industriefeindlich. Viele Reformierte verlassen Frankfurt und werden zum Beispiel in Städten wie Hanau oder Oppenheim mit offenen Armen aufgenommen. Während dort die Wirtschaftskraft der Städte aufblüht, sinkt sie in Frankfurt. Wiederholte Missernten treiben die Lebensmittelpreise nach oben; weil die wichtigsten Auftraggeber weggezogen sind, steigt die

Arbeitslosigkeit und die Löhne sinken. Die Verarmung großer Bevölkerungsteile ist die Folge. Die Steuergesetzgebung hält weiteren Explosivstoff bereit, denn die kleinen Einkünfte werden stärker besteuert als die großen Vermögen.

Der Rat der Stadt, der seinen Untertanen in stets neuen Polizeiverordnungen das aufwändige Feiern bei Hochzeiten, Kindstaufen und Beerdigungen untersagt, greift lieber in den Stadtsäckel als in die Privatschatulle und verprasst selbst bei Festen und Gelagen das Geld der Steuerzahler. So wächst das Defizit der Stadt jährlich. Aber niemand weiß davon oder will davon wissen.

Während im Durchschnitt in der Stadt die großen Vermögen steigen und alle anderen verarmen, ist die Entwicklung in der Judengasse ausgeglichener. Das muss nicht weiter verwundern. Da die Juden aus allen klassischen Erwerbszweigen der christlichen Gesellschaft ausgeschlossen sind, haben sie sich eingerichtet in den Nischen, die man ihnen gelassen oder zugewiesen hat: dem Geldwechsel, der Pfandleihe, dem Trödel- und Hausiererhandel, dem Viehhandel, dem Großhandel, dem Handel mit Metallen und Edelmetallen. Das erworbene Vermögen und die weitläufigen Beziehungen aus dem Handel sind der Grundstock für ihren erfolgreichen Einstieg ins Bankgeschäft. Das Wirtschaftsleben der Juden ist viel weniger mit der Wirtschaftskraft der Stadt verbunden als bei der übrigen Einwohnerschaft. So geht es ihnen im beginnenden 17. Jahrhundert im Durchschnitt eher besser als der restlichen Bevölkerung. Das schafft Argwohn. Zudem verdächtigt man die Juden, mit dem Rat gemeinsame Geschäfte auf Kosten der Bürgerschaft zu machen. Es ist offenkundig, dass der Rat häufig Kisten mit Geld in die Judengasse schaffen läßt. In den meisten Fällen gibt es dafür auch eine harmlose Erklärung: die Bürger zahlen ihre Steuern und Abgaben in Kreuzern, Hellern und Pfennigen, der Rat braucht für seine Ausgaben größere Münze. Zum Geldwechsel braucht man die Juden, denn auch diese Tätigkeit ist Christen verboten. In der Vertreibung der Geldwechsler aus dem Tempel durch Jesus liegt die Begründung.

Da etliche Einwohner von den Juden Kredit genommen haben und die Rückzahlung nur unter Schwierigkeiten bewerkstelligen können, liegt auch hier ein großes Konfliktpotential. Es hat sich viel Zündstoff angesammelt in der Stadt. Eigentlich fehlt nur noch der zündende Funke.

Der kommt als Kaiser Rudolf II. am 21. Januar 1612 stirbt. Damit steht den Frankfurtern die Wahl eines neuen Kaisers ins Haus und der Rat muss sich nach der Verpflichtung in der Goldenen Bulle des Wohlverhaltens seiner Untertanen versichern. Sie sollen eidlich verpflichtet werden, die Sicherheit der in die Stadt kommenden Fürsten zu garantieren. Die vielen Unzufriedenen in der Stadt sehen ihre Stunde gekommen. Statt den Eid abzulegen, übergeben die Zünfte und andere nichtzünftige Bürger eine Schrift. Sie machen ihre Eidesleistung von der Erfüllung dreier Forderungen abhängig: Da man ihnen den Verlust ihrer Privilegien angedroht habe für den Fall, dass sie den Eid nicht erbringen, wollen sie eine Veröffentlichung ihrer Privilegien, deren Wortlaut ihnen unbekannt sei. Zum zweiten solle ein öffentlicher Kornmarkt zur Regelung des Getreidepreises eingerichtet werden. Und drittens solle man die Anzahl der in der Stadt ansässigen Juden einschränken und die Höhe des ihnen erlaubten Zinsfußes rückwirkend von 12 % auf 5–6 % reduzieren.

Vollauf beschäftigt mit den Wahlvorbereitungen, mahnt der Rat die protestierenden Bürger zu Geduld. Die Untertanen wollen die Gunst der Stunde nutzen und setzen von ihrem Konflikt mit dem Stadtregiment den soeben erwählten Kaiser Matthias und die noch in der Stadt weilenden Kurfürsten in Kenntnis und bitten, diese mögen sich „um Gottes und der Gerechtigkeit willen“ ihres Anliegens annehmen. Die Bittschrift an den Kaiser überreichen ein Frankfurter Schneider und der Fettkrämer Vincenz Fettmilch. Vom Kaiser erhalten sie keine Antwort und der Erzbischof von Mainz mahnt die Bürger ebenso zu Geduld, wie zuvor der Frankfurter Rat.

Inzwischen hat der Rat sämtliche Vorwürfe der Bürgerschaft und ihre Forderungen als gegenstandslos bezeichnet und glaubt, die Sache sei erledigt. Zumal auch des Kaisers Kanzler die Auffassung des Rates teilt und die Zünfte obendrein noch ermahnt, sich ihrer Obrigkeit gegenüber „alles gebührenden Gehorsams zu befleißigen und die Kaiserliche Majestät nicht unnötiger Weise zu behelligen.“

Erst jetzt beginnt sich der Aufstand zu radikalisieren: vor dem Römer versammelt sich eine zornige Menge und setzt die Wahl eines Ausschusses durch, der die Forderungen der Bürgerschaft vertreten soll. Unter seinen 130 Mitgliedern befinden sich Zünftige und Nichtzünftige und etliche der niederländischen Kaufleute.

Der Rat, der die Zeichen der Zeit immer noch nicht erkennt, spielt auf Zeit. Doch die Bürgerschaft ist die Vertröstungen, die immer neuen Winkelzüge leid. Am 3. Juli wird der Römer gestürmt. Nun verspricht der Rat die Herausgabe der Privilegien und will die Rechneikasse anweisen, den Bürgern Geld auf Pfänder vorzustrecken. Die Judenfrage dagegen sei Sache des Kaisers. Während der Bürgerausschuss auf die Ratsvorschläge eingehen will, übernimmt das Volk, zunehmend ungeduldiger werdend, die Macht auf den Straßen, besetzt die Wälle und patrouilliert nachts durch die Stadt.

Der darob fassungslose Rat weiß sich nicht anders mehr zu helfen als seinen Rücktritt zu erklären, da die Bürgerschaft schon alle Rechte an sich gerissen hätte, und verlässt den Sitzungsaal. In dem Durcheinander, das nun entsteht, versucht Vincenz Fettmilch vergebens den Rat umzustimmen. Der Bürgerausschuss ernennt ihn daraufhin zu seinem Sprecher.

Der hilflose Rat wendet sich an den Kaiser und ersucht um Intervention. So erscheint wenige Tage später ein kaiserlicher Herold, der im Römer eine Verordnung anschlagen lässt: Darin wird den Zünften „tätlicher und unverantwortlicher Frevel" gegen die Obrigkeit vorgeworfen, das Zusammenrotten und das Waffenführen wird ihnen verboten, ebenso wird ihnen aufgegeben, sich jeglicher Drohungen gegenüber anderen Bewohnern der Stadt – also auch gegenüber den Juden – zu enthalten. Die beiden Nachbarn der Reichsstadt, der Erzbischof von Mainz und der Landgraf von Hessen sollen die Beschwerden des Bürgerausschusses prüfen.

Weder der scharfe Ton dieser Verordnung noch die eingesetzten Beschwerdeprüfer tragen zur Befriedung der Situation bei. Gerade die Berufung des Landgrafen von Hessen, der sämtliche Calvinisten für üble Ketzer hält, die es zu verfolgen oder zu missionieren gilt, stößt den Aufständischen übel auf. Schließlich sind viele Niederländer in ihren Reihen, an maßgeblicher Stelle der Kaufmann Mathieu, ihre juristische Beratung übernimmt der hochverschuldete Advokat Weitz.

Die mit Frankfurt befreundeten Reichsstädte Worms, Speyer, Straßburg, Nürnberg und Ulm schließlich befinden die Einsetzung der auswärtigen Kommissare für höchst gefährlich für den unabhängigen Status der Stadt, und sehen darin eine Bedrohung auch der eigenen Selbständigkeit. Sie schlagen dem Frankfurter Rat vor, er solle die Juden preisgeben, wenn dadurch der Friede mit den

Zünften wiederhergestellt werden könne. Der Rat schwenkt auf diese Politik ein. Als erstes befiehlt er den Juden, alle, die nicht in der Stättigkeit stehen, binnen vier Wochen aus der Stadt zu jagen. Nun wenden sich die Juden an den Kaiser, sie erinnern an die kaiserlichen Privilegien, verlangen eine Entscheidung darüber, dass jeder ihnen zugefügte Schaden von der Stadt ersetzt werden solle, und erklären, dass sie jedem Rede und Antwort stehen wollen, der eine Klage gegen sie vorzubringen habe.

Die Aufständischen begreifen das als Herausforderung und sammeln Vorwürfe: neben den bereits bekannten Märchen von der Pest, die die Juden durch vergiftete Brunnen mehrfach über Europa gebracht haben sollen, dem Abschlachten christlicher Kinder zu rituellen Zwecken, dem Vorwurf des Landesverrats, weil sie im Bunde mit den Türken stünden, folgen dann das jüdische Kardinalverbrechen, dass „die gottlose Rotte" den christlichen Gewerbetreibenden Konkurrenz mache. Die Begründungen sind abenteuerlich. So hat man den Juden verboten, Läden oder Stände in der Stadt zu eröffnen und sie dürfen auch in der Judengasse ihre Waren nicht öffentlich feilhalten. Diese Einschränkung wirft man ihnen jetzt als Vorteil vor; Juden könnten billiger verkaufen, weil sie keine teuren Läden zu unterhalten hätten: Vertragsbruch, Diebstahl, Hehlerei, unrechtmäßiger Verkauf von Pfändern, Wucherzinsen, Unterschriftsfälschung, Falschmünzerei usw. usw. Als Beleg für besondere Unbotmäßigkeit dient obendrein die Tatsache, dass die Juden dem Kaiser ihre Geschenke zur Krönung eher überreicht hätten als der Rat der Stadt.

Die Juden setzen sich Punkt für Punkt mit den in 361 Artikeln vorgebrachten, überwiegend absurden Vorwürfen auseinander. Sie können ihre Verteidigungschrift aber nicht mehr an den Ausschuss übergeben. Die Bürgerschaft ist mit dessen Amtsführung nicht mehr zufrieden und wählt sich auf einer Versammlung in der Zunftstube der Bender einen neuen Ausschuss. Zwar will der alte Ausschuss, dem die Bürgerschaft „unnützes Umlaufen, Fressen und Saufen" vorwirft, nicht weichen, doch die zornigen Bürger schüchtern den alten Ausschuss dermaßen ein, dass dieser ausgerechnet den Rat um Unterstützung bittet.

Wider Erwarten erkennen die kaiserlichen Kommissare den neuen Ausschuss an und verhandeln mit ihm. Das Ergebnis ist der Bürgervertrag, der am 21. Dezember in der Stadt veröffentlicht wird. Berechtigte Forderungen der Zünfte haben ihren Niederschlag gefunden: so gibt es achtzehn neue Ratssitze für die zünftigen Handwerker, eine neue Behörde, „die Neuner", soll das Finanzgebaren des Rates überwachen und die Stadtkasse wird angewiesen, Bürgern auf goldene und silberne Pfänder Geld zum Zinsfuß von 5 % zu leihen. Den Juden wird aufgegeben, ihre Leih- und Kreditgeschäfte zu höchstens 8 % zu verzinsen. In begreifliche Aufregung versetzt die Juden der drohende Satz, „ dass wegen ihrer Anzahl baldigst eine gewisse Ordnung gemacht werden solle."

Dauerhaft ist der Frieden nicht, der durch den Bürgervertrag wieder hergestellt werden sollte. Schließlich bleiben ungelöste Fragen: zum einen befürchtet man durchaus den Rückfall des Rats in seine alte selbstherrliche Politik, wenn erst wieder Ruhe eingekehrt ist, zum anderen sind ganze Gruppen von Aufständischen von den Neuerungen des Bürgervertrags ausgeschlossen. So die Reformierten, denen die bornierte lutherische Bevölkerung aufs Neue den Bürgerstatus verweigert und die Katholiken. Als der Erzbischof von Mainz aus durchaus eigennützigen Gründen den Katholiken die Ratsfähigkeit zuerkennen lassen will, bekommt er die Antwort: „Ehe ein Katholik in den Rat zugelassen wird, muß erst alles drunter und drüber gehen." Ob den verarmten Schichten in der Bevölkerung mit dem Vertrag geholfen ist, muss sich schnell erweisen, sonst sind sie zum Aufstand wieder bereit.

Die Unzufriedenen gründen im Januar 1613 einen neuen Ausschuss, ohne vom Volk dazu bevollmächtigt zu sein. Sie wollen sich der unerledigten Punkte des Bürgervertrags annehmen. Vincenz Fettmilch wird zu seinem Direktor ernannt. Eine Reihe von Advokaten, darunter auch Weitz, von niederländischen Kaufleuten wie Bernoulli und Kantor sowie eine Anzahl zünftiger Handwerker bilden den Kern.

Die Gruppe gewinnt rasch wieder Zulauf und widmet sich mit aller Macht und aller Perfidie der „Judenfrage". Sie lassen die alte Verpfändungsurkunde Karls IV. nachdrucken und verbreiten sie in der Stadt, ebenso Auszüge aus der Stättigkeit und aus verschiedenen Quellen des Stadtrechts. Alles in der Absicht, die Bevölkerung glauben zu machen, dass die Juden Leibeigene der Bürgerschaft seien und jeder gewissermaßen rechtmäßig mit ihnen machen könne, was er will. Die Hetze ist erfolgreich.

In der Judengasse lebt man in Angst. Es häufen sich Drohungen und Übergriffe. Im Mai fliehen die ersten Juden verkleidet aus der

Stadt. Die Gewaltbereitschaft der Bevölkerung wird von Fettmilch und seinen Kumpanen eifrigst geschürt und zum Argument für ein Eingreifen des Rates umgeschmiedet. Nur wenn der Rat endlich die Judenfrage löse, könne er den Frieden in der Stadt und das Vertrauen in die Obrigkeit wieder herstellen.

Im Verlauf der Ereignisse hat sich bisher gezeigt, dass weder der Kaiser noch die von ihm eingesetzten Kommissare sich besonders eifrig um das Schicksal der Juden bekümmert haben. So kommt auch der Rat zu dem Schluss, es sei besser die Juden zu verfolgen, als die eigene Existenz aufs Spiel zu setzen. Zudem lenken die Anwürfe gegen die Juden von den Versäumnissen des Rates selbst ab. Er beauftragt ausgerechnet den Advokaten Weitz und zwei Gesinnungsgenossen mit der Abfassung eines Rechtsgutachtens, wie mit den Juden zu verfahren sei. Dessen Ergebnis: die Juden sind die Ursache jeden „widrigen Verdachtes, Unrates und aller Beschuldigungen der Bürger untereinander.“ Die wenig überraschende Schlussfolgerung: Man solle sie allesamt verjagen.

Vinzenz Fettmilch, Conrad Gerngroß und Conrad Schopp, Anführer im Fettmilchaufstand.

Das geht nicht so einfach. Schnell wird offenbar, dass zu viele Verbindungen im Geschäftsverkehr zwischen Christen und Juden nicht ohne erheblichen Verlust für die christliche Bürgerschaft zu lösen sind. Die eigennützigen Interessen der frommen Christenheit müssen also erst noch gebührend berücksichtigt werden. Man beschließt daher eine teilweise „Abschaffung“ der Juden und eine „Moderation auf Qualitäten des Vermögens“.

So soll das dann aussehen: Die Juden sollen ein Verzeichnis ihrer Schulden und Forderungen abgeben. Über die Rechtmäßigkeit ihrer Forderungen entscheidet die Stadt. Der Zinsfuß für die Schuldner wird auf 5% gesenkt. In der Stadt dürfen nur Juden bleiben, die ein Vermögen von mindestens 15 000–20 000 Gulden nachweisen können. Alle anderen sollen mit den städtischen Rechenmeistern abrechnen, danach den Ausweisungsbefehl erhalten und binnen acht Tagen die Stadt verlassen. Die Ausweisung der Zurückbleibenden will sich der Rat für später vorbehalten. Künftig sollen keine Juden mehr in Frankfurt aufgenommen werden. Die einstweilen in der Stadt Geduldeten sollen einmal wöchentlich eine evangelische Predigt hören müssen.

Fettmilch und Konsorten geht das nicht weit genug. Im Rat dagegen will man die Verantwortung nicht alleine übernehmen, die Zünfte und Gesellschaften werden um ihre Stellungnahme gebeten. Die patrizischen Gesellschaften wie die Limpurger geben besonnene Stellungnahmen ab, sie ahnen schließlich, dass der Kaiser auf Dauer die Verfolgung seiner Kammerknechte nicht hinnehmen wird. Bis auf die Steinmetze und Maurer, die sich an den Bürgervertrag halten wollen, stimmen die anderen Zünfte der Moderation und der Vertreibung der Juden zu.

Ende Juni 1613 werden zuerst die sechzig ärmsten Juden vorgeladen. Sie bekommen ein bis zwei Wochen Zeit, um ihre geschäftlichen Verpflichtungen zu erledigen. Nach Zahlung eines Abzugsgeldes in Höhe von zehn Prozent ihres Vermögens müssen sie die Stadt verlassen. Die Moderation geht weiter bis zum August des Jahres 1614. Auch auf den Frankfurter Dörfern verbreitet sich die aufständische Bewegung. So wie die Handwerker in der Stadt bilden auch die Bauern auf den Dörfern Ausschüsse und verfolgen die Juden, überfallen sie auf offener Landstraße, berauben und misshandeln sie.

Die aus Frankfurt vertriebenen Juden hatten sich inzwischen an die Kaiserlichen Kommissarien gewandt. Die kommen im Juli nach Frankfurt und übergeben dem Rat wie dem Ausschuss ein Schreiben des Kaisers. Darin befiehlt Mathias I., die sechzig ausgewiesenen Juden wieder aufzunehmen. Dem Ausschuss wirft der Kaiser Widersetzlichkeit und Ungehorsam vor.

Während der Rat sich in seinem Antwortschreiben an den Kaiser peinlich windet und unterwürfig den Zwiespalt beschreibt, „daß man sich einerseits an Ihro Majestät nicht vergreife, andererseits bei den Nachkommen keinen Verweis haben möchte, als ob man der Stadt etwas an ihren Privilegien vergebe“, verweigert der Ausschuss dem Kaiser dreist das Recht, die Juden als sein Kammergut zu bezeichnen. Das Eintreten für die Juden sei nichts anderes als eine Einmischung in die inneren Angelegenheiten der Stadt. „Ursachen und Bedenken, warum die Juden zu Frankfurt gänzlich abzuschaffen seien“, betitelt der Ausschuss seine Sicht der Dinge.

Plünderung der Judengasse

Aus Angst sich den kaiserlichen Zorn zuzuziehen, verzögert der Rat die Moderation und damit die völlige Vertreibung der Juden. Gleichzeitig erlässt er, um den Ausschuss nicht weiter zu reizen, eine Reihe judenfeindlicher Verordnungen, damit ihnen der Aufenthalt in der Stadt verleidet wird: er untersagt ihnen das Spazierengehen in der Stadt, verbietet sonntags und an christlichen Feiertagen das Waschen und das Schächten, er verwehrt ihnen auch, für das Laubhüttenfest grünes Reisig aus dem Stadtwald zu holen. Hinzu kommen hohe materielle Verluste, denn die Schuldner der Juden nutzen die Gunst der Stunde, viele zahlen gar nicht, andere verweigern die im Bürgervertrag festgelegten Zinsen. Ihre Gläubiger dagegen pochen auf strikte und pünktliche Zahlung.

Im Januar 1614 bestätigt Kaiser Mathias endlich den Bürgervertrag, in dem es nun heißt, bezüglich der Juden solle der Rat gemeinsam mit dem Neuner eine „gewisse Ordnung" machen und dem Kaiser zur Kenntnis geben. Gleichzeitig droht der Kaiser all jenen den „Verlust sämtlicher Freiheiten und Güter" an, die in Zukunft gegen die Obrigkeit handeln und gegen den Bürgervertrag verstoßen. Die Vorgänge des vergangenen Jahres sollen zudem untersucht und die unbotmäßigen Bürger belangt werden. An dieser Untersuchung haben nun weder der Rat noch der Ausschuss irgendein Interesse. Die beiden feindlichen Gremien handeln nun gemeinsam und können die Untersuchung abwehren.

Der Ausschuss legt sich das als Sieg aus und denkt gar nicht daran, sich den Befehlen des Kaisers zu unterwerfen. Er sucht jetzt nach auswärtigen Verbündeten und knüpft Kontakte zum Kurfürsten von der Pfalz und dem Landgrafen von Hessen-Kassel, außerdem sucht er die anderen Reichsstädte als Verbündete für die Politik der Judenvertreibung zu gewinnen. Besonders die Reichsstädte machen viele Vorschläge, wie man den Juden das Leben zur Hölle machen kann, ohne gleich den Kaiser zu vergrätzen. So solle man sie z. B. zu Frondiensten bei öffentlichen Arbeiten heranziehen. Den Kaiser könne man mit ständigen Petitionen mürbe machen, wenn man ihm dann noch ein größeres Darlehen in Aussicht stellen würde, so würde er sich um die Juden sicher nicht weiter bekümmern. Das Geld für das Darlehen, das der klamme Kaiser gut brauchen könne, solle man sich durch erhöhte Strafgelder von den Juden wieder holen. Wenn dann die Stättigkeit ablaufe, brauche man sie einfach nicht mehr zu erneuern.

Die verängstigten Juden können vom Kaiser nicht viel erwarten. Er nimmt sie in Schutz, aber seinen Worten läßt er keine Taten folgen. Manche versuchen heimlich ihre Habe aus der bewachten Gasse zu schmuggeln und nach auswärts in Sicherheit zu bringen. Solche Unterfangen missglücken. Die Wache konfisziert alles und bringt es auf die Schmidtstube, dort befindet sich das Versammlungslokal der Aufständischen. Die jüdische Gemeinde muss dafür zusätzliches „Schutzgeld“ zahlen. Wenigen Juden gelingt es, Vermögenswerte bei befreundeten Christen unterzustellen. An Flucht ist nicht zu denken. Nicht nur, dass die Wachen niemanden weglassen würden, der nicht zuvor all den Christenmenschen den größten Teil seines Vermögens überlassen hätte. Noch schlimmer wiegt der begründete Verdacht, dass die zurückbleibenden Glaubensgenossen jede erfolgreiche Flucht bitter büßen müssten. Zudem erscheint den gesetzestreuen Juden die Flucht als Verstoß gegen die Stättigkeit und den Bürgervertrag. So verharren die meisten in der Judengasse, hoffen und beten um Beistand und haben Angst.

Es gibt weitere Versuche, den Frieden in der Stadt wieder herzustellen, sie scheitern alle. Der erneut überarbeitete Bürgervertrag

Auszug der Juden aus Frankfurt

wird Ende März von 26 Zünften und einigen Adelsgesellschaften abgelehnt. Die Aufständischen zielen jetzt auf die Übernahmen der Macht in der Stadt ab, sie wollen sämtliche Ratsstellen besetzen. Sie besetzen den Römer und arrestieren den alten Rat solange, bis dieser seinen Verzicht auf Amt und Würden erklärt. Jetzt besteht das Stadtregiment nur noch aus den achtzehn neuen Mitgliedern.

Ende Juli trifft ein kaiserliches Mandat in Frankfurt ein. Es bedroht alle Aufständischen mit Reichsacht und Konfiskation des Vermögens, diejenigen Bürger, die unschuldig seien oder nur aus Angst mitgemacht haben, sollen „parieren“, d. h. sich von den Aufständischen unter Nennung ihres Namens lossagen. Sowohl ihnen wie dem alten Rat und den Juden sagt der Kaiser seinen Schutz zu.

Ein großer Teil der Bürgerschaft „pariert“, wie es das kaiserliche Mandat verlangt und sagt sich von den Aufständischen los. Sie sehen schon seit längerem die neu errungenen politischen Rechte durch die anhaltende Radikalität des Ausschusses gefährdet. Die Zunftmeister dagegen unterstützen den Aufstand weiterhin und lehnen es ab zu parieren. Die kaiserlichen Abgesandten versuchen daraufhin, die Altgesellen zu ihren Verbündeten zu machen und fordern diese auf, ihre ungehorsamen Meister zu verlassen.

Auch der Ausschuss weiß, dass das kaiserliche Mandat die entscheidende Frage aufwirft: Wer hat eigentlich die Mehrheit der Bürgerschaft hinter sich? Wer hat die Macht in der Stadt? Die Altgesellen, die bei ihren Meistern den Gehorsam lang genug gelernt haben, werden agitiert und wieder auf Linie gebracht. Bei gutem Essen und reichlich Alkohol im Versammlungslokal der Aufständischen kann man ihnen beibringen, dass die kaiserlichen Delegierten die wirklichen Rechtsbrecher sind. Eine Reichsstadt behandelt ihre inneren Angelegenheiten selbst, der Versuch die Gesellen zu beeinflussen, sei ein unzulässiger Eingriff in die reichsstädtische Freiheit und ein Angriff auf dieselbe. Wenngleich damit die Legitimität der Handlungen der Aufständischen nicht bewiesen ist, ist das Argument zweifellos richtig. Es leuchtet auch den Altgesellen ein und sie fühlen sich jetzt, da sie sich sicher auf der legalen Seite zu wissen glauben, von den Kaiserlichen Delegierten an ihrer Ehre gepackt. Sie hätten, so scheint es ihnen jetzt gewiss, gegen Recht und Ehre verstoßen, wenn sie von ihren Meistern abgelassen und damit auch noch die Freiheit der Stadt verraten hätten. So ziehen die Gesellen gemeinsam mit ihren Meistern zum Goldenen Löwen in der Fahrgasse, wo die kaiserlichen Delegierten abgestiegen sind, und verlangen eine Erklärung zur Wiederherstellung ihrer Ehre.

Unter dem Druck der aufgebrachten Menge geben die Delegierten diese Erklärung zwar ab,– nachdem sie festgestellt haben, dass sie nicht fliehen können, – aber die Situation beruhigt sich nicht. Vor dem Goldenen Löwen versammeln sich immer mehr Leute:

Wütende, Angetrunkene, Aufgestachelte. Es ertönt der Ruf: „Plündert die Judengasse!“

Da schon seit Tagen das Gerücht von einer möglichen Plünderung der Gasse die Runde macht, haben sich einige Familien zu befreundeten Christen geflüchtet. Ein Ratsherr hat annähernd sechzig Juden, darunter zehn Wöchnerinnen aufgenommen. Die meisten aber sind in der Judengasse geblieben, halten die Tore geschlossen und sichern sie, so gut es geht.

Es ist etwa fünf Uhr nachmittags an diesem 22. August als sich der wütende Mob lautstark der Bornheimer Pforte nähert. Die meisten Juden befinden sich beim Gottesdienst in der Synagoge. Die Männer verlassen das Gotteshaus, bewaffnen sich mit Schwertern und Hellebarden und beginnen hinter den Eingangstoren der Judengasse Barrikaden zu errichten. Frauen und Kinder fliehen auf den jüdischen Friedhof.

Bis zehn Uhr abends gelingt die Verteidigung der Gasse. Dann schlägt der Pöbel die Rückseite eines nur aus Fachwerk und Lehm bestehenden Hauses ein und dringt auf diesem Weg in die Gasse ein. Im folgenden Handgemenge sterben zwei Juden und einer der Angreifer. Gegen die Übermacht der aufgehetzten Meute haben die Juden keine Chance. Sie fliehen ebenfalls auf den Friedhof. Einige können noch ein paar Wertgegenstände aus ihren Häusern mitnehmen.

Sie werden nicht verfolgt, denn das Gesindel hat jetzt nur eines im Sinn: Beute machen. Auch in der Stadt spricht sich wie ein Lauffeuer herum, dass die Judengasse geplündert wird. Die Leute kommen mit Säcken, Wagen und Karren, um möglichst viele Raubgüter schnell wegschleppen zu können. Nur einige wenige nehmen die Habe befreundeter Juden an sich, um sie später zurückzugeben. Geraubt und geplündert wird alles, was nicht niet- und nagelfest ist: Wäsche, Kleidung, Geschirre, Hausrat vom Bratspieß bis zur Mistgabel, Truhen und anderes Mobiliar, Kleinvieh wie Hühner und Gänse. Der erbeutete Wein wird an Ort und Stelle getrunken. Dann beginnt die Zerstörung: die Häuser werden demoliert, Türen und Fenster eingeschlagen, Dielen aufgerissen, Kachelöfen zertrümmert. Die gelehrten Bücher und heiligen Schriften der Juden werden auf die Straße geworfen und verbrannt. Auch die Synagoge wird ausgeplündert.

Dreizehn Stunden lang kann das Gesocks unbehelligt sein Zerstörungswerk verrichten. Erst als sie überlegen, dass man jetzt auch die reichen Bürger überfallen solle, die „pariert" hätten, beginnt man in der Bürgerschaft um den eigenen Besitz zu fürchten. Der jüngere Bürgermeister reitet mit einem Haufen bewaffneter Männer in die Judengasse ein. Viel Hindernisse müssen sie nicht überwinden. Ein großer Teil der Meute ist sinnlos betrunken und zu keiner Gegenwehr mehr fähig. So wird das Gesindel aus der Gasse vertrieben, vor die Tore wird eine Wache gestellt, die erneute Plünderungen verhindern soll. Um die auf ihren Friedhof geflohenen Juden kümmert man sich nicht weiter.

Das übernehmen Fettmilch und sein Kumpan Kantor. Sie spüren in der Stadt versteckte Juden auf und treiben sie ebenfalls auf den Friedhof. Dann weist Fettmilch im Namen des Ausschusses die Juden aus der Stadt aus. Der Rat billigt die Vertreibung durch Stillschweigen und stellt zur Aufrechterhaltung der Ordnung acht Musketiere vor die Judengasse. 1380 Juden ziehen durch das Fischerpförtchen an den Main. Auf beiden Seiten ihres Weges stehen bewaffnete Bürger. Was die Juden von ihrer Habe gerettet haben und mit sich tragen, müssen sie hoch verzollen. Dann besteigen sie die Nachen, mainaufwärts nach Hanau und Offenbach, mainabwärts nach Höchst. Manche ziehen dann zu Fuß weiter in umliegende Ortschaften oder zu Verwandten in weiterer Ferne. Die angesehenste jüdische Gemeinde in Deutschland hat ihre Heimat verloren.

In der Stadt macht sich nach diesem Rausch der Gewalt nur langsam Ernüchterung breit. Noch immer haben die Aufständischen das Sagen. Auch wenn der Kaiser bereits am 4. September 1614 Vincenz Fettmilch, Konrad Gerngroß und Konrad Schopp, samt allen, die sie weiterhin unterstützen, in Reichsacht tut, dauert es bis zu ihrer Verhaftung noch bis Ende November.

Die ausgewiesenen Juden warten an ihren Zufluchtsorten inzwischen darauf, dass man ihnen die Rückkehr nach Frankfurt wieder gestattet. Doch damit hat es niemand eilig. Im Gegenteil das Frankfurter Beispiel macht Schule, auch andere Glaubensgenossen erfahren das gleiche Schicksal. In der Reichsstadt Worms erheben sich ebenfalls die Zünfte gegen die Ratspolitik und gegen die Juden. Am Ostermontag 1615 wird auch die dortige jüdische Gemeinde vertrieben.

Der Kaiser verlangt die Rückführung der Juden nach Frankfurt, die vollständige Entschädigung für das geraubte Hab und Gut und den Wiederaufbau der zerstörten Häuser. Der Rat hält das für eine Zumutung; schließlich habe die Stadt während der dreijährigen Unruhen kaum Steuereinnahmen gehabt und außerdem könne man nicht die gesamte Bürgerschaft für die Untaten Einzelner zur Verantwortung ziehen. Daneben genüge es völlig, wenn der Rat nach den gestohlenen Dingen fahnde. Ferner wolle man die Juden „beschicken", um sie zur Einstellung derartiger Forderungen zu bewegen. Zudem hält es der Rat für zu riskant, die Juden schon jetzt wieder einzulassen, da die Bevölkerung immer noch sehr judenfeindlich gestimmt sei. Ein Argument, das eigentlich den Hinweis auf „die Untaten Einzelner" widerlegt.

Man einigt sich darauf, die Juden am Wiederaufbau ihrer Häuser nicht zu hindern, und ihnen gegen Bezahlung das dazu nötige Material und die Arbeitsleistungen zu gewähren. Ein Jahr nach ihrer Vertreibung übergibt der Rat den Vorstehern der jüdischen Gemeinde die Schlüssel zur Gasse. Eine beschränkte Anzahl jüdischer Familien dürfe wieder in die Stadt zurückkehren, um den Fortgang der Arbeiten zu überwachen. Vierzig Familien kommen daraufhin nach Frankfurt zurück. Die Gemeindevorsteher müssen sie auslosen, weil niemand in so einer kleinen Gruppe freiwillig in die unsichere Stadt zurückkehren will. Um Zwischenfälle zu verhindern, läßt der Rat die Judengasse bewachen – auf Kosten der Juden.

Im Februar 1616 ist die gerichtliche Untersuchung gegen die Anführer des Aufstands abgeschlossen. Am 28. Februar wird das Urteil vollstreckt: Fettmilch, Schopp, Gerngroß, Kantor sowie drei weitere Aufständische werden zum Tode verurteilt. Weitz schafft es durch juristische Winkelzüge, dass er nur aus der Stadt verwiesen wird.

Die Urteilsvollstreckung findet unter großen Sicherheitsvorkehrungen statt: schon zwei Tage zuvor mußten alle Wirtschaften geschlossen bleiben, die Wälle werden militärisch besetzt und das unzuverlässige Sachsenhausen wird mit einer Ausgangssperre belegt. Zunftmeister und Vorsteher der Gesellschaften dagegen müssen der Hinrichtung beiwohnen. Fettmilch werden zwei Finger der Schwurhand abgehackt, bevor ihn der Scharfrichter mit dem Schwert richtet. Der Körper wird gevierteilt, der Kopf auf eine eiserne Stange gesteckt und auf dem Brückenturm aufgerichtet.

Nach der Vollstreckung aller Strafen wird ein kaiserliches Mandat verlesen, wonach alle „Juden mit Weib und Kind wieder in ihre Gasse aufgenommen, alle ihre Häuser repariert, auch alles spoliierte

Silber, Gold und Geschmeid, usw. ihnen innerhalb dreier Monate wieder zugestellt, und sie fortan bei Strafe der Acht nicht mehr molestiert werden sollten". Anderthalb Jahre nach ihrer Vertreibung kehren die Frankfurter Juden zurück. Trommler und Pfeifer begleiten den Zug durch die Stadt. An den Toren der Judengasse werden kaiserliche Wappenschilder mit der Aufschrift „Römischer Kaiserlicher Majestät und des Heiligen Reiches Schutz" angeschlagen. Die alte Stättigkeit wird für erloschen erklärt, eine neue Stättigkeit wird verlesen. Deren Bestimmungen atmen zwar auch nicht den Geist der Humanität, aber wenigstens eine einschneidende Änderung wird sie vor künftigen Vertreibungen bewahren, „da die Judischheit zu Frankfurt von den Römischen Kaisern sonderbar privilegiert sei, daß dieselbe in der Stadt geduldet und ihnen Schutz gehalten werden solle."

Handwerkergesellen müssen künftig einen Eid ablegen, die „Judenschaft samt und sonders in und außerhalb der Gasse unmolestiert und unbeleidigt zu lassen, sie bei Aufläufen, Feuersnöten usw. vor allem Ungemach zu defendieren."

Auch die Bedenken der Bürgerschaft werden in der neuen Stättigkeit berücksichtigt: die Höchstzahl der jüdischen Haushaltungen wird auf fünfhundert festgesetzt, nur zwölf Paare pro Jahr erhalten eine Heiratserlaubnis, jährlich dürfen nur sechs fremde Juden in die Gemeinde aufgenommen werden.

Die Entschädigungsfrage wird nicht geklärt. 262 Personen machen Verluste in Höhe von 175 919 Gulden geltend. Die Verhandlungen ziehen sich bis ins Jahr 1618, dann verzichten die Juden auf ihre Forderungen.

Nicht alle vertriebenen Juden kehren nach Frankfurt zurück. Samuel, ein Enkel des Mendle Levi zum Krebs, und seine Frau Mindle verzichten auf die Stättigkeit. In der Stättigkeitsliste von 1619 ist beider Name durchgestrichen und dabei vermerkt: „Hat keine Stättigkeit mehr." Samuel und Mindle gehören möglicherweise zu den nach Worms geflohenen Frankfurter Juden, die dort ein zweites Mal vertrieben wurden.

Rabbiner in schweren Zeiten

Mit dem Verzicht auf die Entschädigung renkt sich das noch immer angespannte Verhältnis zwischen den christlichen und den jüdischen Bewohnern der Stadt langsam wieder ein. Selbst die Handwerksgesellen kommen wieder scharenweise in die Gasse, ohne dass es zu unliebsamen Zwischenfällen kommt.

Aber nun da man alle Fährnisse glücklich überwunden hat, kommt es innerhalb der Judenschaft zu heftigen Auseinandersetzungen, was nicht verwundern muß. Der Fettmilch-Aufstand hat ja nicht als Pogrom begonnen, sondern als berechtigte Kritik am städtischen Regiment. Das haben auch die Juden aufmerksam verfolgt. Und eben diese Kritik ist im innerjüdischen Verhältnis genauso berechtigt. Auch innerhalb der Judengasse regiert eine oligarchische Clique, die Verwandte begünstigt, das Recht beugt, in die eigene Tasche wirtschaftet. Warum auch sollte es in der kleinen Judengasse anders zugehen als in der großen Stadt?

Der Rabbiner ist nur das geistliche Oberhaupt der jüdischen Gemeinde, zuständig für die Einhaltung der kultischen Riten. Er genießt Ansehen, weil er ein Gelehrter ist und besonderes Ansehen, wenn er ein großer Gelehrter ist. Aber eigentlich ist er eher Angestellter der Gemeinde, denn ihr Leiter. Der weltliche Gemeindevorstand hat das eigentliche Sagen bei allem, was nicht unmittelbar und unstrittig die getreue Ausübung des Glaubens betrifft.

Der Gemeindevorstand, das sind die Vorsteher, die auch Baumeister genannt werden, und die Kastenherren, die die Gelddinge der Gemeinde verwalten. Der jüdische Minderheitenstatus in der Wirklichkeit des Ghettos weist ihnen noch eine andere Dimension ihres Wirkens zu. Der Vorstand ist gewissermaßen die kommunale Auftragsverwaltung der Juden gegenüber dem Rat der Stadt, die Schaltstelle zwischen den Juden und den Christen.

Die Baumeister haben große Autorität über die Gemeinde, sie üben die niedere Gerichtsbarkeit über die Gemeindemitglieder aus, sie schlagen dem Rat die neu in die Stättigkeit aufzunehmenden Juden vor, sie können Gemeindemitglieder mit dem Bann belegen. Als Verwaltungsinstanz erlassen sie Verordnungen, sie entscheiden in Finanzangelegenheiten. Sie verantworten, dass in der Gasse Sauberkeit herrscht, dass die Kornspeicher der Gemeinde stets den nötigen Vorrat enthalten, sie verwalten das Vermögen der Waisen und sind die offiziellen Vertreter der Gemeinde gegenüber dem Rat der Stadt und dem Kaiser.

Über die Zusammensetzung dieses Gemeindevorstands gibt es nun Streit in der Judengasse. Denn das mit erheblichen Machtbefugnissen ausgestattete Gremium präsentiert sich ähnlich wie der Rat der Stadt Frankfurt. So beginnt auch hier ein Verfassungsstreit über die politische Beteiligung und die Legitimität der Repräsentanten. In der Judengasse bildet sich eine Opposition und binnen kurzem hat man neue Vorsteher und alte Vorsteher, die sich gegenseitig nicht anerkennen und die jeweils nur von der einen Hälfte der Bewohnerschaft anerkannt werden.

In den Verfassungsstreit der Frankfurter Juden wird der Kaiser hineingezogen: er bestimmt den Frankfurter Rat als Gremium, das über die Streitigkeiten und die Legitimität der einzelnen Gruppen gutachten soll. Das Verfahren zieht sich über fünf Jahre hin und endet in einem tragfähigen Kompromiss. Die Vorsteher amtieren nur noch zeitlich befristet, sie dürfen nicht mehr miteinander verwandt sein. Ausgesucht werden sie in einer hochkomplizierten Prozedur aus Wahlmännerwahlen und Losentscheid. Der erste Vorstand nach dem Verfassungsstreit wird aus Vertretern der beiden feindlichen Parteien gebildet. Höchste Zeit, dass man sich in der Judengasse wieder einig wird. Schließlich gibt es äußere Feinde genug und schon seit drei Jahren tobt ein europäischer Krieg, der auch Frankfurt nicht unberührt lassen wird.

Zu dieser Zeit besitzt ein weiterer Enkel des Mendle Levi zum Krebs, Isaak Langenbach, eine Buchdruckerei. Die wachsende rabbinische Gelehrsamkeit im Ghetto läßt es logisch erscheinen, dass es einen großen Bedarf an gelehrten jüdischen Schriften gibt. Da liegt es nahe, dass gerade die Frankfurter Juden sich in Buchdruck und Buchhandel engagieren, zumal während der Frankfurter Messen der Bücherhandel blüht und in Frankfurt bedeutende Verleger wirken, wie Beatus Murner, Christian Egenolff, Sigmund Feyerabend, Theodor de Bry und Matthäus Merian d. Ä.

Über die Buchdruckerei des Isaak Langenbach wissen wir nicht mehr als dass es sie gab und das ist erstaunlich genug. Der Hinweis stammt aus einem nachgedruckten Buch, das den Vermerk auf den Erstdruck durch die Druckerei des Isaak Langenbach enthält. Gemeinhin werden die hebräischen Bücher von christlichen Druckern gedruckt und von christlichen Verlegern verlegt. Das Drucken ist zwar ein junges Handwerk, aber strikt zünftig geregelt und das heißt, dass kein Jude Drucker werden kann und darf. Weil zudem das Druckerhandwerk höchst gefährliche Ware herstellt, jedenfalls aus Sicht der Obrigkeit, unterliegt es einer noch stärkeren Kontrolle als alle anderen Handwerke: der Zensur. Deshalb bleibt es ein Rätsel, welcher Ausnahmesituation es Isaak Langenbach verdankt, eine Druckerei zu betreiben. Man könnte vermuten, dass es wegen der Zerstörung der jüdischen Bibliotheken während des Fettmilchaufstands eine Ausnahmegenehmigung gegeben habe. Das ist aber reine Spekulation. Da es weder zuvor noch danach je wieder eine Druckerei in der Judengasse gegeben hat, läßt der Tatbestand auf jeden Fall den Schluss zu, dass Isaak Langenbach äußerst geschickt und gescheit zu Werke gegangen sein muss.

Mit den gelehrten hebräischen Büchern sind noch andere Familienmitglieder beschäftigt. Freilich mit der Lektüre, nicht mit deren Herstellung. Der Sohn des Gerson Langenbach, Meier Langenbach, der selbst wieder einem Sohn den Namen Gerson gibt, wird Rabbi. Als „gelehrt" bezeichnen ihn die Zeitgenossen. Das Rabbinat von Meier Langenbach wird das erste Mal im Jahr 1631 in den Aufzeichnungen der Beerdigungsbruderschaft erwähnt im Zusammenhang mit dem Tod seiner Schwester. Zu dieser Zeit hat die Frankfurter Gemeinde keinen Oberrabbiner. Meier Langenbach wirkt wohl nur in der Interimsphase bis zur Wiederbesetzung des Oberrabinats als Rabbi. Meier Langenbach kommt 1617 aus Hermannstein bei Wetzlar nach Frankfurt. Hier heiratet er Esther, eine Tochter des Elias Meise. Esthers Vater hat sich 1611 in Coburg taufen lassen und lebt fortan unter dem Namen Johann Christianus. Esthers Mutter Röslein läßt sich daraufhin scheiden. Der Vater begehrt auch die Taufe seiner Kinder. Die Frankfurter jüdische Gemeinde lehnt das ab.

Nach seinem Rabbinat bekleidet Meier Langenbach auch Funktionen im Vorstand der Gemeinde in einer Situation, in der es immer noch um die Integration der verschiedenen Gruppierungen innerhalb der Gemeinde geht und erwirbt sich hohes Ansehen. Als er 1657 stirbt, fünf Jahre nach seiner Frau Esther, charakterisiert ihn die Eintragung der Beerdigungsbruderschaft als: „Der vornehme, fromme und bescheidene Führer und Vorsteher und Kassier der Gemeinde".

Auch in der nächsten Generation gibt es einen Rabbiner in der Familie Langenbach: Sanvil (Samuel) Langenbach. Er amtiert in den siebziger und achtziger Jahren des 17. Jahrhunderts. Unter dem Oberrabbiner Jesaia Horwitz ist Samuel Langenbach Mitglied einer Kommission, die sich um die Lehrerbesoldung kümmert und die Arbeitszeit der Lehrer auf höchstens acht Stunden (im Sommer neun Stunden) festsetzt. Neben Samuel Langenbach sitzen Michael Speier als Vorsitzender, Salomon Oppenheim, Moses Zunz, Isaak Bing und Alexander Rindskopf in der Kommission. In zweiter Ehe ist Rabbi Samuel Langenbach mit Gnendle, einer Tochter von Meier Langenbach verheiratet.

Meier Langenbach übt diese Ämter und Funktionen in der Judengasse in einer besonders schweren und trüben Zeit aus. Die ersten Jahre des Dreißigjährigen Krieges lassen Frankfurt relativ unberührt. Doch als das Heer der Sieger unter Tilly in die Rheinpfalz einbricht, rückt der Kriegsschauplatz näher an Frankfurt. Um den Siegeszug Tillys zu unterbrechen, erscheint Ernst von Mansfeld am Oberrhein und rückt vor bis Darmstadt. Die Mansfeldschen Söldnerscharen, die sich den Ruf erworben haben, marodierend durch die Lande zu ziehen, kosten viel Geld. Geld, das Ernst von Mansfeld nicht hat. So verlangt er erst dem Landgrafen Ludwig von Hessen ein „Darlehen“ von 60 000 Gulden ab. Der Landgraf entzieht sich dieser Forderung und den drohenden Kriegshändeln durch Flucht. Da kommt Ernst von Mansfeld auf die naheliegende Idee, die Frankfurter Juden zu schröpfen. Er verlangt unverfroren rückständige „Schutzgelder“ im Auftrag des Kurfürsten von der Pfalz. Nun hat der Kurfürst niemals Schutz gewährt, noch jemals das Recht auf Zahlungen aus der Frankfurter Judengasse gehabt. Freilich ist damit der Dreistigkeit noch nicht genug, denn der Kurfürst von der Pfalz hat kein Land mehr und ist selbst von der Gnade fremder Herrscher abhängig. Er ist der Letzte, der irgendwen schützen könnte.

Da die Söldnerheere des Dreißigjährigen Krieges viel zu teuer für ihre Auftraggeber sind, ernähren sie sich aus dem Land. Die größten Schäden in diesem Krieg entstehen nicht durch die militärischen Auseinandersetzungen, sondern durch Raubzüge, Plünderungen, Brandschatzungen der Soldateska. Alle Truppenführer pressen Geld aus der Bevölkerung, wo immer sie welches vermuten. Ernst von Mansfeld folgen noch weitere, die den Juden Geld abnehmen wollen: Christian von Braunschweig, Tilly, Erzherzog Leopold und schließlich verlangt auch noch der Kaiser Kronsteuer und Opferpfennig. Natürlich verlangen die Schweden Geld, als sie 1631 Frankfurt besetzen. Auch als die kaiserlichen Truppen 1635 die Stadt von den Schweden entsetzen, sind neuerliche Beteiligungen an den Kriegsausgaben fällig. Die massive Verarmung durch den Krieg betrifft in Frankfurt den größten Teil der Bevölkerung, egal ob christlich oder jüdisch. Dadurch verschärfen sich auch wieder die Auseinandersetzungen zwischen den Zünften, den christlichen und den jüdischen Kaufleuten. Wie immer wird den Juden unfaire Konkurrenz und illegales Handeln vorgeworfen.

Dabei haben die Juden während der Kriegszeiten ihre traditionellen Einnahmequellen fast völlig eingebüßt: je größer die Verheerungen des Krieges waren, desto größer sind die Verluste aus den Geldleihgeschäften, da die meisten Schuldner, so sie denn überhaupt noch leben, zahlungsunfähig sind. Mit dem rückgängigen Darlehensgeschäft verringern sich Pfandleihe und Trödelhandel. Die Juden treten verstärkt in den Waren- und Detailhandel ein und halten sich dabei nicht immer an die von der Stättigkeit vorgegebenen Grenzen. „Die angemaßten jüdischen Krämer haben es durch ihre hochschädliche, eigenmächtig vorgenommene Tätigkeit so weit gebracht“, beschweren sich die Seiden- und Gewandhändler, „daß sie uns christlichen Handelsleuten das Brot vor unseren Türen und Läden, ja sogar vor dem Munde hinwegzuschneiden sich ferner nicht entblöden. … So ist zu besorgen, daß schließlich das bare Geld allein in die Judengasse kommt, uns Christen aber nur die bloße Stadthandlung auf Zettel und Borg übrig bleibt.“

Entgegen den Unterstellungen der klagenden Kaufleute und Handwerker, ist freilich in der Judengasse von „barem Geld“ nicht mehr viel zu finden: während des Krieges müssen die Juden mehrfach Kredit bei ihren christlichen Nachbarn nehmen, um überhaupt noch Steuern und die kriegsbedingten Abgaben zahlen zu können. In dieser schweren Zeit wirkt Meier Langenbach in der Gemeinde als Vorsteher und danach als Kastenherr. Die Aufgabe der Kastenherren ist es, die Gemeindefinanzen zu verwalten, die Steuerschätzungen der einzelnen Bewohner der Judengasse vorzunehmen und die Gemeindesteuern zu erheben. Aus der Wahrnehmung dieser Vorstandsfunktionen können wir schließen, dass die Familie Langenbach über eine gewisse Wohlhabenheit verfügt, denn die

Wahl in diese Spitzenämter der Gemeinde ist an ein Mindestvermögen gebunden. Die Eigenschaften „vornehm, fromm und bescheiden“, mit denen Meier Langenbach beschrieben wird, verweisen auf eine integre Person, die Würde ausstrahlt und der Achtung entgegengebracht wird. Damit wird gleichzeitig belegt, dass die Familie Langenbach bereits wenige Jahrzehnte nach ihrer Ankunft in Frankfurt zu den angesehenen Bewohnern in der Judengasse gehört.

In der Bedrängnis des Krieges nimmt nicht nur der Wohlstand der jüdischen Gemeinde ab, weit schlimmer wiegt der Rückgang der Bevölkerung. Die Zahl der jüdischen Haushaltungen beträgt 1624 noch 409. Fünfzehn Jahre später sind es nur noch 285. Der massive Bevölkerungsrückgang hat verschiedene Ursachen. Die zunehmende Verarmung führt dazu, dass mehrere Familien mit dem Schatzungsgeld – also ihren Steuern – in Rückstand geraten. Ihnen wird die Stättigkeit aufgekündigt. Sie müssen die Stadt verlassen. Andere geben die Stättigkeit in finanziell hoffnungsloser Lage selbst zurück – allein sechs Familien im Jahre 1636. Während des gesamten Kriegsverlaufs wandern nur wenige Familien zu: ganze zwölf Haushalte werden in dreißig Jahren neu in die Stättigkeit aufgenommen. Die geringe Zahl der Eheschließungen in den Kriegsjahren und der damit verbundene Geburtenrückgang verstärken die Tendenz.

Zwar hat die enge Judengasse einen einzigen Vorteil in den Zeiten des Krieges – die Juden bleiben verschont von der Geißel der Einquartierung von Soldaten, und damit auch von typischen Krankheiten wie Syphilis, aber zweimal im Verlauf des Krieges sucht die Pest die Stadt heim. Viele Bewohner Frankfurts fallen der Seuche zum Opfer. Die Judengasse mit ihrer Übervölkerung, den offen liegenden Kanälen, der mangelnden Durchlüftung und dem abwesenden Sonnenschein ist ein guter Nährboden für die Krankheitskeime. In der historischen Forschung heißt es, dass die mäßige Lebensweise der Juden, ihre Abgesperrtheit von der übrigen Bevölkerung und die Einhaltung der Speisevorschriften und der kultischen Rituale sowie die hervorragenden Kenntnisse der jüdischen Ärzte dafür verantwortlich sind, dass die Sterblichkeit in der Judengasse nicht noch höher war. Überdurchschnittlich hoch ist unter diesen Lebensbedingungen aber die Kindersterblichkeit.

Die Pest und andere Seuchen halten furchtbare Ernte unter den Kindern der Judengasse. In den Aufzeichnungen der Beerdigungsbruderschaft steht, dass von den sechsundvierzig Toten des Jahres 1629 zweiundzwanzig Kinder sind. Ein Jahr später beklagen sie fünfundsiebzig Verstorbene, darunter neunundvierzig Kinder. Im Pestjahr 1635 sind von zweihundertzweiundzwanzig Toten hundertsechzig Kinder. Flehentliche Bitten stehen in den Aufzeichnungen der Beerdigungsbruderschaft, dass Gott diesem entsetzlichen Leid ein Ende bereiten möge.

Von diesem bitteren Leid ist die Familien Langenbach nicht ausgenommen. 1630 stirbt ein „Mädchen, Schwester des Rabbi Meir Langebach". Zwei Jahre danach müssen Esther und Meier Langenbach eines ihrer Kinder begraben. Ein Jahr später beerdigen sie das zweite Kind. Nicht einmal ein Jahr dauert es und sie müssen um ihr drittes Kind trauern. 1642 bestatten sie das vierte ihrer Kinder. Ihr Sohn Gerson stirbt ein Jahr später. Nur zwei Töchter überleben ihre Eltern: Gnendlin und das Nesthäkchen Röschen, das erst in den vierziger Jahren zur Welt kommt. Röschen stirbt 1711 in Aschaffenburg.

Das Ehepaar Jutle und Isaak Langenbach – der Besitzer der Buchdruckerei – überlebt zwei seiner bereits erwachsenen Kinder: ihr Sohn Israel stirbt im ersten Pestjahr und wird neben seiner Schwester Edel bestattet.

In den ersten Dezennien nach dem Dreißigjährigen Krieg ist halb Deutschland verwüstet, die Dörfer sind entvölkert, unter den Kriegsfolgen leiden noch die nächsten Generationen. Auch in der Judengasse bleiben die Verhältnisse ärmlich. Die Bevölkerungszahl stagniert, verlassene Häuser verfallen, alle Verdienstmöglichkeiten sind riskant oder ungewiss.

Und wieder sind es die Kinder, die Opfer der elenden Verhältnisse werden. In den Aufzeichnungen der Beerdigungsbruderschaft wird das ganze Unglück in Notizen wie dieser aus dem Jahr 1655 offenbar: „Wehe uns, ob meines Unglücks, da Gott mir vier kleine, zarte Kinder entrissen hat, die um unserer vielen Sünden willen Dienstag Nacht hinweggerafft wurden und am nächsten Tag begraben wurden.

Möge Gott zu dem Todesengel sprechen: Laß deine Hand sinken."

So muss auch der Sohn des Seligmann Langenbach, Rabbi Samuel Langenbach das Sterben seiner Kinder miterleben. Das erste stirbt 1657, als wieder einmal eine ansteckende Krankheit viele Kinder dahinrafft. Acht Jahre später steht er am Grab eines zweiten Kindes. Wieviel Leid steckt in den knappen Zeilen der Beerdigungsbruderschaft nur ein Jahr danach: „Kind des Rabbi Sanvil Langenbach, gestorben Freitag dem 22. Sivan und beerdigt an demselben Tag durch Rabbi Sanvil selbst."

Brand in der Judengasse

Zu Beginn des 18. Jahrhunderts sind die Bewohnerzahlen in Frankfurt wieder gestiegen. Die Judengasse wird von etwa 3000 Menschen bevölkert. Um Raum für die Bewohner zu schaffen, bedient man sich wieder der alten Mittel: Die Keller sind schon lange zweistöckig, Kammern werden zu Stuben umgebaut, die Obergeschosse überkragen die unteren Stockwerke inzwischen erheblich, aus Schuppen, Ställen und Verschlägen gewinnt man weiteren Wohnraum, die Zwerchhäuser auf den Dächern erhalten mehrere Geschosse, selbst auf den Hinterhofmauern entstehen Gebäude.

Um 1700 bezieht die Familie Langenbach auch eine zusätzliche Wohnung im Haus zum Roten Widder, die neben dem Haus zum Krebs liegt. Auch die Familie Hirschhorn von nebenan bezieht hier noch eine weitere Wohnung. Der Rote Widder ist genau wie der Krebs nur etwa 2,70 Meter breit. Um 1600 gab es nur zwei Wohnungen in diesem Haus, jetzt hat man vier Wohnungen daraus gemacht. Im Inneren werden die Häuser ständig umgebaut, Zwischenwände werden versetzt, alte Wände werden herausgebrochen, neue eingezogen. Am Ende sind die Häuser unentwirrbar ineinander verschachtelt, wie es auch Ludwig Börne berichtet. Börne wollte seine Cousine in der Judengasse besuchen und sah sie aus einem Fenster im ersten Stock herausblicken. Als er in das Haus eintrat, belehrte ihn eine Bewohnerin, dass er den falschen Weg genommen habe und seine Cousine nicht in diesem Haus wohne. „Wir beteuerten, die Mamsell hätte oben aus dem Fenster herausgesehen. Es war auch wirklich so, aber die Türe, die unter diesem Fenster lag, führte in ein ganz anderes Haus. So sehr sind die Häuser wegen Mangel an Raum ineinandergefügt und geschoben, daß Fenster und Türen, die vertikal übereinander stehen, zu zwei verschiedenen Häusern gehören, die zwanzig Schritt von einander liegen."

Über die innere Einteilung der Häuser schreibt Isidor Kracauer: „Das Erdgeschoß umfaßte in der Regel drei Räume: Von der Haustür gelangte man unmittelbar in den vordersten Raum, der als Warenlager und Verkaufslokal diente, er war nur spärlich durch die Oberlichtöffnung oberhalb der Haustüre beleuchtet. Auf diesen Vorraum folgte der Küchenraum mit dem Treppenaufgang. Von der Küche, die ihr spärliches Licht auch nur durch die oberlichtartigen Fenster über der vorderen und der hinteren Tür empfing, kam man in das hintere Gelaß; es war durch die zum Hof gehenden Fenster etwas besser erleuchtet. Steile Wendeltreppen, auf denen man sich bei dem herrschenden Halbdunkel, besonders da, wo die Geländer fehlten, an Handseilen hinauftastete, führten zu den oberen Stockwerken, zunächst zum Vorplatz, der öfters auch als Küche dienen mußte. Er trennte das einzige nach der Straße liegende Zimmer von dem einzigen Hinterzimmer.

Die Wände in den Häusern der Wohlhabenden hatten Holzgetäfel, das meist nur in einfachen Tönen, blassrot, grün oder graublau gestrichen war. Einen besonderen Schmuck der Wohnzimmer bildeten gemalte Tapeten, auch solche aus Seide oder Leder, und reich ornamentierte Stuckdecken."

Auch von den Interieurs der Wohnungen gibt es Beschreibungen: Seligmann zur Goldenen Krone, der zu den armen Juden zählt, muss selbst im Wohnzimmer eine Schlafstatt aufstellen, „eine grün angestrichene Bettlade mit einem zwilchenen Unterbett, fünf Kissen und einem Barchentdeckbett." Im gleichen Zimmer stehen ein Nußbaum-Ausziehtisch, ein grün angestrichener Tresor, ein Handfass aus Zinn, ein Spiegel in schwarzem Rahmen, ein großes Messingbecken, vier Wandleuchter und drei Lampen aus Messing. In der zweiten Stube stehen nur zwei kleine Kisten und ein tannener Ausziehtisch. In den vier Kammern stehen Bettladen. Wäsche und Kleidung werden in Kisten oder Fässern aufbewahrt. Im Keller sind, teilweise in Fässern, die Kramwaren untergebracht, mit denen Seligmann handelt. Haushaltsgegenstände sind fast durchweg aus Zinn. Bei all seiner Armut besaß Seligmann indes „98 allerlei hebräische Bücher".

Größeren Komfort gab es bei Elkan Moses zum Vogelsang. Hier muss niemand im Wohnzimmer schlafen. Ein eichener Ausziehtisch steht in der Wohnstube, mit Sesseln und Lehnstühlen, sechsarmigem Hängeleuchter und drei Wandlampen aus Messing. Noch vornehmer geht es beim Vorsteher Meyer zur Gelben Rose zu: bei den Haushaltsgegenständen überwiegen silberne, goldene und vergoldete Teile. Materialien, mit denen auch die Kleidungsstücke der weiblichen Familienmitglieder verziert sind.

Bei den wirklich reichen Juden ging es luxuriös und prunkvoll zu: Aaron Beer bewohnt eines der größeren Gebäude der Judengasse mit acht Stuben und sieben Kammern im Vorder- und Hinterhaus. Eine große Anzahl Gemälde in vergoldeten Rahmen hängt in allen Stuben und im Treppenhaus. Beer verfügt über einen Empfangssaal für Gäste, bestückt mit zwölf mit Samt bezogenen Stühlen und sechs Sesseln. Zum Inventar gehören ein „Konfektschrank" und ein „Zimmerkühlkessel". Alle Stuben und Kammern sind mit Hausrat der Luxusklasse gefüllt: Teppiche, seidene Decken, Vorhänge aus Brokat, Seidenkleidung mit silbernen Spitzen, Bestecke aus Silber oder vergoldet, Kristallgefäße, Schmuck und Geschmeide. Vier Pferdegeschirre und Sättel werden auf dem Dachboden aufbewahrt, im Keller liegen vierundsechzig Ohm Wein (das sind etwas mehr als neuntausend Liter).

Die Langenbachs gehören zeitweise zu den Wohlhabenden in der Judengasse, zwischenzeitlich verarmen sie wieder durch äußere Umstände, wie die Brände in der Judengasse. In den Listen der Höchstbesteuerten tauchen sie auch jetzt nicht auf. Gegen Ende des 18. Jahrhunderts eröffnen sie einen Laden für Möbel und Modewaren. Zu vermuten ist, dass sie auch zuvor mit derartigen Waren Trödelhandel betrieben haben. Nach den überlieferten Unterlagen gehören die Langenbachs bis ins 19. Jahrhundert nicht zu den wirklich reichen Juden. Zumindest für die ersten zweihundert Jahre, die die Langenbachs in Frankfurt leben, gibt es auch kaum Heiratsbeziehungen zu den wirklich reichen jüdischen Familien.

Eine Ausnahme macht Röschen, die jüngste Tochter von Rabbi Meier Langenbach. Sie ist mit dem Vorsteher Elkan Metz zum Vogelgesang verheiratet. Die Familie macht bedeutende Geschäfte, freilich nicht ohne Risiko, wie Dietz schildert: „Elkan hatte sich gleich seinem Vater an den großen Spekulationen in sogenanntem Holländerholz beteiligt, welches er in Flößen aus dem Bambergischen nach Amsterdam spedieren ließ, wobei neben dem Job Meyer auch der Jude Samuel Sebastian zu Amsterdam beteiligt war. Da dieser ebenfalls fallierte (wie der Vater von Elkan) und seine Geschäftsfreunde um etwa 100 000 Gulden brachte, erlitt Elkan mit anderen Kaufleuten große Verluste. Bald finden wir ihn in Handelsgemeinschaft mit seinem Bruder Liebmann unter der Firma Gebr. Liebmann und Elkan Moses zum Vogelsang. Verschiedene deutsche Fürsten, so der Bischof von Würzburg und der Kurfürst von Baiern, bedienten sich bei ihren Unternehmungen seiner Hilfe, sodaß er zeitweise mehr in Würzburg wie in Frankfurt war. Im Herbst 1700 verschaffte Elkan beispielsweise dem Kurfürsten bei den Herren Cunney und Jakob Feidama in Amsterdam gegen Verpfändung von 4 Schnüren mit 278 Perlen im Wert von 50 000–60 000 Talern ein Darlehen von 30 000 Karolusgulden zu 5 %. Weiterhin machte er viele Geschäfte mit dem bekannten Gasthalter, Weinhändler und Finanzmann Johann Jakob Günther zum Roten Haus und mit der Firma Zwirlein & Metzler, welche wegen einer Forderung von 5100 Talern im Jahr 1700 die Rückgabe der verpfändeten Perlenschnüre an den Kurfürsten verhinderte und hierdurch einen großen Prozeß verursachte." Große Erlöse aus den riskanten Geschäften sind also keine Gewähr für sicheren Reichtum.

Da die Ehen durch Heiratsvermittler, das „Schadchen", gestiftet werden, folgen sie gerne der inneren Logik eines für beide Partner günstigen Abschlusses. Daher stammen die Ehepartner meistens aus dem gleichen geistigen wie materiellen Milieu. Auffällig oft gehen die Langenbachs Heiratsbeziehungen mit anderen levitischen Familien ein, deren Mitglieder ebenfalls Vorstandsfunktionen innerhalb der Frankfurter Gemeinde bekleiden. Als Michel Grotwol 1670 Rajk, die Tochter des Rabbi Samuel Langenbach heiratet, nimmt er den Namen seines Schwiegervaters Langenbach an. Sicher ein Beleg für das Ansehen, das Rabbi Samuel Langenbach genoss.

Noch immer gilt in Frankfurt die Stättigkeit aus dem Jahre 1616 mit all ihren Einschränkungen, als eine Katastrophe 1711 die Isolation der Juden durchbricht. Im Hause des Oberrabbiners bricht am 14. Januar abends ein Brand aus. Die Flammen greifen in der engen Gasse schnell um sich. Immer wieder von starkem Wind angefacht wütet das verheerende Feuer. Erst nach vierundzwanzig Stunden gelingt es, den Brand zu löschen. Die ganze Judengasse liegt in Schutt und Asche. Sämtliche Häuser sind bis auf die Kellermauern niedergebrannt. Alle Juden sind obdachlos, ein kleiner Teil verlässt die Stadt, alle anderen werden bei den Christen im Stadtgebiet einquartiert. Nach mehr als zweihundertfünfzig Jahren leben Juden und Christen wieder Tür an Tür. Nun könnte sich erweisen, ob all die Vorwürfe, die man der Frankfurter Judenschaft seit Jahrhunderten macht, berechtigt sind.

Wie die Langenbachs die Zeit nach dem großen Brand der Judengasse in Frankfurt verbracht haben, wissen wir nicht genau. Röschen, die Tochter von Rabbi Meier Langenbach, stirbt drei Wochen nach dem Brand in Aschaffenburg. Einzelne Mitglieder der Familie leben zumindest zeitweise außerhalb von Frankfurt in Idstein, Wiesbaden und Heusenstamm. So Gitche, die Tochter von Isaak Langenbach. Als sie 1753 stirbt und in Frankfurt begraben wird, heißt es, dass sie „toll" – also wahnsinnig – gewesen sei. Anlass zum Wahnsinnigwerden haben ihre Lebensbedingungen gewiss genug geboten.

Inzwischen hat sich wieder einmal die bürgerliche Opposition gegen die Ratspolitik formiert, um die seit dem Fettmilchaufstand offen gebliebenen Veränderungen in der Stadtverfassung einzufordern. Und wie damals beklagt sich auch dieser bürgerliche Ausschuss in langen Litaneien über die Juden: „Die christlichen Handelsleute sind nichts anderes als die Factoren der Juden. … Die Hälfte der Frankfurter bürgerlichen Stuben, Böden, Keller, Gewölbe sind mit ihren Waren angefüllt, sogar das Rathaus und die Klöster." Der bürgerliche Ausschuss entblödet sich nicht zu behaupten, dass die Juden durch Diebstahl in den Besitz der Waren gekommen seien, indem sie das Personal der christlichen Kaufleute bestochen hätten.

Die meisten Juden sind nun so verarmt, dass die Gemeinde das erste Mal in ihrer Geschichte andere jüdische Gemeinden und reiche Einzelpersonen um Unterstützung angehen muss. Bis ins Jahr 1716 dauert es, dann ist der größte Teil der Judengasse wieder aufgebaut. Auf gleichem, engem Raum. Denn das Areal wird auch jetzt nicht erweitert. Eine Bauordnung soll freilich verhindern, dass das Ghetto wieder in jener Enge entstehen sollte, die die Ausbreitung des Brandes begünstigt hatte. Der Abstand der Häuserzeilen wird auf zwanzig Fuß (5,40 Meter) verbreitert, die Erdgeschosse müssen in Stein gebaut werden, die Zahl der Geschosse wird auf drei beschränkt, genehmigt wird nur noch ein Überhang und ein Zwerchhaus je Gebäude. In regelmäßigen Abständen müssen Brandmauern errichtet werden.

„Die ganze Zeit, wo wir in der Stadt geweilt haben, ist keine Klage gegen uns laut geworden“, betonen die Juden in einer Eingabe an den Rat. Bedeutsam ist diese Feststellung, weil eine starke Partei des Bürgertums in jener Epoche auf einer antijüdischen Politik besteht. Dennoch hat es in den fünf Jahren, in denen die meisten bestehenden Ausnahmegesetze den Juden gegenüber nicht mehr aufrecht erhalten werden können, ein gediegenes Zusammenleben gegeben. Viele Juden wollen in der Freiheit der Stadt bleiben und nicht mehr in der engen Gasse eingepfercht werden. Viele christliche Hausbesitzer wollen ihre jüdischen Mieter behalten und machen sich dafür stark. Aber nichts hilft. Unbarmherzig geht es zurück ins Ghetto.

Den großen Brand in der Judengasse haben christliche wie jüdische Theologen und die Bewohner der Stadt einvernehmlich als „Strafe Gottes“ interpretiert. Gemeinsam teilen sie die zeitgenössische Auffassung, es für einen göttlichen Fingerzeig zu halten, dass der Pulverturm vor dem Feuer verschont blieb und dass der Wind drehte, als die Flammen auf die Bornheimer Pforte zurasten und dadurch die christlichen Häuser der Feuersbrunst entgingen. „Wir Juden erkennen den Brand als eine uns auferlegte Strafe an, die auszutragen ist“, erklärt Rabbi Cohen dem Rat.

Kaum haben sich die Juden nach dem Wiederaufbau wieder notgedrungen ans Ghettoleben gewöhnt, brennt es 1721 erneut. Der nördliche Teil der Judengasse brennt bis auf die Grundmauern nieder. Auch diesmal sehen die Juden den Brand als Strafe Gottes an. Nur die Christen empfinden nicht mehr die gleiche sittliche Gewissheit, wie zehn Jahre zuvor. Denn 1719 hatte „der große Christenbrand“ in der Stadt gewütet, ganze Straßenzüge vernichtet und das Judenviertel verschont. Nun sieht man in den Bränden eine über die gesamte Stadt und alle ihre Bewohner unterschiedslos verhängte göttliche Strafe.

Auch nach diesem Brand wird der Ghettozwang aufrechterhalten, die Häuser müssen wieder aufgebaut werden und im Ghetto herrscht die gleiche qualvolle Enge wie eh und je. Es dauert bis 1729 bis die letzten Häuser wieder aufgebaut sind. Nicht nur die Juden wollen ihre Rückkehr ins Ghetto hinauszögern. Auch einige christliche Hausbesitzer bitten den Rat, die Juden noch länger beherbergen zu dürfen mit der bemerkenswerten Begründung „da keinem durch sie ein tort geschieht, noch sie Ärgernis der Nachbarschaft geben".

Doch als seien nicht über hundert Jahre vergangen, wachen Rat und große Teile der Bürgerschaft zäh und unerbittlich über die Einhaltung der alten Stättigkeit von 1616. Nach den Erfahrungen von ein wenig Freizügigkeit ist nun z. B. den Juden wieder verboten, außerhalb der Judengasse spazierenzugehen. Ihre einzige Freifläche ist der jüdische Friedhof, aber der Platz für die Toten ist so knapp bemessen wie der für die Lebenden.

So bleibt es in Frankfurt bei den altbekannten Auseinandersetzungen: zwischen Kaiser und Rat um den Status der Juden und die Abgaben, die man von ihnen erpresst, zwischen Bürgern und Rat um Beteiligung und Kontrolle des städtischen Regiments, zwischen Kaufleuten und Zünften, die gemeinsam immer noch Front machen gegen die angeblich ungeheuerliche jüdische Konkurrenz, zwischen den Reformierten und allen andern um die Religionsfreiheit. Die Konflikte und ihre Austragung verharren in der Welt vergangener Jahrhunderte. Die Ständegesellschaft wird nicht in Frage gestellt. Der durch Geburt begründete unterschiedliche Status der Menschen gilt noch als selbstverständlich. Dass demzufolge Juden und Christen voneinander unterschieden sind, kann ebenfalls auf beiden Seiten als gesellschaftliche Übereinkunft gelten. Alle Konflikte der vergangenen Jahre kreisen um unterschiedliche Auslegungen der jahrhundertelang überlieferten und interpretierten Rechtslage.

Immerhin erreicht der Bürgerausschuss 1732 die Einsetzung eines bürgerlichen Kontrollgremiums über das Finanzgebaren des Rats: den 51iger Ausschuss, der vor allem mit Großkaufleuten besetzt ist.. Franz von Lersner kommentiert diese Ungeheuerlichkeit aus Sicht des Patriziats: „... und ich glaube, daß zwischen Nord- und Südpol keine Regierungsform ist, wo einige aus dem Pöbel dem Rat über den Kopf gesetzt sind."

Verglichen mit Frankfurt, herrschen in manchen Nachbarterritorien geradezu liberale Verhältnisse. Die Regelungen der Hanauer Judenstättigkeit etwa, seit 1603 in Kraft, sind erheblich toleranter: Den Juden gehören ihre Häuser, sie können genauso großzügig bauen wie ihre christlichen Nachbarn, haben mehr Freizügigkeit und größere Rechtssicherheit als in Frankfurt. Das gilt auch in den Hanauer Dörfern Bergen und Bockenheim. Natürlich ist es nicht reine Menschenfreundlichkeit, die den Hanauer Grafen Philipp Ludwig II. (1595–1612) zu solch einer toleranten Politik gegenüber den Juden bewog. Schließlich hat er es zuvor auch mit Zwangsmissionierung versucht. Ohne durchschlagenden Erfolg. So setzte sich die Einsicht durch, „dass man die Gans, die goldene Eier legen solle, pfleglich behandeln müsse".

Eine der perfidesten Abgaben, die Juden zu entrichten haben, ist der Leibzoll. Juden müssen nicht nur – wie alle anderen – ihre Waren verzollen, wenn sie eine der zahlreichen deutschen Grenzen überschreiten, sondern darüber hinaus sich selbst, den eigenen Leib also. Eine entwürdigende Prozedur. In Hanau – und das ist einzigartig in deutschen Landen – hat es den Leibzoll nie gegeben. In Frankfurt, wo er zusätzlich bei jeder Überquerung der Mainbrücke fällig ist, wird er erst 1804 aufgehoben.

Bis zum Ende des Ghettos brennt es noch mehrfach. Zehn Vorderhäuser und elf Hinterhäuser auf der Westseite der Gasse äschert der Brand von 1774 ein. Löschmannschaften aus zweiundzwanzig Orten des Umlandes haben geholfen, noch größeren Schaden zu verhindern. 1780 wird bei einem Brand am Südende der Gasse das Schlachthaus beschädigt und das Wollgrabentor zerstört. Ein Effekt, der keineswegs große Trauer bei den Juden auslöst. Zum Wiederaufbau des lästigen Tores werden die Juden nun heftig bedrängt, aber sie lassen sich Zeit. Zwei Jahre später ist es immer noch nicht fertiggestellt.

Das Zeitalter der Aufklärung

Mehrere Kriege in der Mitte des Jahrhunderts, vor allem die Auseinandersetzungen zwischen Preußen und Österreich um Schlesien, tangieren auch das Leben in Frankfurt. Mehr als einmal nähert sich das Kriegsgeschehen bedrohlich der Stadt. Zwischen 1759 und 1762 liegt eine französische Besatzung in der Stadt. Während die Bürgerschaft unter der Last der Einquartierungen leidet, bleiben die Juden auch diesmal davon verschont. Kein Wunder, denn die Zustände in der Judengasse werden immer erbärmlicher. Kein Feldherr mutet seinen Leuten solch ein Quartier zu. In einer Bittschrift an den Rat ersuchen die Juden um Aufhebung des Verbots, außerhalb der Judengasse spazierenzugehen: „Es mag wohl kein Ort in Deutschland sein, wo den Schutzjuden der Genuß der freien Luft und der reinen Straße so eingeschränkt wird als uns." Gut dreitausend Bewohner zählt das Ghetto zu dieser Zeit, das dreißigfache verglichen mit dem Beginn der Zwangsansiedlung.

Den Vertretern der Aufklärung erscheint die Judengasse als Inbegriff des finsteren Mittelalters. Reisende berichten fassungslos über den Anblick des Ghettos. Als „düster, überdies feucht und unflätig" fasst Bernhard Müller im Jahr 1747 seine Eindrücke der Judengasse zusammen. Fast fünfzig Jahre später heißt es in einem anderen Reisebericht: „Stellen Sie sich eine enge Straße vor, welche über eine halbe Viertelstunde lang und von Häusern eingeschlossen ist, die fünf bis sechs Etagen hoch sind; denken Sie sich diese Häuser mit Hinterhäusern und diese womöglich noch einmal mit Hinterhäusern, die kaum soviel Hofraum haben, dass das Tageslicht einfallen kann; alle Winkel bis auf das Dach hinauf voll enger Stuben und Kammern, in diesen 10 000 (die Zahl ist zweifellos um das zweifache zu hoch) Menschen zusammengeschichtet, welche sich glücklich schätzen, wenn sie ihre Höhlen verlassen und auf ihrer schmutzigen und feuchten Straße Luft schöpfen können, … so haben Sie ungefähr einen anschauenden Begriff von der Judengasse. Die Plätze vor den Häusern sind des Tages über mit allen männlichen und weiblichen Hantierungen besetzt, denn in den Wohnungen wären diese elenden Menschen nicht imstande zu arbeiten."

David Isaak Langenbach und Seligmann Isaak Langenbach leben im Zeitalter der Aufklärung in der Judengasse. David Isaak Langenbach ist ein Enkel des Rabbi Samuel Langenbach. Gemäß den Sitten der jüdischen Namengebung jener Zeit tragen die Söhne den Vornamen des Vaters als zweiten Vornamen. David und Seligmann sind aber keine Brüder, sondern vermutlich Cousins. Der Vater des Seligmann Langenbach nennt sich Isaak Hahn nach dem gleichnamigen Wohnhaus. David Langenbach stirbt 1772. Er hinterläßt einen Sohn namens Isaak David Langenbach. Isaak David führt gemeinsam mit der Mutter das väterliche Geschäft weiter. Dabei handelt es sich um einen Speditionsbetrieb, den Handel mit Kommissionswaren und vor allem Lotteriegeschäfte. Lotterien sind seit dem 17. Jahrhundert in Deutschland üblich. Jeder kleine Landesherr versucht Lotterien aufzulegen, um Geld in die Schatulle zu bekommen. Lose werden von der Frankfurter Bürgerschaft reichlich gekauft. Verlorene Lose werden in den „Franckfurter Frag- und Anzeigungs-Nachrichten“ regelmäßig annonciert –, dort werden auch „die aus dem Glücksrad“ gezogenen Zahlen veröffentlicht. Die Auslosung wird mit gleicher Erwartung verfolgt, wie heute die Ziehung der Lottozahlen. Viele Juden verdienen ihr Geld als Lotteriekollektor.

Seligmann Isaak Langenbach ist 1747 geboren und lebt bis 1820. Er heiratet um 1778 Regina Strauss, die im Nachbarhaus zum Hirschhorn aufgewachsen, aber nicht in Frankfurt geboren ist. Sechs Söhne und zwei Töchter entstammen dieser Ehe. Traditionsgemäß trägt der älteste Sohn den Vornamen des Großvaters: Isaak Seligmann Langenbach kommt am 11. Oktober 1780 zur Welt. Im gleichen Jahr eröffnet der Vater im Haus zum Krebs in der Judengasse einen Laden. Er handelt mit Möbeln und Modewaren. Lieber hätte er sein Geschäft in der Stadt aufgeschlagen als im schmalen Erdgeschoss seines Hauses, aber das ist den Juden noch immer untersagt. Zwar wird das Verbot, in christlichen Häusern Geschäftsräume an Juden zu vermieten, manchmal in der Praxis durchlöchert, aber das sind geringe Ausnahmen von zumeist kurzer Dauer.

Vermutlich dient der Eingangsraum des Hauses zum Krebs schon lange gewerblichen Zwecken. Die Geschäftseröffnung zeigt nur eine neue Stufe des Handels, der schon vorher bestand. Selbstverständlich handelt es sich bei den Möbeln um Gebrauchtwaren. Neues Mobiliar gibt man beim örtlichen Handwerk in Auftrag. Alles andere wäre eine Verletzung der wirtschaftlichen Regeln, denn die Grundlage der Wirtschaft ist die Sicherung der, wie man damals sagt, „Nahrung“ für alle, die am Wirtschaftsprozeß beteiligt sind. Es liegt dem Prinzip in dieser so ungleichen Gesellschaft ein seltsamer Gedanke von Gleichheit zugrunde: Es gibt keine Konkurrenz, denn alle sollen gleichermaßen ihr Auskommen finden, aber ein jeder an seinem angestammten Platz. Das schöne Ziel wird mit einem ungeheuren Wust an Regeln begleitet. So einigen sich etwa 1775 die Zünfte der Schlosser und der Schreiner, dass die Schreiner zwischen und während der Messen keine Schlösser von auswärts kaufen. Im Gegenzug dulden es die Schlosser, dass die Schreiner bei Fenstern, Türen, Schränken und Kommoden die Beschläge selbst anbringen. In diesem ganz dem Traditionellen verhafteten handwerklichen Produktionsprozeß kann jeder Fortschritt, jede Mode, jede Neuerung zur Katastrophe führen. So beschweren sich z. B. die Häfner Mitte des 18. Jahrhunderts in einer Eingabe an den Rat, dass man im Römer wie bei den reichen Bürgern seit neuestem gusseiserne Öfen installiere. Sie protestieren, weil nun die Kundschaft keine Ofenkacheln mehr von ihnen will, und sie deshalb um ihre Nahrung gebracht würden. Das sorgfältig austarierte ökonomische Gleichgewicht gerät dadurch aus den Fugen. Auch die Zinngießer – die meisten Geschirre sind zu dieser Zeit noch aus Zinn – versuchen ihren monopolartigen Anspruch auf dem Frankfurter Markt zu verteidigen. Sie versuchen die Einfuhr von Porzellan aus der Höchster Manufaktur verbieten zu lassen.

Jegliche technische Neuerung gilt tendenziell als Angriff auf das handwerkliche Produktionssystem und gelingt nur, wenn alle daran teilhaben können. Die umtriebigen protestantischen Flüchtlinge aus den Niederlanden und später aus Frankreich sind dem Handwerk daher ein Dorn im Auge. Denn zu ihrem Weltbild gehört die Förderung des Spezialistentums und die Produktion für den Markt. Während der Handwerksmeister alles beherrscht, was sein Handwerk erfordert und sein Werkstück von Anfang bis Ende produziert, beherrscht der Spezialist nur noch einzelne Verrichtungen, die aber besonders gut, schnell und billig. Aus Sicht des Handwerks sind solche Methoden strikt abzulehnen. So hätten sich auch die Frankfurter gern mit den preiswerten und modernen Möbeln aus der berühmten Manufaktur von Roentgen in Neuwied eingedeckt, aber die Zünfte wissen das zu verhindern.

Bedrohlich ist für das Handwerk daher auch jeglicher Handel, denn außerhalb produzierte Waren schränken potenziell die eigene Nahrung ein. Kein Wunder, dass alle, die ihr Geld mit dem Handel verdienen, besonders misstrauisch beäugt werden. So richtet sich das kritische Augenmerk des Handwerks immer auf die jüdischen Händler. Denn die werden als eminent gefährlich empfunden. Man kann sie eigentlich nie richtig kontrollieren, denn den Juden bleibt gar nichts anderes übrig, als immer wieder neue Nischen im Wirtschaftsleben aufzutun. Von irgendetwas müssen sie leben, und fast alles ist ihnen verboten. So suchen und finden sie immer wieder die Lücken zwischen Angebot und Nachfrage, und Bereiche, die noch nicht eindeutig geregelt sind.

Wenn Seligmann Isaak Langenbach mit Möbeln und Modewaren handelt, dann hat diese merkwürdige Kombination ihren Ursprung genau in dieser Suche nach den Nischen im eng geregelten Wirtschaftsleben der Stadt. Mit Modewaren können zeitweise auch neue Kleider gemeint sein, bei dauerhaftem Handel mit Kleidung hätten gewiss die Frankfurter Schneider protestiert. Es könnte sich etwa um Kurzwaren handeln, um Garne oder Heimtextilien. Solche Handlungen wie die des Seligmann Isaak Langenbach sind in der Regel einerseits aus der Pfandleihe entstanden und andererseits aus den weit verstreuten Verwandtschaftsbeziehungen der Juden. Aus der Pfandleihe stehen die nicht eingelösten Pfänder zum Verkauf, der irgendwie organisiert werden muss. Wobei der Verleiher selbst verkaufen kann oder den Verkauf delegiert und daraus spezialisierte Handlungen erwachsen.

Während die Juden einerseits in Frankfurt in der Judengasse auf engstem Raum eingepfercht sind, haben sie andererseits die weiträumigsten Beziehungen. Jede Judenverfolgung führt dazu, dass sich jüdische Flüchtlinge andernorts niederlassen müssen. So entsteht ein Netzwerk an internationaler Verwandtschaft und damit die Möglichkeit, aus der leidvollen Erfahrung von Flucht oder Vertreibung neue Chancen aufs gemeinsame Überleben zu verwirklichen. Das gilt für den Warenhandel wie die Bildung, für soziale und kulturelle Aufmerksamkeit wie die wissenschaftliche Neugier.

Das gilt auch mit Einschränkungen für die anderen Flüchtlingsgruppen in der Stadt: die niederländischen und französischen Reformierten. Indes hat für die Juden die Erfahrung des Lebens im Ungewissen eine längere Tradition, sie leben schließlich seit der Zerstörung des Tempels in Jerusalem in der Diaspora. Untereinander sind sich die Minderheiten spinnefeind. Es scheint dies ein soziologisches Gesetz zu sein, was bis auf den heutigen Tag gilt: Minderheiten schließen sich nicht zusammen. Solidarität gibt es nur innerhalb der eigenen Gruppe.

Für das traditionelle Handwerk und für die Stadtregierung sind sie alle miteinander suspekt und gefährlich. Entsprechend gebärden sich die Zünfte und der Rat. Gemeinhin gelten die Städte als die Orte, in denen die bürgerliche Gesellschaft sich entwickelt und etabliert. In Frankfurt aber haben noch die alten Mächte das Heft fest in der Hand und verteidigen die alte Welt. Die Aufklärung, die der Vernunft den Vorrang vor der Tradition gibt, das „zurück zur Natur", das die Gleichheit der Menschen von Natur aus behauptet, ebenso wie ihre Fähigkeit von Natur aus vernünftig und sittlich zu handeln, hat auch in Frankfurt ihre Anhänger. So beginnt in der Stadt keineswegs ein Aufbruch zu neuen Ufern sondern es entsteht ein merkwürdiges Nebeneinander von bürgerlichen Lebenswelten und Verharrung in altehrwürdigen Traditionen.

Bei den Juden ist das nicht anders. Der Interpretation der großen Brände als göttliche Strafe folgt im Ghetto eine Welle von rigiden Verordnungen zum gottgefälligen Lebenswandel. Auf die Dauer von vierzehn Jahren untersagen die Vorsteher alle Theateraufführungen, alle Spiele, alle kleinen Belustigungen für die Jugend; es folgen Verordnungen gegen den Prunk bei Gastereien und gegen den Kleiderluxus besonders der Frauen. Zur Zeit des großen Brandes in der Judengasse hören wir das letzte Mal von Angehörigen der Langenbachs im Gemeindevorstand. Es ist zum einen Elkan Moses Metz zum Vogelgesang, der als Vorsteher der Gemeinde erwähnt wird. Elkan ist der Ehemann von Röschen, der jüngsten Tochter von Rabbi Meir Langenbach. Als Vorsteher amtiert auch Michel Langenbach Grotwol, dessen erste Frau eine Tochter von Rabbi Sanvil Langenbach war.

In der weltlichen Gemeinde etabliert sich im Laufe der folgenden Jahre eine äußerst konservative Gruppierung. Für das Alltagsleben in der Gasse ist dies erst mal ohne Belang. Denn nach den Bränden, dem Verlust von Waren, den zusätzlichen Kosten für den Lebensunterhalt innerhalb der Stadt oder im Umland, den Kosten für den Wiederaufbau der Häuser und den zusätzlich erhobenen Abgaben für die kriegerischen Auseinandersetzungen der Zeit sind viele Juden völlig verarmt. Die meisten haben drückende Sorgen um das Überleben der Familien. So nimmt es nicht wunder, dass es einer kleinen Gruppe in der Judengasse gelingt, den Gemeindevorstand unter ihre Kontrolle zu bringen. Erst um die Jahrhundertmitte formiert sich eine Opposition, die die Legitimität der amtierenden Vorsteher und Kastenherren bezweifelt und Rechenschaft fordert. Die Auseinandersetzungen um die Verfassung der Gemeinde, die zeitweise auch gewalttätig geführt werden, dauern mehrere Jahre. Auffällig ist die Parallelität der Ereignisse. Ähnlich wie nach dem Fettmilch-Aufstand, als sich die Juden ebenfalls um die Reform ihrer inneren Verhältnisse kümmern mussten, sehen wir auch diesmal bei den separierten Gruppen der Juden im Ghetto und der Christen in der Stadt ähnliche Probleme. Sie reformieren ihre innere Verfassung, ohne deren überlieferte Grundsätze anzutasten.

Die Frankfurter Juden versuchen ihr Los zu erleichtern, indem sie fordern auch auf den neu angelegten Alleen rund um die alte Stadtbefestigung spazierengehen zu dürfen. Und der Rat versucht den Juden in altbekannter Weise den Handel mit Kaffee, Tee und Zucker zu verbieten, mit den Argumenten der alten Stättigkeit, die den Juden den Handel mit „Spezereien" untersagt. Die jüdischen Kaufleute behaupten der Zucker gehöre nicht zu den Naturalien sondern sei ein Kunstprodukt und bei Tee und Kaffee handle es sich um Früchte, mit denen ihnen der Handel gestattet sei. Zur gleichen Zeit entwirft Lessing sein Stück „Nathan der Weise" und anderswo debattiert man über Menschenrechte. Frankfurt bleibt davon in seltsamer Weise unbeeindruckt.

Wie weit die Frankfurter Wirklichkeit vom bürgerlichen Zeitalter entfernt ist, zeigt ein Gutachten der juristischen Fakultät Göttingen, das die Juden zur Frage des Tee- und Kaffeehandels in Auftrag gegeben haben. Die Göttinger Juristen stellen sich auf den Standpunkt, dass das Wirtschaftsleben am besten gedeihe, wenn es frei sei von den Bevormundungen des Staates. „Jeder Handelszweig ist zu gestatten, wovon kein dem allgemeinen Wohl nachteiliger Mißbrauch mit Grund zu besorgen ist; es müssen mithin auch besonders in den Zeiten unserer aufgeklärten Toleranz, alle Stättigkeiten dergestalt erklärt werden, daß dadurch eine volle Handlungsfreiheit und Gemeinschaft mit den bürgerlichen Einwohnern gestattet sei." Das ist nicht mehr und nicht weniger als die Forderung nach völliger wirtschaftlicher Gleichstellung als Ausdruck wirtschaftlicher Vernunft.

Mit der Thronbesteigung von Joseph II. lockern sich die Verhältnisse im Reich ein wenig. Zwei Toleranzpatente von 1781 und 1782 sollen den religiösen Minderheiten im Kaiserreich, den Protestanten in den katholischen Teilen des Reichs und den Juden überall, unter dem Signum aufklärerischer Toleranz eine Verbesserung ihrer unwürdigen Lage bringen. Von der bürgerlichen Gleichstellung ist nicht die Rede, – die Juden werden als „Nebenmenschen" anerkannt – aber es verheißt immerhin „daß sie eine gesetzmäßige Freiheit genießen und auf jedem ehrbaren Wege zur Erwerbung ihres Unterhaltes und Vergrößerung der allgemeinen Emsigkeit kein Hindernis finden sollten." So sollten ihnen Grundstücke zum Bau von Fabriken überlassen werden, die Ausübung jedes Handwerks und Handels gestattet werden. Der Leibzoll sei abzuschaffen.

Dagegen nimmt sich die Frankfurter Wirklichkeit aus wie das Leben auf einem anderen Stern. Noch 1785 bitten die Baumeister unterthänigst darum, wenigstens am Sonntag nachmittag – nach dem Ende des christlichen Gottesdienstes – die Stadt verlassen zu dürfen. Als der Rat dies endlich – auf Widerruf – gestattet, rühmen die Vorsteher der jüdischen Gemeinde den Beschluss als einen „tief zu verehrenden Beweis höchstderselben Gnade und Menschenliebe, die wir und unsere Nachkommen bis in die späteste Zeit rühmen und preisen werden."

Die Vorsteher der Gemeinde genießen schon lange nicht mehr den guten Ruf, den sie in den vergangenen Generationen hatten. Und solch ein unterwürfiger Ton erregt Anstoß in der Gemeinde. Man wirft ihnen vor die jüdischen Interessen nicht angemessen und mutig zu vertreten. Noch tief sitzt die Empörung darüber, dass sich die Vorsteher nicht einmal dagegen gewehrt hatten, dass den Juden verboten war dem Aufstieg des Blanchardschen Heißluftballons – einem Jahrhundertereignis – beizuwohnen. Ebenso wie in der Stadt müssen auch in der Judengasse die Anhänger der Reformpolitik von Joseph II., seinem Nachfolger Leopold II. und die auf die Kraft von Aufklärung und Vernunft vertrauenden Juden an ihrer Obrigkeit vorbei handeln. Gemeindemitglieder, die dem Vorstand nicht angehören, senden eine Eingabe an den Kaiser, in der sie die drückende Lage der Juden in Frankfurt schildern und um Abhilfe bitten.

„Der Kaiser hat überall Licht verbreitet; überall wird Toleranz verkündet, wodurch die Juden überall auf die mildeste Weise behandelt werden. Nur in Frankfurt will der Rat von Toleranz nichts wissen, da soll es dunkel bleiben und die Juden immer unter den Deckmantel gedrückt werden, daß die Stättigkeit dies nicht erlauben soll. … Man bedauert den eingesperrten Hund und läßt ihn frei, wenn man weiß, daß er niemandem Schaden tut, nur den Juden in Frankfurt nicht und schätzt ihn geringer als den Hund. Was schadet es dem Christen, wenn der Jude sonntags aus seiner Gasse geht? In diesen Zeiten herrscht Freiheit. Aus allen vier Teilen der Welt kommen Menschen nach Frankfurt; niemand bekümmert sich um ihre Religion, man gönnt allen Gleichheit und Menschenrechte. Nur die Juden in Frankfurt, die immer unglücklich sind, bleiben es auch zu dieser Zeit. … Und doch ist er (der Jude) ebenso nach dem Bilde Gottes geschaffen wie der Christ, in Frankfurt aber ist er, mag er noch so angesehen und rechtschaffen und selbst Kaiserlicher Hoffaktor sein, aus der Klasse der Menschen geworfen und dem Vieh gleich geachtet. Frankfurt ist die einzige Stadt im Reich, wo die Juden so sehr leiden müssen. Wir glauben, daß endlich einmal unter Joseph II. Regierung die Zeit ihrer Erlösung gekommen ist und die harte Bedrückung am Ende sei."

Die Juden fordern keineswegs die Aufhebung der Stättigkeit, sondern nur die Abschaffung ihrer drückendsten Bestimmungen. Joseph II. stirbt, ohne sich noch zu dieser Eingabe zu äußern und auch Leopold II. amtiert nur noch zwei Jahre. Jetzt müssen die Juden ihre Hoffnungen auf den neuen Kaiser Franz II. richten. Während der Krönungszeit begehen die Juden seit Bestehen der Synagoge ihren ersten Gottesdienst, bei dem Predigt und Gebet in deutscher Sprache erklingen.

Doch die Hoffnungen auf den Kaiser sind trügerisch. Franz II. beendet die Reformpolitik und tritt gegen alle Emanzipationsbestrebungen der Juden auf. Auch wenn sich im Reich etwa im Königreich Preußen die Situation der Juden erheblich verbessert, gibt es in Frankfurt keine Aussicht auf bessere Zeiten. Rat und Bürgerschaft bleiben bei der reaktionären Ausschließung der Juden aus allen wichtigen gesellschaftlichen Bereichen. Aus Wien ist keine Hilfe mehr zu erwarten. Und unter den Juden selbst finden sich nur wenige Einzelpersonen aber keine organisierte Gruppierung, die entschieden genug für die eigene Befreiung kämpft.

Das Ende des Ghettos kommt von außen. Seit dem September 1791 haben die Juden in Frankreich das Bürgerrecht. Ein Jahr danach ist Frankreich Republik und seine Heere dringen über den Rhein. Mainz und die Rheinlande fallen in ihre Hand und im Oktober 1792 besetzen sie Frankfurt. Verwunderlich wäre es nicht, wenn sich die Frankfurter Juden auf die Seite der Besatzer schlügen und sie als „Befreier" begrüßen würden. Doch solch ein Verhalten ist für die Frankfurter Juden völlig undenkbar. So wie sie in den vergangenen Jahrhunderten stets treu zum Kaiser standen, egal wie judenfeindlich oder freundlich er sich verhalten hat, so stehen sie jetzt zu Frankfurt, der Stadt, die seit Jahrhunderten ihre Heimat ist. Jubelnd begrüßen sie den preußischen Parlamentär, der die Franzosen zur Übergabe der Stadt auffordert. Als die Franzosen im Dezember 1792 vor den hessischen und preußischen Truppen die Waffen strecken müssen, beschuldigt der unterlegene französische

Brand in der Judengasse am 14. Juli 1796

Kommandant außer den Handwerksburschen die Juden, dass ihr feindseliges Auftreten ihn zur Übergabe der Stadt gezwungen habe.

1796 erscheinen die Franzosen erneut vor der Stadt, in der diesmal eine kaiserliche Truppe liegt. Auch die verweigert die Kapitulation, und so beschießen die Franzosen die Stadt. Ihr Ziel ist eigentlich das Zeughaus und der Pulverturm. Angesichts der drohenden Gefahr hatten sich die Juden nach Offenbach in Sicherheit gebracht. Den größten Teil ihrer Habe hatten sie in der Judengasse zurückgelassen, wohl verwahrt und wohl verschlossen. Die Granaten der Franzosen schlagen in der Judengasse ein. In der Nacht zum 14. Juli brennt der nördliche Teil der Judengasse mit über hundert Häusern komplett nieder. Zwei Tage später rücken die Franzosen erneut in die Stadt ein und bleiben bis zum September. Sie brandschatzen die Stadt und verlangen fast unerschwingliche Kontributionen. An denen beteiligen sich die Juden mit 337 000 Gulden und stellen später dem Rechneiamt noch einen zinslosen Vorschuß in beträchtlicher Höhe zur Verfügung. Man hat dies als Beweis von Patriotismus anerkannt. Gedankt hat man es den Juden nicht.

Die eintausendachthundertneun obdachlos gewordenen Juden erhalten die Erlaubnis, in der Stadt Wohnungen anzumieten, so wie bei allen Bränden zuvor. Was noch keiner weiß, so kann es auch niemand feiern, mit dem Bombardement der Franzosen ist die faktische Aufhebung des Ghettos erfolgt. Bis zu seiner rechtlichen Aufhebung werden freilich noch einige Jahre vergehen.

Neue Perspektiven

Isaak Langenbach und seine Mutter können nach dem Brand zurück ins Stammhaus der Familie zum Krebs ziehen. Das Gebäude hat den Brand überstanden. Die Familie von Seligmann Langenbach hat im Haus zum Hahn gewohnt. Das Haus war schon beim großen Brand von 1711 ein Opfer der Flammen geworden und wurde danach wieder aufgebaut. Nun ist es wieder abgebrannt bis auf die Grundmauern. Seligmann und Rechle Langenbach mieten für sich und ihre Kinder eine Wohnung in der näheren Umgebung. In die Judengasse kehren sie nicht mehr zurück.

Zunächst sieht es ganz so aus, als sollten auch die Folgen dieses Brandes genauso bewältigt werden wie all die anderen Jahre zuvor: mit dem Wiederaufbau des Ghettos. Immerhin wird erwogen, diesmal etwas großzügiger zu planen; mit breiterer Straße und größeren Parzellen, dafür sollen keine Hinterhäuser mehr entstehen, sogar die Ummauerung soll fallen. Freilich würde man nicht alle Juden im Viertel unterbringen können. So wird auch überlegt, ihnen Wohnungen im Neubauquartier am Obermain zu überlassen. Das hieße, gemischte Viertel zuzulassen. Die Juden haben verständlicherweise keine Eile mit dem Wiederaufbau der verhassten Judengasse. Auch die städtische Obrigkeit drängt nicht auf Tempo, schließlich sind die Zeiten unsicher und zusätzlich befürchtet man eine saftige Erhöhung der Baupreise, wenn solch ein umfangreiches Bauvorhaben schnell umgesetzt würde. Das träfe dann auch die anderen Bewohner der Stadt empfindlich. Über die Wohnungsfrage der Juden wird so ein ganzes Menschenalter lang verhandelt. Inzwischen bürgert sich im Lauf der Zeit ein, was eine engstirnige Fraktion im städtischen Gefüge unbedingt hat verhindern wollen: das nachbarschaftliche Zusammenleben von Juden und Christen.

Befördert werden diese Fortschritte durch die bedrohliche Nachbarschaft der Franzosen. So gelten in Mainz die Gesetze der französischen Republik und die Mainzer Juden genießen die volle staatsbürgerliche Gleichheit. Kommen sie indes zu Geschäften nach Frankfurt, werden sie den Maßregeln der Stättigkeit unterworfen, dürfen beispielsweise die Stadt erst betreten, wenn der christliche Gottesdienst vorbei ist, egal wann das Mainzer Marktschiff ankommt. Auch den Leibzoll will man ihnen abfordern. Die Franzosen protestieren gegen derlei Missachtung der freien Bürger Frankreichs und den Frankfurter Juden ist schlecht zu vermitteln, weshalb man ihnen vorenthält, was den Mainzer Glaubensgenossen gestattet ist. Dabei verlangen die Frankfurter Juden in ihrer Mehrheit nicht die Abschaffung der Stättigkeit, sondern nur die Abschaffung besonders unwürdiger Regeln. In der Hauptsache kreisen die Auseinandersetzungen um die massiven Einschränkungen in der Berufswahl und dem Erwerbsleben.

Seligmann Langenbach und seine Frau Rechle (später wird sie sich Regina nennen) haben eine große Familie zu versorgen. Als der Beschuss der Judengasse durch die Franzosen das Ghetto in Schutt und Asche legt, ist die älteste Tochter Adelheid schon verlobt. Im Jahr 1797 wird sie Sigismund Hirsch Strauß heiraten, einen jüngeren Bruder ihrer Mutter. Eheschließungen zwischen engen Verwandten sind zu jener Zeit nicht außergewöhnlich. Strauß ist ein bedeutender Tuchhändler. Die Familie ist schon seit 1530 in Frankfurt ansässig. Auch das Haus zur Schwarzen Tür, in dem Sigismund Hirsch Strauß wohnte, ist den Flammen zum Opfer gefallen. So mietet wohl auch das junge Paar eine Wohnung in der Stadt. Das Geschäft von Strauß liegt später in der Allerheiligenstraße 87. Strauß importiert vor allem Manufakturwaren aus Manchester, dem Zentrum der englischen Baumwollindustrie und besitzt Baumwollwebereien in Manchester und in Bradford. Fünf Kinder gehen aus dieser Ehe hervor. Die beiden jüngsten Söhne Rafael und Heinrich führen das englische Geschäft fort. Heinrich übernimmt in Manchester die Funktion eines Königlich – Niederländischen Vizekonsuls.

Adelheids jüngster Bruder Sigismund ist zur Zeit des Brandes noch keine zwei Jahre alt, dagegen kann der älteste Bruder Isaak mit seinen sechzehn Jahren schon fast als erwachsen gelten. Auch der dreizehnjährige Herz und der elfjährige Heyum helfen schon im elterlichen Geschäft mit. Auf den achtjährigen Rafael, die kleine Mina und Sigismund muss man noch aufpassen. Im Jahr nach dem Brand wird noch Jeremias geboren, der jüngste Sproß der Familie.

In diesen Umbruchszeiten liegen für die Kinder der Langenbachs, abhängig von ihrem Geburtsdatum, ganz unterschiedliche Chancen. Isaak und Adelheid gehen die traditionellen Wege: Adelheid geht eine passende Ehe ein und Isaak übernimmt das elterliche Geschäft. Neben Isaak treten nach dem Tod des Vaters auch Rafael und Jeremias ins elterliche Geschäft ein: die Langenbachsche „Handlung in Möbeln und Modewaren". 1811 annonciert Seligmann Langenbach Angebote aus seinem Warenbestand im „Intelligenzblatt": Kleider, Teppiche, Vorhänge usw. Auch die beiden mittleren Söhne werden Handelsleute, sie nehmen freilich andere Waren hinzu: Herz und Heyum handeln mit französischem und sächsischem Porzellan, englischen und französischen Kurzwaren und Modewaren, sowie Strickbaumwolle. Erst in der nächsten Generation handeln sie auch wieder mit Möbeln.

Auch Mina heiratet. Die Vorbereitung für ihre Eheschließung sind weit weniger kompliziert als bei ihrer Schwester Adelheid. Minas Mann, Eduard Menko ist gemeinsam mit dem Vater Lazarus Oppenheim und mit drei Brüdern erst im Jahr 1812 nach Frankfurt gekommen. Gemeinsam haben sie noch im gleichen Jahr ein Geschäft in der Fahrgasse eröffnet: „Eduard Menko & Co, Handlung in allen Sorten Seiden, Wollen, Baumwollen- und Leinenband, Nähseide, Wollen- und Leinengarn, englischer Strick- und Nähbaumwolle". Noch im gleichen Jahr heiraten Mina und Eduard. Solch ein Tempo wäre zwei Jahre davor noch unmöglich gewesen. Da mussten die jüdischen Ehen noch genehmigt werden. Mehr als zwölf Paare im Jahr durften nicht heiraten, davon nur drei mit auswärtigem Partner. Ein auswärtiger Partner musste zudem den dreifachen Vermögensnachweis eines Einheimischen erbringen. Nur zwei Jahre später war der alte Zustand wieder hergestellt und ehewillige Juden mussten sich wieder die altbekannten Schikanen gefallen lassen. So ist Isaak, der Älteste, unverheiratet geblieben und Sigismund und seine Verlobte Betty Rindskopf mussten bis zur Eheerlaubnis mehrere Jahre warten und einen Wust an bürokratischen Stolpersteinen aus dem Weg räumen.

Schon vor der französischen Kanonade ist in der Judengasse ein heftiger Streit ausgebrochen. Dabei geht es im Kern um eine Selbstdefinition des Judentums im bürgerlichen Zeitalter. Anlass ist zum einen die deutsche Übersetzung des Pentateuch und der Psalmen durch Moses Mendelssohn und zum anderen die Erziehung und Bildung der jüdischen Kinder. In beiden Fällen sieht die orthodoxe Fraktion das Wesentliche des Judentums berührt: Die hebräische Überlieferung allen Schrifttums, das Hebräische als gemeinsame Sprache und die drohende Verweltlichung und Aufweichung des Judentums durch die Annahme eines mit den christlichen Nachbarn übereinstimmenden Bildungskanons. Die Gegner der Schule fürchten um nichts weniger als um den Bestand des Judentums. Rabbi Pinchas Hurvitz, den man wegen seiner großen Gelehrsamkeit nach Frankfurt berufen hatte, und die Gemeindevorsteher bezeichnen die Bibelübersetzung des Moses Mendelssohn als „unerhörtes, frevelhaftes Unternehmen". Dennoch finden sich etliche Gemeindemitglieder unter den Subskribenten und unter den Abonnenten der einzelnen Lieferungen.

Der Hauptkampf wird indes um die Gründung einer deutschen Schule für die jüdischen Kinder ausgefochten. Solche Lehranstalten gibt es schon in Berlin, Breslau, Dessau und Seesen. Manche jüdische Kinder aus Frankfurt werden zum Schulbesuch dorthin geschickt. Die meisten wohlhabenden Juden lassen ihre Kinder durch Hauslehrer unterrichten, in Deutsch und Rechnen und Fremdsprachen wie Französisch und Englisch. Denn das jüdische Schulwesen, unter der Aufsicht von Rabbinern und den Gemeindevorstehern, hatte sich seit langem nicht mehr verändert. Der Unterricht dient ausschließlich religiösen Zwecken. Kenntnisse für das praktische Leben erwerben die Schüler dort nicht genug. Ausnahmsweise besuchen jüdische Schüler das Gymnasium. Zwischen 1789 und 1798 sind es in Frankfurt gerade mal sechs.

Die Reformer in der Gemeinde gehen so weit, dass sie eine eigene Schule gründen wollen mit einem christlichen Lehrer. Auf dem Höhepunkt der Auseinandersetzung verhängen die Vorsteher und Rabbi Pinchas Hurvitz den Bann gegen die Initiatoren. Da ist schon ein Jahr seit dem Brand des Ghettos vergangen. Auf Drängen des Rats muss der Bann zurückgezogen werden, aber das Schulprojekt kann für diesmal verhindert werden. Dass Rabbiner und Vorsteher von der neuen Zeit nichts halten, belegt ihr Schreiben an das Wetzlarer Kammergericht. Darin bezeichnen sie die Reformer in der Gemeinde als „jüdische Schwindelköpfe, ... die die heiligen Bande der menschlichen Gesellschaft, der Moral und der Religion unter dem berüchtigten Schild der Aufklärung und Veredlung zerreißen wollen. Zu ihrer Klasse gehören auch all diejenigen, die eine neue Lehrmethode in die Gemeinde einzuführen beabsichtigen, um der verpestenden Revolution in ihr Eingang zu verschaffen."

Die Reformbewegung in der Gemeinde ist aber nicht mehr aufzuhalten. Im zweiten Anlauf gelingt die Schulgründung. 1804 beginnt der Unterricht im Philanthropin, einer Schule, die zunächst als Anstalt für die Kinder der Armen gedacht ist, bald aber auch von den Kindern der wohlhabenden Familien besucht wird. Auch die Stadt hat mit der Musterschule ein Jahr zuvor eine „Realschule", die nach den Prinzipien von Pestalozzi unterrichtet, ins Leben gerufen. Bei ihrer Eröffnung sind ein Viertel ihrer Schüler jüdische Kinder. Beide Schulen arbeiten anfangs eng zusammen, so gibt es Lehrer, die an beiden Schulen unterrichten und anfangs findet ein Teil des Unterrichts des Philanthropins in den Räumen der Musterschule statt. Zu den ersten Lehrkräften am Philanthropin gehört auch der Lehrer Diehl – „ein junger energievoller Mann", heißt es anfangs – der zwischen 1805 und 1807 deutsch Lesen, Moral, Geschichte, Geographie, Naturgeschichte und Singen unterrichten soll. Offenkundig hat er die in ihn gesetzten Erwartungen nicht erfüllt. In der Schrift zum hundertjährigen Jubiläum der Schule heißt es lapidar: „die Anstellung Diehls war allerdings ein Mißgriff." Mit der Begründung, er habe sich als „unzulänglich" erwiesen, wird ihm im Dezember 1807 gekündigt.

Die Langenbachs gehören zum Reformflügel der jüdischen Bevölkerung. Sie unterstützen den Plan für das Philanthropin mit Spenden, damit das Schulgeld für die armen Schüler bezahlt werden kann und sie gehören mit zu den ersten, die als Selbstzahler ein eigenes Kind dort zum Unterricht schicken. Im Alter von zwölf Jahren wird Sigismund Langenbach im Sommer 1807 eingeschult. Zu den Lektionen, die der „unzulängliche" Lehrer Diehl erteilt, kommen noch Deutsch, Hebräisch und Französisch hinzu, Rechnen, Zeichnen und Schreiben. Der Lehrplan ist von geringer pädagogischer Rücksichtnahme gekennzeichnet: 45 Wochenstunden für die kleinen und 49 für die älteren Schüler.

Sigismund Langenbach verlässt die Schule, als sich für ihn eine völlig neue Perspektive bietet. Denn inzwischen ist viel geschehen. Bei der Gründung des Philanthropin war noch die alte Stättigkeit von 1616 in Kraft. Nun gibt es nicht einmal mehr das Heilige Römische Reich Deutscher Nation. Im August 1806 hat Franz II. der Kaiserkrone entsagt. Die Reichsstadt Frankfurt verliert Freiheit und

Selbständigkeit und wird von Napoleon dem Kurfürsten von Mainz, Dalberg, zugesprochen. Damit enden die Bindungen, die die Stadt und die Juden, die kaiserlichen Kammerknechte, an Kaiser und Reich gebunden haben.

Auf Dalberg setzen die Juden große Hoffnungen. Zwar steht der Fürst Primas ihnen positiv gegenüber, aber Dalberg ist nicht besonders durchsetzungsfähig. Mit der großen antijüdischen Fraktion in der Stadt will er keinen Konflikt riskieren. So gibt es erst einmal eine „Neue Stättigkeits- und Schutzordnung der Judenschaft". Arnsberg schreibt darüber, „das beste, was über diese neue Stättigkeit gesagt werden kann, ist die Tatsache, daß sie nur eine sehr kurze Dauer hatte".

Die Stättigkeit enthält auch wieder die Regelung, dass die Juden in einem abgeschlossenen Wohnbezirk leben sollen. Wenigstens sollen sie jetzt, nach den Planungen von Guiollett geräumige Wohnungen und Höfe erhalten, auch die drei Tore sind beseitigt. Weil die Juden nicht in die Gasse zurück wollen, verbietet man ihnen den Abschluss langfristiger Mietverträge bei den städtischen Hausbesitzern. Der nördliche Teil der Judengasse wird neu parzelliert und die Grundstücke stehen zur Versteigerung. Die Juden blockieren das Vorhaben: beim ersten Termin steigert keiner mit. Das gleiche passiert auch bei der zweiten Versteigerung. Nun droht man ihnen an, dass bei der dritten Versteigerung, sollte ihrerseits kein Gebot abgegeben werden, die christliche Bürger der Stadt mitsteigern dürfen. Das wirkt. Alle dreiundzwanzig Bauplätze werden von den Juden ersteigert.

Unter den Käufern ist auch Seligmann Langenbach. Er erwirbt zwei Grundstücke gemeinsam mit dem ehemaligen Nachbarn, dem Wechselmakler Süskind Hirschhorn. Die Planung für die Neubebauung der Judengasse hat eine dreifache Reihe von Häusern vorgesehen. Je nach Lage und Größe weichen die Kaufgebote erheblich voneinander ab. Süskind Hirschhorn und Seligmann Langenbach ersteigern gemeinsam eines der Grundstücke der mittleren Reihe, das die Hauptfassade nach der Judengasse zu erhalten soll und den dahinter liegenden östlichen Bauplatz, dessen Fassade zur Allerheiligenstraße hin errichtet werden soll. Beide Grundstücke haben eine Fläche von etwa 2400 Quadratfuß. Das Mittelgrundstück kostet nur ein Drittel vom Preis des östlichen Randgrundstücks. Die Familien Hirschhorn und Langenbach haben in den vergangenen Jahrhunderten offenkundig eine so gute Nachbarschaft gepflegt, dass sie deren Fortsetzung wünschen. Natürlich macht es auch wirtschaftlich Sinn, ein billiges und ein teures Grundstück gemeinsam zu erwerben und die Vor- und Nachteile beider Häuser gemeinschaftlich zu teilen. Die neue Adresse der Langenbachs und der Hirschhorns heißt bald Bornheimer Straße 6 – das Mittelhaus – und Allerheiligenstraße 6. Dort und in der unmittelbaren Nachbarschaft finden wir alle Geschäfte der Langenbachs im frühen 19. Jahrhundert. Die noch im Krebs wohnenden Langenbachs verlagern Wohnung und Geschäft in die Töngesgasse. Isaak Langenbach hat inzwischen Bele Flörsheim geheiratet. Ihr ältester Sohn David ist 1806 geboren.

Eine einzige wirkliche Neuerung enthält die neue Stättigkeit, die das Attribut fortschrittlich verdient: „Jedem Meister, in welcher Zunft oder Innung, steht frei, nach seinem Gefallen Jungen und Lehrlinge jüdischer Nation an- und in die Lehre zu nehmen und sie auszulehren, weshalb sie auch von dem Handwerk ohnweigerlich eingeschrieben und aufgedingt werden müssen. Es wird hierin der jüdischen Gemeinde aller Schutz gegen Widersprüche anderer Mit-Meister oder der Zunft zugesichert." Ferner wird vorgeschrieben, dem Lehrling nach Abschluss der Lehrzeit einen „ordentlichen Lehrbrief" auszustellen. Auch gibt es als weitere Verbesserung die Erlaubnis „Fabriken und Manufakturen" zu errichten, in denen indes nur jüdische Tagelöhner und Arbeiter beschäftigt werden dürfen. Die mögliche jüdische Fabrikgründung ist freilich in Frankfurt auch ohne diese Einschränkungen bloße Theorie. Hier gibt es keine Gewerbefreiheit, das heimische Handwerk fürchtet die Konkurrenz, die Bevölkerung insgesamt vermutet in derlei Anlagen – zu Recht – erhöhte Lärmbelästigung und Brandgefahr und alle Frankfurter wollen ihre schöne Stadt nicht durch Industrieanlagen verschandeln.

Die weiteren wirtschaftlichen Bestimmungen der neuen Stättigkeit sind nur dazu angetan den Beifall der christlichen Krämerseelen zu finden. In vielen Geschäftszweigen wird die jüdische Konkurrenz gänzlich ausgeschlossen: Verboten sind der Münz- und Waffenhandel, der Handel mit neuen, auswärts gefertigten Möbeln und Kleidungsstücken, mit Spezereien, mit Waren en gros und en detail, mit Wein, Früchten und Brennholz. Auch das Kommissions- und Speditionsgeschäft wird christlichen Kaufleuten vorbehalten, als „ausschließliche Wirkung des Bürgerrechts". Damit muß Isaak

Langenbach sich wieder mit dem Lotteriegeschäft zufrieden geben. Sollte sich Seligmann Langenbach mit dem Gedanken getragen haben, mit neuen statt mit gebrauchten Waren handeln zu wollen, so ist ihm wieder klar gemacht worden, dass es noch ein weiter Weg ist bis zur wirtschaftlichen Gleichstellung.

Auf die Tatsache, dass Juden endlich ein Handwerk erlernen und ausüben können, reagieren die Juden mit großer Begeisterung. Im Philanthropin schaut man, welche von den großen Buben sich für die neue Lebensperspektive entscheiden wollen. Auch die Langenbachs, die zur Gruppe der jüdischen Aufklärer gehören, diskutieren die neue Möglichkeit. Eigentlich kommt nur Sigismund in Frage. Jeremias ist noch zu jung, die anderen Brüder schon zu alt, um eine Lehrzeit zu beginnen. Wie gesagt, in jenen Jahren entscheidet das Geburtsdatum, welche Chancen man ergreifen kann.

Im Philanthropin hat man mehrere von den armen Jungen schon mit einer Lehrstelle versorgen können. Voller Begeisterung schreibt der Vorsitzende des Schulrats, Siegmund Geisenheimer, nach Hause: „Mein lieber Vater! habe ich seit 8 Tagen wieder etwas ins Werk gesetzt, das mir viel Vergnügen macht. Ich habe nämlich Geld gesammelt, um die armen Kinder aus unserer Schule Handwerke lernen zu lassen und habe schon über 1200 Gulden zusammen. Sechs Kinder sind schon folgend placiert: 1 Bender, 1 Schuhmacher, 1 Bäcker, 1 Schreiner, 1 Schneider; einer wird Apotheker und geht nach Mainz bei einem Apotheker, der ein Gutfreund von mir ist. ... Da wir nun in unserer Schule keine großen Jungen mehr haben, die anderen alle noch zu klein sind, so nehmen wir auch andere arme Kinder.- Dies hat jetzt dadurch so überhand genommen, daß die reichsten Leute ihre Kinder Handwerker lernen lassen. ... Lieber Vater! lassen Sie unsern Bruder Raphael ein Handwerk lernen! lassen Sie ihn ein Bender werden, ich will das Lehrgeld zahlen, und wenn es auch 200 Gulden kostet, und wenn er ausgelernt hat und gehet in die Fremde, so gebe ich ihm abermals so viel; ...“

Sigismund Langenbach ist einer der Jungen aus „reicher“ Familie, der die Schule verlässt, um ein Handwerk zu lernen. Damit verbindet sich sicher auch die Hoffnung, dass man eines Tages den Trödelhandel zurückdrängen und selbst gefertigte Produkte und Dienstleistungen anbieten kann. Womit die Langenbachs ihren Lebensunterhalt verdienen, das hat im weitesten Sinne mit „wohnen und gestalten“ zu tun. Sigismund Langenbach wählt demzufolge ein Handwerk aus diesem Bereich: Er macht eine Lehre als Tapezierer.

In Frankfurt haben die Tapezierer keine eigene Zunft, dazu gibt es zu wenige, obwohl dieses Handwerk stärker nachgefragt wird. Misstrauisch beäugt von den zünftigen Weißbindern; auch wenn die nur die Wände kalken, halten sie die Tapezierer für unliebsame Konkurrenz um ihre „Nahrung“. Nicht ganz zu Unrecht: denn das Tapezieren erfreut sich bei den wohlhabenden Bürgern der Stadt großer Beliebtheit. So gibt es in Frankfurt eine bedeutende Tapetenmanufaktur, die einzige größere Manufaktur, die man bisher im Stadtgebiet zugelassen hat und mit mehr als fünfzig Beschäftigten der größte Betrieb in Frankfurt überhaupt. Hergestellt werden in der Nothnagelschen Tapetenmanufaktur: „Gemalte Tapeten aus Papier und Leinwand, gemalte und bedruckte Wachstuchtapeten, Wachstücher mit verschiedenem Dekor, Kopien alter und neuer Meister auf Tapeten, bemalte Seidenpapiertapeten im Chinesischen Stil, Stofftapeten (Atlas, Damast, Moiré, Plüsch u. ä.).“ Die dunklen gepressten Ledertapeten sind schon aus der Mode gekommen. Goethe fand die Nothnagelsche Tapetenmanufaktur „höchst anziehend“ und beschreibt den Dernier Cri: „Wer damals baute oder ein Gebäude möblierte, wollte für seine Lebenszeit versorgt sein, und diese Wachstuchtapeten waren allerdings unverwüstlich.“, lesen wir in „Dichtung und Wahrheit“.

Die Ausübung dieses Handwerks zielt auf wohlhabende Kunden ab, wovon es in Frankfurt genug Haushalte gibt. Das Bürgertum hat sich die aus dem Höfischen kommende Wohnkultur der tapezierten Wände schon längst angeeignet, der technische Fortschritt hat neue „nützliche“ Materialien und Produktionsmethoden gebracht, die Bürger des aufgeklärten Zeitalters haben eine eigene Formensprache und Ästhetik entwickelt.

Vom Tapezierer werden vielerlei Fertigkeiten und Fähigkeiten gefordert. Es ist ein anspruchsvolles Handwerk. Neben dem fachmännischen Umgang mit dem unterschiedlichen Material und den unterschiedlichen Verfahren es aufzutragen, – verspannen, beschlagen, behängen, rahmen, verkleben – gehört auch eine gründliche ästhetische Ausbildung zur erfolgreichen Ausübung des Berufs. Die Tapezierer sind die Raumgestalter der damaligen Zeit. Sie sind neben der Wandverkleidung auch für die textilen Bodenbeläge zuständig, weshalb man zu jener Zeit Spannteppiche folgerichtig auch als „Fußbodentapeten" bezeichnet. Auch Gestaltung und Befestigung von Vorhängen und Gardinen gehören zum Aufgabenbereich der Tapezierer. Erlernt werden auch die Fertigkeiten des Polstererhandwerks im Rahmen der Tapeziererausbildung. Sie dürfen daher auch Mobiliar herstellen.

Im November 1812 beginnt Sigismund Langenbach seine Lehre beim Tapezierermeister Röder in der Gelnhäuser Gasse. Da gilt die alte „neue" Stättigkeit von Dalberg schon nicht mehr. Mit dem Wiener Frieden ändern sich die politischen Verhältnisse in Frankfurt abermals. Der Fürstprimas ist jetzt zum Großherzog aufgestiegen, das Großherzogtum hat durch die Landschaften Fulda und Hanau einen beträchtlichen Gebietszuwachs erfahren. In Frankfurt, an dessen Verfasstheit der Fürstprimas Dalberg möglichst wenig gerührt hat, macht der Großherzog Dalberg nun Ernst mit dem Abschneiden alter Zöpfe. Vermutlich war Dalberg zuvor beim Rapport in Paris unter Druck geraten, denn in den anderen Rheinbundstaaten war man mit der Einführung des Code Napoléon schon wesentlich weiter.

Im August 1810 erlässt Dalberg das „Organisationspatent", mit dem die gesamte Verwaltung nach französischem Muster organisiert wird, die Sonderstellung Frankfurts wird darin abgeschafft. Von besonderer Bedeutung sind die Artikel 11 bis 13: sie beinhalten die Gleichberechtigung aller Einwohner, heben die Leibeigenschaft auf, beseitigen die Vorrechte einzelner Stände und Landschaften und sichern die freie Ausübung aller Religionsbekenntnisse zu.

Mehr als ein Jahr vergeht mit Debatten und Rechtsgutachten, bis das Organisationspatent umgesetzt werden kann. Dabei verändern sich die Schwerpunkte. Die Gleichberechtigung aller Bewohner – also auch der Juden – verliert zunehmend ihren Charakter als wesentliches durch die französische Revolution erkämpftes Recht. Die ganze Angelegenheit wird von Dalbergs Seite als Geschäft behandelt. Nach dem Motto, Freiheit und Gleichheit sind teure Güter. Der Stadt, so die Argumentation, entgehen durch gleichberechtigte jüdische Bürger eine Menge an Einnahmen. Ebenso wie die Leibeigenen auf dem Lande müssen auch die Juden den künftigen Rechtsstatus erkaufen. Als Ablösesumme wird der zwanzigfache Betrag der jüdischen Jahreszahlungen festgesetzt, wobei man den Jahresbetrag mit einer Summe veranschlagt, die doppelt so hoch ist, wie die tatsächlichen „Judenkonzessionen". Auf diese Weise kommt die aberwitzige Summe von 440 000 Gulden Ablösegebühr zustande. Ein Teilbetrag ist noch im Jahr 1811 fällig, als Grundbedingung für das Inkrafttreten des Ausführungsgesetzes zum Organisationspatent. Die Restsumme soll in jährlichen Raten mit fünfprozentiger Verzinsung abgezahlt werden. Zur Zahlung dieser horrenden Summen haben die Juden erhebliche Fremdmittel aufnehmen müssen, die erst im Jahre 1863 getilgt sein werden.

Am 28. Dezember 1811 verkündet die „Höchste Verordnung, die bürgerliche Rechtsgleichheit der Judengemeinde zu Frankfurt betreffend,“... „daß die Judenschaft, die ihr bisher obgelegenen Abgaben und Leistungen abgelöst habe und daher in die durch das Organisationspatent verordnete Freiheit der Rechte wirklich eingetreten sei.“ Die Juden sind endlich gleichberechtigte Bürger in ihrer Heimatstadt.

Bis zum März 1812 leisten alle Juden den Bürgereid, der keine gesonderte „Jüdische“ Formel enthält. Auch Seligmann und Regina Langenbach vollziehen die Eidesleistung, ihre Kinder sind jetzt Bürgersöhne und -töchter. Isaak Langenbach hat das Bürgerrecht nicht mehr erlebt. Er stirbt im Alter von 54 Jahren im November 1811. Seine Witwe annonciert Anfang Dezember 1811 im Frankfurter Intelligenzblatt, dass sie das Lotteriegeschäft fortführen wird. Auch als Bürgerin der Stadt Frankfurt hat sie ein schweres Schicksal. Sie muß vier kleine Kinder versorgen. Die jüngste Tochter Rosette ist beim Tod des Vaters erst wenige Wochen alt, der älteste Sohn gerade mal fünf Jahre.

Sigismund Langenbach beginnt seine Lehrzeit als Frankfurter Bürgersohn, als er 1815 die Lehre erfolgreich abschließt, gehört er schon wieder zu den Stadtbewohnern minderen Rechts. Freiheit und Gleichheit währen gerade siebenhundert Tage.

Mit dem Ende der Dalbergzeit (1813) entziehen sich die wieder zur Regierung gelangten reaktionären Kräfte in Frankfurt den gesetzlichen Folgen der Ablösung. Das ganze Intrigennetz rund um den Wiener Kongress schafft schlechte Aussichten für die jüdische Emanzipation. Der Kongress will die endgültige Lösung und Vereinheitlichung des staatsbürgerlichen Status der Juden dem neu zu gründenden Bundestag überlassen. Bis dahin sollten den Juden die „*in* den einzelnen Bundesstaaten bereits eingeräumten Rechte“ erhalten bleiben. Im letzten Augenblick gelingt es der Frankfurter Delegation und gleichgesinnten Gruppen, den bestechlichen Protokollanten Gentz zu einer kleinen folgenschweren Änderung zu bewegen: er ersetzt das Wörtchen „in“ durch „von“.

Da vom Frankfurter Senat den Juden keine Rechte eingeräumt worden waren, gab es auch keine fortschrittlichen Rechtsstatus, der hätte erhalten werden müssen. Gleichzeitig wird im Artikel 45 der Schlussakte des Wiener Kongresses festgelegt, wie mit den Dalbergschen Regelungen umzugehen ist. Die Erteilung des Bürgerrechts an die Juden wird für rechtmäßig erklärt, aber es bestehen keine Rechtsansprüche an das Großherzogtum oder an Dalberg selbst. Der Rechtsweg bei der Bundesversammlung bleibt freigestellt. Damit wird die Erteilung des Bürgerrechts und die Einnahme der Ablösesumme gleichzeitig für rechtens und für unverbindlich erklärt. Die Juden haben also bezahlt und nichts dafür bekommen; ihre vergeblichen Eingaben bei der Bundesversammlung hat Ludwig Börne ausführlich dokumentiert.

Börne hat die Auswirkungen der absurden Vorgänge innerhalb der eigenen Familie beschrieben: „Es hatten eine große Menge Juden gegen Napoleon die Waffen ergriffen und für die Freiheit ihres deutschen Vaterlandes gekämpft. Doch als sie unter den Siegern zurückgekehrt, wurden sie gleich wieder unter die Heloten gesteckt, trotz der gerühmten deutschen Treue und Redlichkeit. Ja, man wartete nicht einmal überall, bis sie zurückgekehrt. Es geschah in Frankfurt, daß, während die jüdischen Freiwilligen im Felde waren, man ihren Vätern zu Hause die bürgerlichen und politischen Rechte wieder entzog, die sie unter dem Einflusse der französischen Gesetzgebung genossen hatten. Damals, da ich noch jung war und eine größere Lebenszeit zum Hoffen noch vor mir hatte, kam mir die Sache komisch vor. Mein eigner Bruder war unter den Frankfurter Freiwilligen nach Frankreich gezogen, und während meine Mutter in Angst und Kümmernis war, ihr geliebter Philipp möchte für die deutsche Freiheit totgeschossen werden, entsetzte man mich meines Amtes, weil ich ein Jude war.“

Kaum ist die Wiederherstellung der Reichsstadt in all ihren alten Rechten wieder erfolgt, beginnt eine heftige antijüdische Kampagne mit dem Ziel, die Juden wieder in die alte Stättigkeit zu zwingen. Bis 1824 dauert der Konflikt zwischen den Frankfurter Juden und dem Frankfurter Senat um die privatrechtliche und staatsrechtliche Gleichstellung der Juden in der Stadt. Die reaktionäre Politik des Frankfurter Senats wird von nahezu allen Frankfurter Bevölke-

Bürger Frankfurts!

Seit zwey Tagen hat das Organisationsbüreau für die Schaar der Freywilligen von Frankfurt seine Sitzungen eröffnet, und bereits hat eine Zahl junger Männer ihren Beytritt zu dem Kampfe für Vaterland, Nationalehre und Erhaltung aller den Deutschen beglückenden Verhältnisse, durch Aufzeichnung der nachstehenden Namen beurkundet. Söhne von Familien, welche die Geschichte der Vaterstadt seit Jahrhunderten mit Achtung nennt, die literarischer Ruhm, merkantilische Kenntnisse und reger Gewerbfleiß auszeichnen, sind bereit in die Reihen der Streiter für die heilige Sache Deutschlands einzutreten, und den Namen der Schaar von Frankfurt, gleich dem der Hanseatischen Legion zu ehrenvoller Erwähnung der Nachwelt zu überliefern.

Jeder den Muth und Vaterlandsliebe beseelen, folge dem Beyspiele das edler Eifer für die gerechte Sache darbietet, und weihe sich dem Ehrendienste der Vaterstadt.

Die Namen der bereits eingetretenen Freywilligen sind:

Herr Ludwig Rumpf.
„ Carl Malß.
„ Georg Bunsen.
„ Theodor Wilhelm Witting.
„ Carl Michael Gose.
„ Johann Jacob Witting.
„ Johann Georg Büttinger.
„ Johann Martin Welb.
„ Heinrich Franz Farrenschon.
„ Philipp Baruch.
„ Carl von Heyden.
„ Franz Seraphicus Fleischmann.
„ Leopold Heinrich Ott.
„ Jacob Friederich Passavant.
„ Christian Friederich Fritsch.
„ Johann Eber.
„ Peter Kellner.
„ Jacob Carl de Bary.
„ Conrad Franz.
„ Gottlieb Friederich Kraft.
„ Eduard Ferdinand Frieß.

Herr Philipp Jacob Bauer.
„ Johann Heinrich Herget.
„ Johann Christian Claus.
„ Dr. Christian Schlosser.
„ Jacob Maas.
„ Carl von Holzhausen.
„ Johann Christoph Olenschlager.
„ Peter Schneider.
„ Johann Carl Döhrn.
„ Heinrich Christ. Fritsch.
„ Johann Christoph Belschner.
„ Abraham Willemer.
„ Johann Otto Bernhard Kahlo.
„ Carl Geist.
„ Adam Knecht.
„ Reichard Fritz.
„ Philipp Bruch.
„ August Götz.
„ Carl Flörsheim.
„ Valentin Meidinger.

Frankfurt a. M. den 16. Dezember 1813.

Organisationsbüreau der Schaar der Freywilligen von Frankfurt.

Ludwig Börnes Bruder Philipp Baruch gehört zu den ersten Freiwilligen, die für die „heilige Sache“ Deutschlands kämpfen.

rungsteilen unterstützt. Die Phantasie von den Juden, die jede Lebensäußerung der christlichen Einwohnerschaft unterjochen würde, räume man ihnen denn irgendwelche Rechte ein, gipfelt in der perversen Projektion, dass sich eines Tages die Frankfurter Bürger in einer „Christengasse" wieder finden würden.

Ausgerechnet Metternich, der weder für liberale noch gar demokratische Neigungen bekannt geworden ist, sorgt dafür, dass 1824 der jahrelange Rechtsstreit um den Status der Frankfurter Juden beendet wird. Er bedeutet dem Frankfurter Senat, dass die Hinhaltetaktik mit stets neuen Gutachten, Kommissionen und Eingaben an die Bundesversammlung nicht mehr hingenommen würde. Der Kompromiss vom September 1824 bringt den Juden einige privatrechtliche Erleichterungen: Bestätigt wird die freie Ausübung ihrer Religion und die Bestimmung ihrer Gemeindeverfassung, Juden dürfen Immobilien in der ganzen Stadt erwerben – aber nur je ein Haus und je einen Garten, damit kann nicht mehr mit einem neuen Ghetto gedroht werden. Bestätigt wird das Recht auf Erlernung eines Handwerks. Gleichzeitig wird ihnen auferlegt, als Lehrlinge ein Jahr länger zu lernen und als Gesellen ein Jahr länger zu wandern als ihre christlichen Kollegen; es sei denn sie weisen nach, dass sie die Sabbatregelungen niemals eingehalten haben. Staatsbürgerliche Rechte werden den Juden nicht gewährt. Fortan werden sie „als israelitische Bürger in dem Staatsunterthanen-Recht der Freien Stadt Frankfurt stehen."

Die schikanösen Heiratsbeschränkungen bleiben bestehen. Fünfzehn jüdische Paare im Jahr dürfen heiraten, davon zwei mit auswärtigem Partner, und auch das nur, wenn sie nachweisen, dass sie eine Familie unterhalten können.

In den folgenden Jahrzehnten stehen all diese Regeln immer wieder in der Diskussion, werden verhandelt, verschärft, gemildert. Stets geht es um die Rechtsauffassung des Senats, dass alles, was nicht ausdrücklich erlaubt ist, selbstverständlich verboten ist, und um die Rechtsauffassung der Juden, die alles, was nicht verboten, für selbstverständlich erlaubt erachtet.

Von den „neuen Perspektiven" ist nicht viel übrig geblieben. Als Sigismund Langenbach seine Lehrzeit beginnt, sind die ersten jüdischen Jungen – insgesamt neunzehn – dabei, ihre Gesellenprüfung abzulegen. Kaum einem gelingt es, die Ausbildung wie geplant mit dem Meisterbrief abzuschließen. Manche verlassen die Stadt und versuchen ihr Glück an liberaleren Orten, andere lassen sich taufen.

Wanderjahre

1815 hat Sigismund Langenbach ausgelernt. Eigentlich ist jetzt Jeremias alt genug, um auch eine Lehre zu beginnen. Doch weil die Aussichten schon wieder bedrohlich ungewiss sind, macht Jeremias die traditionelle Ausbildung zum Handelsmann im elterlichen Geschäft und in den auswärtigen Geschäften der Verwandten. Sigismund bleibt der einzige Handwerker in der Familie. Er hat ein Gesellenstück abgeliefert, hat sein „Sprüchlein" gelernt und ist „frei" gesprochen worden, so wie es seit Jahrhunderten Brauch ist. Das Sprüchlein – ein Text, der silbengenau und mit besonderer Betonung aufgesagt werden muss – weist ihn als Mitglied der Tapezierer aus. Es ist lebenswichtig für die Wanderjahre. Nur wer dieses Sprüchlein korrekt aufsagen kann, erweist sich als Mitglied der Zunft oder Innung, und kann bei einem Meister in der Fremde Solidarität erwarten. Der Geselle, der keine Arbeit auf einer Station seiner Wanderschaft findet, erhält für kurze Zeit Unterkunft und ein Handgeld für die Weiterreise – ein sogenanntes „ehrliches" Geschenk.

Unmittelbar nach der Prüfung beginnt Sigismund Langenbach die Arbeit als Geselle und zwar in Frankfurt beim Tapezierermeister Domenicus Leuchtweis, fünf Monate lang bis zum 16. April 1816. Dann macht er sich auf die Wanderschaft. Über seine Wanderzeit sind wir gut unterrichtet, denn sein Wanderbuch ist von der Familie aufbewahrt worden.

Mit dem Wanderbuch weist der Geselle die Dauer seiner Wanderung nach. Seine Arbeitszeiten haben früher die Meister bzw. die Zünfte bescheinigt, bei denen er gearbeitet hat. Seit längerem ist das nicht mehr üblich. Seit die wandernden Gesellen immer häufiger aufrührerische Ideen von unterwegs mitbringen und weitertragen, bürgert es sich ein, dass das Wanderbuch bei den örtlichen Polizeistellen vorgelegt und bei Weiterreise abgestempelt werden muss. Selbstverständlich wird unbotmäßiges Verhalten eingetragen. „Nur solchen Arbeits- und Aufführungszeugnissen wird Glauben beigemessen, welche durch obrigkeitliche Unterschriften und Siegel bestätigt sind.“, heißt es im Wanderbuch und weiter: „Wenn eine oder die andere dieser Vorschriften und Erfordernissen an dem Wanderbuch abgeht und eine befriedigende Entschuldigung nicht vorgebracht zu werden vermag, so wird der Handwerksgesell von der ihn betretenden Polizey-Behörde, als Müßiggänger und Läufer behandelt, ihm daher das Wanderbuch abgenommen und er mit einem Passirzettel oder Marschroute auf geradem Wege in seine Heimath verwiesen werden.“ Ein „Läufer“ ist ein Wanderbursche, der Laufbriefe mitnimmt und verbreitet; so halten die Gesellen überregional Kontakt untereinander und versuchen gemeinsame Vorstellungen des Handelns und Verhaltens herzustellen.

Als 1779 in Frankfurt die Schreinergesellen wegen einer neuen Festsetzung ihrer Arbeitszeit in Streik getreten waren, und im Verlauf auch Unterstützung von Gesellen aus anderen Handwerken erhielten, jagten die Meister mit Hilfe des Rates und des Militärs mehr als sechzig Gesellen aus der Stadt. Mit den Laufbriefen „verschrieen“ die anderen Gesellen die Stadt, d. h. Frankfurt wurde von ihnen boykottiert. Wer dennoch auf seiner Wanderschaft Frankfurt ansteuerte, galt seinen Mitgesellen als Verräter und konnte mit deren Solidarität nicht mehr rechnen.

Die Umschlagseite des Wanderbuchs – es handelt sich dabei um einen festgebundenen, amtlichen Vordruck von vierundsechzig Seiten – beginnt mit einer ausführlichen Personenbeschreibung, der wir das Wissen verdanken, dass Siegmund (im Wanderbuch wird der Vorname in dieser Weise geschrieben) Langenbach eine Pockenerkrankung überstanden hat, denn es heißt dort „Besondere Zeichen blatternarbigt“. Auch sonst können wir uns ein Bild von ihm machen:

Größe	Schuh 5 Zoll 5 (=1,53m)
Alter	23 Jahre
Haare	schwarz
Augen	dunkelbraun
Nase	dick
Mund	mittel
Kinn	rund
Gesicht	oval

Wohlversehen mit dem Zeugnis seines ersten Arbeitgebers Dominicus Leuchtweis macht sich Siegmund Langenbach am 2. Mai

1816 auf den Weg. Leuchtweis bescheinigt ihm, er habe „sich während der Zeit fleißig und emsig in jemand obliegenden Geschäften benommen, so daß ich ihm das beste Zeugnis geben kann.“

Das Polizei-Amt bestätigt: „Gesehen und gültig für die Reise nach Darmstadt.“ Langenbach findet in Darmstadt schnell Arbeit: „stand seit dem 9. Mai diesen Jahres bei dem Tapezier Hochstätter dahier in Condition und führte sich gut auf“ schreibt der Tapezier Hochstetter in das Wanderbuch und die großherzoglich hessische Polizei zu Darmstadt stempelt das Zeugnis am 16. November ab.

Nun führt Langenbachs Weg weiter nach Süden und er fragt dort nach Arbeit. In Worms hat er keinen Erfolg. So versucht er es in Mannheim, wo er am 20. November eintrifft. Das „Polizei-Bureau Mannheim“ des Großherzogtums Baden trägt ins Wanderbuch ein, dass er nach Heidelberg weiterziehen will. Dort ist er einen Tag später, findet wieder keine Arbeit und entschließt sich nach Stuttgart zu ziehen. Über Heilbronn und Ludwigsburg erreicht er Stuttgart am 24. November. Siegmund Langenbach scheint keine Pause bei seiner Wanderung einzulegen, manchmal gibt es im Wanderbuch zwei Einträge am gleichen Tag. Dafür gibt es verschiedene Erklärungen. Zum einen dürfen wir als sicher annehmen, dass es mit der Großzügigkeit der Meister, was das Handgeld anlangt, nicht weit her war. Das bestätigen andere Quellen über die Situation der Handwerkergesellen jener Zeit. Zudem ist es Winter, eine schlechte Zeit für das Wandern. Als Tapezierergeselle findet er natürlich auf den Dörfern keine Arbeit, denn dort

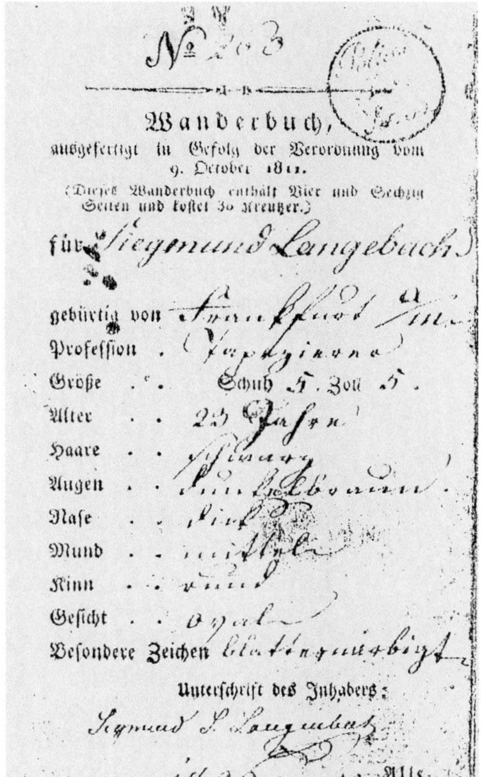
Wanderbuch,
ausgefertigt in Gefolg der Verordnung vom 9. October 1811.
(Dieses Wanderbuch enthält Vier und Sechzig Seiten und kostet 30 Kreuzer.)

für Siegmund Langebach

gebürtig von

Profession

Größe . . Schuh 5. Zoll 5.

Alter . . 23 Jahr

Haare

Augen

Nase

Mund . . mittel

Kinn . . rund

Gesicht . . oval

Besondere Zeichen

Unterschrift des Inhabers:

Titelblatt des Wanderbuchs von Siegmund Langenbach

braucht man dieses Handwerk nicht. So versucht sich Siegmund Langenbach in den südwestdeutschen Residenzstädten, wo er reiche Kundschaft für das örtliche Tapeziererhandwerk vermuten darf. Aber ein Handwerksgeselle wohnt unter dem Dach seines Meisters und unter seiner Kuratel. Ein jüdischer Wanderbursche ist freilich in diesen Tagen ein Exot. Er wird nicht ohne weiteres im christlichen Haushalt eines Meisters aufgenommen.

So zieht er weiter über Enzberg und Pforzheim nach Karlsruhe, wo er am 28. November eintrifft. Inzwischen ist er zwölf Tage unterwegs und viele Kilometer marschiert. In Mannheim hat er schon auf dem Hinweg keine Stelle gefunden, so gibt er an nach Mainz weiterziehen zu wollen. Dort hat er Erfolg: „Hat dahier zwei Monate gearbeitet und hat sich gut betragen“, heißt es in seinem Zeugnis am 10. Februar 1817. Das heißt zwischen Darmstadt und Mainz war Siegmund Langenbach vierundzwanzig Tage auf Wanderschaft. Selbst wenn ihm unterwegs ein Meister ein „ehrliches Geschenk“ gemacht hätte, was nicht besonders wahrscheinlich ist, so war es sicher nicht mehr als Wegzehrung bis zur nächsten Station. Wandergesellen sind Hungerleider. Geisenheimer hatte damals aus dem Philanthropin seinem Vater geschrieben, er würde für seinen Bruder, falls er ein Handwerk lerne, die gleiche Summe wie das Lehrgeld für dessen Wanderzeit bezahlen. Bei den Strecken, die Siegmund Langenbach zurücklegen muss, hätte diese Summe nicht ausgereicht. Zumal der Tapezierer selten auf den Dörfern im Heuschober übernachten kann, denn das Wanderbuch soll Auskunft geben „wo und wie er seine Wanderzeit zugebracht hat“. Dazu braucht es die regelmäßige Nachfrage und polizeiliche Eintragung an den Orten, wo er überhaupt um Arbeit in seinem Handwerk nachfragen kann. Das sind die Städte. Dort gibt es Handwerkerherbergen, aber die Unterkunft muss bezahlt werden. So können wir uns ausmalen, dass Langenbach oft genug mit knurrendem Magen unterwegs war und lange „Durststrecken“ überwinden mußte. Denn es kommt noch schlimmer als die vergebliche Schleife, die er zwischen Darmstadt und Mainz gewandert ist.

Nach den Enttäuschungen in Südwestdeutschland wendet sich Langenbach nun nach Norden. Vier Tage nachdem er Mainz verlassen hat, finden wir ihn in Friedberg, wo er für acht Tage eine Arbeit annimmt und angibt, nach Marburg wandern zu wollen. Zwei Tage braucht er bis Marburg, weitere drei bis Kassel. Auch hier wieder kein Meister, der ihn nimmt. So packt er wieder Stock und Ranzen und verläßt Kassel am 1. März, um nach Braunschweig zu ziehen. Die weiteren Stationen: 9. März Braunschweig, 16. März Hannover, 20. März Harburg. Jetzt ist Siegmund Langenbach schon fast sechs Wochen unterwegs, hatte für acht Tage Arbeit und an allen anderen Orten nichts als Absagen. Findet ein Wandergeselle an einem Ort keine Arbeit, so schreiben ihm die Polizeiverordnungen vor, binnen vierundzwanzig Stunden den Ort zu verlassen. Arbeitslose Wandergesellen gelten als potentielle Aufrührer, die Obrigkeit sieht sie am liebsten von hinten.

In der Hansestadt Hamburg kommt er Ende März endlich unter. Die erste Stelle seit der Woche in Friedberg. Obwohl auch in der Hansestadt ein rüder Umgang mit den Juden herrscht, findet sich hier doch ein Meister, der ihn nimmt. Die reiche Kaufmannschaft hat eben auch Bedarf an den Erzeugnissen der Tapezierer. „Hat hier in Arbeit gestanden", wird ihm am 6. Oktober 1817 bescheinigt.

Über Harburg, Soltau, Braunschweig, Halberstadt geht es weiter nach Leipzig: „hat sich seit dem 14. Oktober bei seinem Verwandten allhier aufgehalten und geht nun von hier nach Zeitz" trägt das Königlich Sächsische Polizeiamt am 19. Oktober in das Wanderbuch ein. Wie wir wissen, handeln Heyum und Herz Langenbach später mit sächsischem Porzellan, so ist der „Verwandte" vermutlich einer der beiden Brüder, der hier Geschäftskontakte pflegt. Vielleicht hat Siegmund gehofft, dass er durch den Bruder leichter eine Anstellung fände. Eigentlich muss es in Sachsen für einen tüchtigen Tapezierergesellen Arbeit geben. Aber im Königreich Sachsen will man keine jüdischen Handwerker. Deshalb findet Langenbach sogar in Dresden, einem Dorado der Tapetenfabrikation und der Tapeziererzunft, keinen Meister, der ihn aufnimmt.

So wandert er weiter über Teplitz-Schönau nach Prag. Dort steht er vom 28. Oktober bis zum 5. Februar 1818 bei Meister Oswald in Arbeit. In Prag gibt Langenbach an, dass er nach Wien weiter wandern will. Über Iglau, Brünn, Mikolov (Nikolsburg) erreicht er Wien am 24. Februar. Auch dort ist kein Platz frei für einen jüdischen Tapezierergesellen. Einen Monat, nachdem er Prag verlassen hat, bekommt er bis zum 23. Mai Arbeit in Linz, wo er sich ebenfalls wieder „gut betragen" hat. Nach München will er weiterreisen. Sein Weg führt ihn über Mauerkirchen nach Braunau, wo er innaufwärts weiterzieht nach Burghausen: „geht zur Reise über Mühldorf nach München, da er hier keine Arbeit fand" notiert die dortige Polizei Commission in das Wanderbuch.

Wenig mehr als vierzehn Tage steht er in München in Lohn und Brot. Am 22. Juni verläßt er die Stadt. Wieder muss er viele Kilometer hinter sich bringen; über die Stationen Augsburg, Ulm und Schaffhausen, bis er am 19. Juli in Basel den nächsten Arbeitsplatz findet. Basel ist die letzte Station seiner Wanderschaft. Hier bleibt er bis zum 2. Mai 1819. Es gibt eine Unterbrechung der Baseler Zeit, die im Wanderbuch vermerkt ist. „Inhaber steht seit 19. Juli allhier in Arbeit, geht für eine kurze Zeit über St. Louis nach Frankreich und ist mit Reisegeld gehfähig.", lautet der Eintrag vom 30. Januar 1819. Dann folgen zwei Sichtvermerke, vom 1. Februar in St. Louis und vom 2. Februar in Mulhousen. Warum Langenbach für gut zwei Wochen nach Frankreich gegangen ist, ob privat oder im Auftrag seines Meisters, ist nicht zu ermitteln.

Die letzte Eintragung des Wanderbuchs lautet: „Inhaber hat sich ... seit dem 19. Februar d. J. allhier in Arbeit aufgehalten und zu Zufriedenheit eines Jeden aufgeführt. geht nun nach Frankfurt in seine Heimat." Basel den 2. Mai 1819

Central Polizei Direction

Auf den Tag genau drei Jahre nach Beginn der Wanderzeit tritt Siegmund Langenbach den Heimweg nach Frankfurt an. Als er dort ankommt, hat er fast viertausend Kilometer auf Schusters Rappen zurückgelegt: in Darmstadt, Mainz, Friedberg, Hamburg, Prag, Linz, München, Basel hat er gearbeitet; dazwischen ist er hunderte von Kilometern vergeblich gewandert, weil man ihn nicht haben wollte.

Schikanen

Siegmund Langenbach kehrt nach Frankfurt zurück und arbeitet hier wieder als Geselle beim Tapezierer Röder, bei dem er schon seine Lehrzeit verbracht hat. Er will die Meisterprüfung machen und einen eigenen Betrieb eröffnen. Bevor man ihn den Meistereid schwören läßt, muss er nach der Zeit in der Fremde noch drei Jahre in einem hiesigen Betrieb gearbeitet haben und in seiner Heimatstadt seine Fähigkeiten als Geselle bei einem örtlichen Meister unter Beweis stellen. Diese „Probezeit" ist Bedingung für die Zulassung zur Meisterprüfung.

Der gleichaltrige Hirsch Samuel Schuster gehört ebenfalls zu den ersten jüdischen Handwerkern. Er hat seine Lehrzeit früher begonnen als Siegmund Langenbach. Nach seinen Wanderjahren versucht er 1814 sich bei der Frankfurter Küferzunft zur Zulassung der Probezeit zu bewerben, mit dem Ziel die Meisterprüfung abzulegen. Sein Antrag wird von der Zunft mit der Begründung abgelehnt, daß Schuster „der israelitischen Religion zugethan" sei. Nach mehrfachem Verhandeln entscheidet der Senat, daß die Zunft Schuster zulassen muss. Was ihm aber nichts nützt, denn die Zunftmeister halten sich nicht an die Entscheidung des Senats (wie der Rat jetzt heißt) und die Stadt riskiert keinen Konflikt mit den Handwerkern. Im Herbst 1819 – Langenbach ist gerade ein Vierteljahr wieder in der Stadt – beschließt der Senat, sich mit der Sache Schuster nicht weiter zu befassen. Er habe schließlich ein Handwerk lernen dürfen und könne es ausüben, nur eben nicht als Meister. Schuster verläßt Frankfurt nach einigen Jahren, geht nach Köln und wandert von dort nach Belgien aus. Das geht auch nicht so einfach. Frankfurt will ihn nämlich nicht aus dem „israelitischen Bürgerverbande" entlassen. Da sei noch Einkommenssteuer aus der Zeit seiner Abwesenheit zu bezahlen, behauptet man in Frankfurt. Ein Verfahren, das sich bis ins Jahr 1864 zieht. Schuster ist siebzig Jahre, als man ihn – vierzig Jahre nach seiner Auswanderung nach Belgien – gnädig aus der Frankfurter Staatsbürgerschaft entläßt.

Die gleichen Senatoren, die sich mit Schusters Meisterprüfung nicht weiter befassen wollen, haben sich schon drei Jahre zuvor in einem Pamphlet zu den jüdischen Handwerkern geäußert. Die Senatoren Martin Jucho und Johann von Gerning entblöden sich nicht zu behaupten, unter der großen „Juden-Menge blieb doch die Zahl derer, die sich einem Handwerk widmen wollten, äußerst unbedeutend, und selbst diese Wenigen sind größtenteils wieder aus der Lehre gelaufen. Statt also die ihnen gewährten Vorzüge zum Besten des Ganzen anzuwenden, wendeten sie solche nur allein zur Erweiterung ihres Schachers, zur ungestörten Ausübung ihres Wuchers und zum Verderben und Nachtheile der Christen an." Die beiden Mitglieder aus den einflussreichen Frankfurter Kreisen befassen sich nicht nur mit dem jüdischen Handwerk. Würde man die alte Ausgrenzungspolitik nicht weiter fortsetzen, so warnen sie, würden sich die Juden „krebsartig" ausbreiten und es sei dann „um alles Glück und allen Wohlstand eines großen Teils der christlichen Bürger und Einwohner geschehen." Die beiden vornehmen Herren denken auch schon über definitivere Lösungen nach: „Wohl wäre noch zu wünschen, daß, um dem heillosen Judenwesen in ganz Europa ein Ende zu machen, die hohen Verbündeten und die sonstigen europäischen Mächte mit den Türken Unterhandlungen anknüpfen möchten, um den zerstreuten Palästinensern ihr altes gelobtes Land wieder einzuräumen, wo sie dann aufs Neue ein wirklich auserwähltes Volk Gottes werden könnten."

Solange in der Nachfolge des Wiener Kongresses der verfassungsmäßige Status der Frankfurter Juden nicht geklärt ist, reagiert die Frankfurter Obrigkeit womöglich noch rigider auf jüdische Emanzipationsbestrebungen als zuvor, um keine Präzedenzfälle zu schaffen. Das trifft keineswegs nur die Handwerker, auch die jüdischen Händler müssen sich stets neuer Einschränkungen erwehren und die jüdischen Akademiker erhalten ebenfalls keine Chance in der Stadt. Maximilian Reinganum etwa – vier Jahre jünger als Siegmund Langenbach – studiert Jura in Göttingen und Heidelberg und schließt im Alter von neunzehn Jahren mit einer Promotion über Vermögensbildung ab. Im Dezember 1819 richtet Reinganum ein Gesuch an den Senat der Stadt Frankfurt, als Advokat aufgenommen zu werden. Im Februar und im Mai des folgenden Jahres erneuert er diesen Antrag. Bis dahin ist von Seiten der Stadt keine Reaktion erfolgt. Ein ganzes Jahr verstreicht erneut, ohne eine Antwort des Senats. Dann erneuert Reinganum im Juni 1821 seinen Antrag und fügt hinzu, dass er in die evangelisch-lutherische Kirche aufgenommen worden sei. Die Konvertierung wirkt Wunder: ein halbes Jahr später ist Reinganum in Frankfurt als Advokat zugelassen. Das Bürgerrecht wird ihm mit der Auflage erteilt, „nur eine hiesige Verbürgerte zu ehelichen." Die Forbacher Jüdin Pauline Hirsch muss ebenfalls erst konvertieren, bevor beider Trauung vollzogen werden darf, und natürlich kostet ihre Einbürgerung nach Frankfurt eine Menge Geld.

Es nimmt nicht Wunder, dass in diesem feindseligen Umfeld wieder einmal radikale Kräfte die Oberhand gewinnen. 1817 war ein „Hungerjahr" mit erheblichen Ernteausfällen, seitdem werden die Juden wieder des „Brotwuchers" beschuldigt. Als es im Sommer 1819 in Würzburg, Bamberg und anderen fränkischen Städten und Dörfern zu gewalttätigen Ausschreitungen gegen die jüdische Bevölkerung kommt, tritt auch in Frankfurt die Straße wieder in Aktion. Ohne jeden Anlass, außer der bloßen Nachricht von den Gewalttätigkeiten im Fränkischen, kommt es am 8. August 1819 zum Angriff auf die Juden. Mehrere mit Stöcken bewaffnete Trupps dringen in die Judengasse ein, die Menge wächst rasch auf einige Tausend an und mit „Hepp-Hepp"- Rufen gehen sie zum Angriff über. Gerade die neuen Häuser am Beginn der alten Judengasse in der Bornheimer Straße und Allerheiligenstraße nehmen sie sich vor. Der Steinhagel zielt auf das Rothschild'sche Geschäftshaus an der Ecke, aber auch in allen andern Häusern – so auch im neuen Heim der Langenbachs und Hirschhorns – werden die Fensterscheiben eingeworfen, Steine fliegen in die Zimmer, Schüsse werden abgefeuert, Juden werden auf der Straße verprügelt. Der Pöbel wütet weiter auf der Zeil und in der Töngesgasse. Es vergeht viel Zeit bis die Landwehr aufgeboten ist und den Tumult beendet. Einige Gewalttäter werden festgenommen, aber kurz darauf unter dem Druck der Menge vom jüngeren Bürgermeister wieder freigelassen.

Gerade über den Angriff auf das Rothschildhaus ist jedoch der Bundestag außerordentlich besorgt. Schließlich lagern dort die Gelder der Versammlung. Da man den Frankfurtern nicht zutraut, die Gewalttätigkeiten effektiv zu beenden, will man die Mainzer Garnison zu Hilfe holen. Erst jetzt, da die Frankfurter Selbständigkeit wieder in Gefahr gerät, schreitet der Senat energisch ein. Dem städtischen Militär gelingt es gemeinsam mit der Bürgerlichen Kavallerie die Ordnung wieder herzustellen.

Wenige Tage später bewertet der Senat die Vorfälle in einer Verlautbarung als „jugendlichen Muthwillen", lobt die Bürgerschaft als Garantin für die öffentliche Ordnung und mahnt die Juden, „daß sie jede Veranlassung zur Beunruhigung hiesiger Stadt sorgfältig vermeiden und durch unbescheidenes Benehmen und Anmaßung der christlichen Einwohnerschaft nicht Anlaß zu gerechter Beschwerde geben" sollen. Nach den brutalen Ereignissen tragen etliche jüdische Kaufleute der Verwaltung ihre Absicht vor, aus Frankfurt wegziehen zu wollen.

Im Jahr nach den „Hepp-Hepp-Unruhen" stirbt Seligmann Langenbach im Alter von 73 Jahren. Zur Zeit seiner Geburt galt noch die alte Stättigkeit von 1616. Wenige Jahre Hoffnung hat er erlebt, hat für viel Geld das Bürgerrecht erworben, das man ihm gleich wieder weggenommen hat. Gemeinsam mit seiner Frau Rechle hat er für acht Kinder gesorgt und ihnen ein auskömmliches Geschäft und ein neues Heim hinterlassen. So wie seine Vorfahren in der Gemeinde Verantwortung übernommen haben, hat er sich um die gesellschaftliche, bildungsmäßige und wirtschaftliche Zukunft nicht nur der Seinen gekümmert. Ein fleißiger, kluger und weltoffener Mensch, dem man am Ende seines Lebens die Scheiben eingeschlagen hat.

1824 sind die Auseinandersetzungen um den Status der Juden beendet, ab jetzt sind sie israelitische Bürger der Stadt, d.h. Bürger zweiter Klasse. Politische Rechte haben sie keine, die Heiratsbeschränkungen bleiben und selbst auf wirtschaftlichem Gebiet wird keine Gleichstellung erreicht. Der Frankfurter Senat gebärdet sich als habe er großzügigste Geschenke verteilt, die Juden stimmen der neuen Regelung zu, weil sich Besseres nicht aushandeln läßt.

Unter den ersten Eintragungen des israelitischen Bürgerbuchs von 1824 findet sich die Notiz: Isaac, Jeremias, Raphael, Söhne des Seligmann Isaac Langenbach übernehmen „das elterliche Geschäft in en gros und en detail an Mobilien und Pariser Waren."

Auch Siegmund Langenbach will den israelitischen Bürgereid schwören und zugleich den Meistereid. Er glaubt sich am Ziel eines langen Weges und ist sich sicher, „daß ich alle erforderlichen Requisiten zu haben glaube, um zum israelitischen Bürger – und Meisterrecht gelangen zu können.", schreibt er in seinem ersten Gesuch vom 28. Oktober 1824 und erlaubt sich die „ganz gehorsamste Bitte", ihm „das israelitische Bürger und Meisterrecht dahier als Tapezierer ... gnädig zu ertheilen".

So eindeutig sind die Dinge nicht, wie Siegmund Langenbach es sich gedacht hat. Drei Wochen später kommt es zu einer Anhörung im jüngeren Bürgermeisteramt, zu der neben Langenbach auch zwei Bevollmächtigte der Tapezierer geladen sind. Bevor der Antragsteller sein Begehren dort protokollieren lassen kann, muss er als erstes nachweisen, dass er die Einkommensteuer bezahlt hat. Siegmund Langenbach kann nachweisen, dass er die Einkommensteuer für seine verwitwete Mutter entrichtet hat. Dann kann Langenbach zu Protokoll geben, mit welchen Unterlagen er den Nachweis führen will, alle Voraussetzungen für die Zulassung zum israelitischen Bürger- und zum Meisterrecht zu erfüllen.

Das Problem: nach Ansicht des Senats hätte Langenbach vier Wanderjahre ableisten müssen. Er war aber nur drei Jahre in der Fremde. Diese vierjährige Wanderzeit ist eine neue Schikane für die jüdischen Handwerker, die zu Beginn von Siegmunds Wanderzeit nicht in Kraft war, jetzt aber rückwirkend angewandt werden soll: „Ein jüdischer Lehrling ist zwar dem christlichen gleich zu achten, wenn er aber bei einem christlichen Meister in die Lehre gegangen ist und am Sabbat nicht gearbeitet hat, so muß er ein Jahr länger in der Lehre stehen, ebenso ein Jahr länger auf der Wanderung sein." Langenbach argumentiert, dass er vier Jahre und sechs Monate als Geselle in Frankfurt gearbeitet habe, mithin anderthalb Jahre länger als vorgeschrieben und er bittet um „Dispensation". Er glaubt also, man könne die längere Arbeitszeit in Frankfurt mit dem fehlenden Wanderjahr verrechnen. Von der Tatsache, dass man von ihm vier Jahre Wanderzeit verlange, habe er nichts gewußt. Er verweist auf „beste Zeugnisse". Auch die anwesenden Bevollmächtigten der Tapezierer unterstützen Langenbach in verhaltener Weise, da er zu Zeiten auf Wanderschaft gegangen sei, als noch das Gesetz von 1807 gegolten habe (Wanderzeit drei Jahre) und er zudem mehr als die drei „hiesigen" Arbeitsjahre abgeleistet habe „so wollten sie das gegenwärtige Gesuch lediglich dartun" und die Entscheidung dem „hohen Senat gehorsamst anheimzustellen." Vom 2. Dezember datiert die Ablehnung des Gesuchs, Begründung: der Supplicant habe die erforderlichen Wanderjahre noch nicht abgeleistet.

Nach Erhalt der Ablehnung stellt Langenbach am 9. Dezember ein neues Gesuch. Offensichtlich glaubt er, er habe seine Argumente nicht deutlich genug ausgeführt. Hatte sein erstes Ansuchen gerade ein paar Zeilen, so bringt er jetzt fünf ausführliche Seiten zu Papier. So habe er doch schon 1816 die Wanderschaft angetreten, aber erst 1817 sei die Wanderzeit auf vier Jahre verlängert worden.

Er habe dies gar nicht wissen können, da er damals ja nicht in Frankfurt gewesen sei. Dann zitiert er die Bevollmächtigten des Tapeziererhandwerks, die „freiwillig zugegeben haben, mich als israelitischen Tapezierer hier aufnehmen zu können,“ und „daß die Bevollmächtigten des Handwerks sogar das von mir gefertigte, mir aufgegebene Meisterstück gesehen und genehmigt haben.“ Sie haben sich also von seinen handwerklichen Fähigkeiten überzeugt und stehen dafür ein.

Er findet noch weitere Gründe: … „so glaube ich, daß unter diesen Umständen und da ich der einzige isrealitische Bürgersohn bin, der dieses Handwerk erlernt hat, und es gegenwärtig treiben will, und zu treiben im Stande ist,“ das Wanderjahr erlassen werden könne. Schließlich sei jetzt das Gesetz ja bekannt. Langenbach will also dem Senat schmackhaft machen, daß eine Entscheidung in seinem Sinne nicht zu einem Präzedenzfall werden könne, weil es außer ihm keinen anderen Betroffenen gibt und sich niemand mehr darauf berufen kann, das Gesetz nicht zu kennen, denn jetzt sei es ja in Kraft. „Daß bis jetzt die Aussichten zum vorgesetzten Ziel zu gelangen jedem israelitischen Individuum versperrt ward, mithin es diesmal … sich zu bekümmern mir so sehr am Herzen lag,“ schreibt er und bekundet damit, wie viel Mühe er sich all die Jahre gegeben hat, alle Vorschriften zu erfüllen, um endlich als Handwerksmeister arbeiten zu können. In solchen Sätzen spiegelt sich die ganze Hoffnung auf ein anderes Leben, und die ganze Verzweiflung darüber, dass man ihn so kurz vor dem Ziel noch scheitern lassen will. So bittet er noch einmal um „Milde und Gnade mir besondren Umständen auf das eine Wanderjahr Dispensando zu erlassen.“

Die Antwort des Senats ist erheblich kürzer. Die Prüfung seines Gesuchs habe ergeben, dass er „keinesfalls zugelassen werden kann.“ Alle seine Unterlagen schickt man ihm zurück.

Am 31. Januar versucht Siegmund Langenbach es noch einmal: Diesmal schreibt er neun Seiten. „Ich habe das Tapeziererhandwerk erlernt und habe alle Erfordernisse, um zum israelitischen Bürgerrecht als Tapezierer gelangen zu können.“, beginnt er und führt alle bisherigen Argumente noch einmal auf, weil er sie wohl bisher nicht „genügend“ dargelegt habe. So führt er noch einmal aus, dass er sein aufgegebenes Meisterstück und eine architektonische Zeichnung angefertigt habe, diese von den Meistern als gut bewertet wurde, mithin seine fachlichen Kenntnisse bereits bewiesen seien. Und wieder legt er das ganze Dilemma um das rückwirkend eingeführte vierte Wanderjahr dar, und dass er länger als gesetzmäßig vorgeschrieben in Frankfurt gearbeitet habe. Außerdem gäbe es bei diesem Handwerk keinen Zunftzwang, womit er wohl meint, dass man dann auch nicht die Zunftvorschriften anwenden könne. Er bezweifelt auch, dass er sich zu seinem beruflichen Fortkommen noch durch ein weiteres Wanderjahr vervollkommnen müsse. Immerhin habe er in Darmstadt, München, Hamburg, Mainz, Basel, Prag und Linz gearbeitet und dort „gute und elegante Arbeiten angefertigt ... und habe also mein Handwerk von Grund auf gelernt." Wozu er dann noch ein Wanderjahr machen soll, ist die unausgesprochene Frage dahinter. Sachliche Gründe können dafür nicht angeführt werden, denn er hat mit dem bereits angefertigten Meisterstück nach Auskunft der Bevollmächtigten des Handwerks, Leuchtweiss und Sauer, hinreichend seine meisterlichen Fähigkeiten bewiesen. Er muss also nichts mehr lernen. Ein viertes Wanderjahr dient bloß zur Erfüllung der zweifelhaften Vorschriften, ist also nichts anderes als pure Schikane.

Dann fügt er noch ein Argument an, das dem herzlosen Senatoren bekannt sein müßte, hat man es den Juden gegenüber doch jahrelang verwandt: „und ich in der Folge daher ohne Arbeit und Nahrung sein würde." Und der dreißigjährige Langenbach ergänzt, da er die Hoffnung haben konnte, ohne weiteres den Bürger- und Meistereid ableisten zu dürfen, habe er sich „mit Genehmigung der beiderseitigen Eltern verlobt." Er hat erwartet, wenn er bald seinen „Nahrungsstand" haben werde, heiraten zu können. So bittet er noch einmal geradezu flehentlich, ihn zum israelitischen Bürgerrecht und zum Meistereid als Tapezierer zuzulassen und das vierte Wanderjahr „gnädigst zu erlassen."

Die Antwort läßt nicht lange auf sich warten und ist wieder von geradezu zynischer Kürze. Man lehnt sein Ansinnen ab, weil man sonst „gegen die jedermann bekannt seyn sollenden" Vorgaben verstoßen würde.

Erst ein Jahr später, am 7. Februar 1826, schreibt Langenbach erneut in der Angelegenheit: „bin noch ein volles Jahr in Paris gewesen." Er hat den Kampf gegen die bornierten Bürokraten aufgeben müssen und das vierte Wanderjahr noch abgeleistet – natürlich wieder mit besten Zeugnissen. So wird diesmal der

Intelligenz-Blatt
der freien Stadt Frankfurt.
(Expeditions-Comtoir auf dem kleinen Hirschgraben Lit. F. No. 77.)

No. 23. Samstag, den 18. März 1826.

Unterzeichneter empfiehlt sich einem geehrten Publikum in Ta-pezier- und allen darin einschlagenden Arbeiten aufs beste.
Sigmund S. Langenbach, Tapezierer,
Allerheiligengasse Lit. B No. 6.

Sofort nach Erlangung des Meisterrechts eröffnet Siegmund Langenbach seine Tapeziererwerkstatt

Beschluss gefasst: „Nachdem sich kein Anstand ergeben, den Siegmund Langenbach zur Bürger- und Meistereidableistung zuzulassen, wird dessen gefertigte Probearbeit, die Fertigung einer architektonische Zeichnung und einer handwerklichen Arbeit, nachdem die Bevollmächtigten des Handwerks vorgeladen, bei hochwohlgeborenem dem Herrn Bürgermeister und Senator Dr. Scharff vorgezeiget und als gut und entsprechend befunden." Die Eidesleistung ist am 10. März 1826 im Meisterbuch der Zünfte eingetragen. Am 18. März erscheint im Frankfurter Intelligenzblatt folgende Anzeige: „Unterzeichneter empfiehlt sich einem geehrten Publikum in Tapezier- und allen darin einschlagenden Arbeiten aufs beste. Sigmund S. Langenbach, Tapezierer. Allerheiligengasse No 6.

Aber mit den Schikanen hat es noch kein Ende. Bevor Siegmund Langenbach sich 1824 zur Ableistung des Bürger- und Meistereids gemeldet hatte, hatte er sich verlobt. Die vierundzwanzigjährige Betty Rindskopf aus einer der ältesten Frankfurter jüdischen Familien ist seine Braut. Als man das Philanthropin schon bald nach seiner Gründung auch für Mädchen öffnete, gehörte sie zu den ersten Schülerinnen. Das vierte Wanderjahr verschiebt auch die geplante Hochzeit der beiden. Deshalb sendet Siegmund Langenbach ein neues Gesuch an das jüngere Bürgermeisteramt bevor er nach Paris geht: „Ich habe mich mit der Tochter des hiesigen Handelsmanns

Joseph Rindskopf, Betty, mit Bewilligung der beiderseitigen Eltern verlobt und gedenke auch, wenn ich zum israelitischen Bürgerrecht als Tapezierer gelangen werde, solche zu ehelichen.", beginnt er. Da er noch ein Jahr in die Fremde ziehen muss, ersucht er darum, das Zustimmungsprotokoll noch vor seiner Abreise beim jüngeren Bürgermeisteramt aufnehmen zu lassen, damit er nicht so lange mit der Verehelichung warten muss, wenn er wieder zurück sein wird.

Einer jüdischen Ehe werden viele bürokratische Hürden in den Weg gelegt, so hätte er wenigstens vor seiner Abreise die erste schon überwunden. „Ich würde dieses Gesuch zwar unterstützen, ... jedoch ohne daß Supplicant hierauf irgend einigen vorzüglichen Anspruch zu gründen hat.", so vermerkt ein scheinbar menschenfreundlicher Bearbeiter. Für diese Überlegung hat er sich aber so viel Zeit gelassen, dass Siegmund Langenbach schon längst in Paris beim Tapissier Darray sein viertes Wanderjahr ableistet.

Die Woche zwischen dem 10. und 18. März 1826 muss für Siegmund Langenbach eine Woche unendlichen Glücks gewesen sein. Er hat den Meistereid geschworen und damit ein Ziel erreicht, das den Juden jahrhundertelang versagt war, er wird seinen eigenen Betrieb haben und „elegante" neue Produkte herstellen, statt mit Trödel zu handeln und bald wird er seine Betty heiraten. Denn genau in dieser Woche – am 15. März – wird auch das Zustimmungsprotokoll für die Verehelichung der beiden im jüngeren Bürgermeisteramt erhoben.

Nicht nur Juden müssen vor der Hochzeit einen Vermögensnachweis führen. Wer seine „Nahrung" nicht nachweisen kann, bekommt keine Heiratserlaubnis. Ohne als Meister eingeschrieben zu sein, hätte Siegmund Langenbach keinerlei Aussicht zu heiraten. Der Begriff des „Junggesellen" als Ausdruck für einen unverheirateten Mann leitet sich vom Normalfall der Handwerksgesellen ab, denen es selten in jungen Jahren gelungen ist von ihrer Arbeit eine Familie ernähren zu können. So erfahren wir aus dem Protokoll, dass Siegmund wieder die Einkommensteuer für seine Mutter bezahlt hat und ein Vermögen von 3000 Gulden nachweist. Von Betty heißt es, dass sie „ein Vermögen von 1500 Gulden ohne Abzug als alleinige Ausstattung" in die Ehe mitbringt.

Betty ist jetzt sechsundzwanzig Jahre, Siegmund zweiunddreißig und sicher hoffen sie darauf, dass es jetzt schnell geht. Aber nun müssen erst einmal andere Stellung nehmen und das dauert. Die

Vorsteher der israelitischen Gemeinde I. S. Gumprecht und Moritz Flersheim bestätigen am 31. August des gleichen Jahres „daß der Bräutigam bereits als Tapezierer besteht, worauf er seine künftige Subsistenz zu begründen im Stande ist“ und dass von seiten der Gemeinde nichts gegen diese Verbindung spricht.

Vier Wochen später wird im jüngeren Bürgermeisteramt die Wiedervorlage „mit den übrigen Jüdischen Heiratssachen für das Jahr 1827“ verfügt. Betty und Siegmund sind jetzt drei Jahre verlobt und warten ungeduldig auf die Genehmigung zu heiraten. Am 13.Januar halten sie die Ungewissheit und das ewige Warten nicht mehr aus und schreiben nun gemeinsam ein Gesuch an das jüngere Bürgermeisteramt. Sie wollen ihren Antrag „wieder in Erinnerung bringen“, schildern, wie lange sie nun schon haben warten müssen und schließen mit der „gehorsamsten Bitte“ die Erlaubnis zu ihrer Eheschließung „nunmehr gnädigst zu ertheilen“.

Am 23. Januar 1827 bescheidet das jüngere Bürgermeisteramt, daß man die Verehelichung gestatte, weil jetzt auch die Zustimmung von zwei weiteren Ämtern, einer Kommission und dem israelitischen Gemeindevorstand vorliege. Betty und Siegmund heiraten am 4. März 1827.

Zu diesem Zeitpunkt sind bis auf Isaak, der unverheiratet bleiben wird, alle anderen Geschwister bereits verheiratet. Der jüngere Bruder Jeremias hat schon ein Jahr vorher die jüngere Schwester von Betty Rindskopf, Kätchen, geheiratet. Ihr erstes Kind, zwei Tage vor Siegmunds und Bettys Hochzeit geboren, heißt nach dem Großvater Seligmann. So heißt auch der älteste Sohn von Herz Langenbach, der seit 1819 mit Sara Süsskind verheiratet ist. Zwei Seligmann Langenbach in einer Generation also, so wie früher zwei Sanvil Langenbach und gar drei Isaak Langenbach in der gleichen Generation gelebt haben.

Die bürgerlichste Stadt

Mehr als zweihundert Jahre haben wir – Sie beim Lesen, ich beim Schreiben – die Familie Langenbach bisher durch die Geschichte begleitet. Nicht nur in den ersten Jahrzehnten mußten wir uns oft eher vorstellen, wie es ihnen ergangen sein mag in der Judengasse, beim Fettmilchaufstand, in Kriegs- und Friedenszeiten, als dass wir persönliche Schicksale hätten verfolgen können. Dazu haben wir zu wenige Nachrichten aus den frühen Zeiten. Wir konnten nicht mehr als uns ein Bild machen von den Langenbachs, manche Mitglieder der Familie sehen wir nun im Fortgang der Geschichte deutlicher vor uns.

Gleichzeitig haben wir uns ein Bild gemacht von Frankfurt und seiner Einwohnerschaft. Und dieses Bild stimmt nicht im mindesten überein mit der Vorstellung von Frankfurt als liberaler und weltoffener Stadt. Die konservativen Strukturen der Frankfurter Verfassung und die Kontinuität von manchmal mittelalterlich anmutenden Lebenswelten hat wenig zu tun mit unserer Vorstellung vom Beginn des bürgerlichen Zeitalters. Bis weit ins 19. Jahrhundert bietet die Frankfurter Geschichte vieles, was im Gegensatz steht zu den offenkundigen Tatsachen bürgerlicher Entwicklung. Da ist die Dauerhaftigkeit der zünftigen Organisation des Handwerks, die Ablehnung von Manufaktur und Fabrik, die Aufrechterhaltung der ständerechtlich geprägten sozialen, politischen und ökonomischen Strukturen. Dennoch hat Frankfurt unter den Zeitgenossen am Ende des 18. Jahrhunderts den Ruf eine der „bürgerlichsten" Städte des Reichs zu sein. Zum einen leitet sich dieser Ruf vom Status der Freien Stadt ab, deren Bewohner keinem weltlichen oder geistlichen Fürsten untertan sein müssen, die nur den Kaiser über sich haben. Dass der Staat Frankfurt kein Oberhaupt hat sondern von einem Gremium Gleicher regiert wird, trägt für die Zeitgenossen schon fortschrittliche Züge. Gleiches gilt natürlich für die Hansestädte Bremen, Lübeck und Hamburg, deren korporative Elemente in der Verfassung „bürgerlicher" sind, als die absolutistischen Groß- und Kleinstaaten Deutschlands. Im Inneren geht es dort freilich genau so reaktionär zu wie in Frankfurt, auch die Behandlung der Juden ist in den freien Hansestädten ebenso restriktiv wie in der

Freien Stadt. Die Staaten des aufgeklärten Absolutismus sind da erheblich toleranter.

Vor allem die reichen Kaufmanns-, Handels- und Bankiersfamilien repräsentieren das andere Element des „bürgerlichen" Frankfurt: die Bethmanns, die Gontards. die Brentanos, die Belli oder D'Orvilles. Während die adligen Gesellschaften Altlimpurg und Frauenstein ungebrochen an ihrem durch Geburt ererbten Anspruch auf den wesentlichen Teil der politischen Macht in Frankfurt festhalten, obwohl ihre Mitgliedschaft bereits stark dezimiert ist, zählen in der Welt der bürgerlichen Kaufleute Privateigentum, individuelle Leistung, rechtliche Gleichheit und gleiche Freiheitsrechte. Für die patrizischen Familien, deren Verdienste für die Stadt inzwischen in umgekehrtem Verhältnis zu ihren maßlosen Ansprüchen stehen, sind sie alle Parvenues. Mögen manche von ihnen inzwischen geadelt worden sein, die meisten über mehr Vermögen verfügen und ganz gewiß über mehr Wissen und Bildung, für die Patrizier bleiben sie verachtenswerte Emporkömmlinge.

Logisch, dass die gesellschaftlichen Kontakte zwischen diesen beiden Gruppen nicht besonders intensiv sind. Dagegen sind die Kontakte zu den Juden zahlreich aber bisher von rein geschäftlichem Charakter. Das ändert sich zaghaft nach dem Brand der Judengasse durch die französische Kanonade und vor allem in der Dalbergzeit. Erstmals umfassen die gesellschaftlichen Kontakte der Juden größere Kreise als die christlichen Hausbesitzer, in deren Häusern sie Unterkunft gefunden haben. Tragfähig sind diese Kontakte dort, wo es gilt, bürgerlichen Gemeinsinn zu beweisen: wenn etwa Bethmanns und Rothschilds gemeinsam durch Stipendien armen christlichen und jüdischen Kindern den Schulbesuch ermöglichen, dann ist dies gewissermaßen auch der Entwurf einer Gesellschaft von Freien und Gleichen. Eine glühende Verfechterin der jüdischen Emanzipation ist Bettina Brentano, die mit Dalberg über Maßnahmen zur Gleichberechtigung streitet und Goethe darüber informiert. Gerade im Bildungs-, Wissenschafts- und Kulturbereich beginnen sich die Gruppen zu mischen. Aber verglichen etwa mit der Salonkultur in Berlin findet sich in Frankfurt nichts Vergleichbares. Mit dem Ende der Dalbergzeit wird dieser Näherungsprozess unterbrochen oder gar aufgehalten.

Im Zeichen der Aufklärung unter dem Signum der Vernunft bilden sich neue Organisationen, die der Humanität in neuen Vereinigungen den Weg bereiten wollen: die Freimaurerlogen. In deutschen Landen sind diese Organisationen nicht frei von romantischen Einflüssen und Deutschtümelei. „In diesen heil'gen Hallen" herrscht oft auch ein antijüdischer Geist. Dennoch organisieren sich auch manche Juden, die sich nicht nur von der jahrhundertelangen Unterdrückung emanzipieren wollen, sondern auch von der Lebensweise des unterdrückten Judentums, bei den Freimaurern. Deren Toleranz endet relativ schnell; jüdische Mitglieder werden bei den Logen nicht zugelassen. So wird in Frankfurt die Loge „Zur aufgehenden Morgenröte" gegründet, in der die Juden nahezu unter sich sind.

Teile der Opposition der Vormärzzeit greifen ebenfalls zu den altbekannten antijudaistischen Bildern. So heißt es in einem Flugblatt, das 1830 in Frankfurt auftaucht, „Schaffe ab Maut, Stempel, Zoll, Beamten, Maitressen und Juden, damit haben wir unser täglich Brot".

Die privaten Berührungspunkte zwischen der christlichen und jüdischen Bevölkerung in Frankfurt bleiben auch in den nächsten Jahren gering. Personen wie die getauften Juden Reinganum oder Börne sind wohl am unbefangensten in beiden Gruppen verkehrt. Da die meisten Juden in der unmittelbaren Umgebung der Judengasse bleiben und Arme in die Häuser der Judengasse einziehen, bildet sich im Quartier östlich und südöstlich der alten Judengasse das Viertel mit intensiveren Nachbarschaften.

Manchmal treffen die Gruppen aufeinander in den Bornheimer Wirtschaften wie es etwa Wilhelm Hauff in „Ein Schabbes in Bornheim" beschreibt oder in den Kaffeehäusern der Stadt. Im jüdischen Café Gundersheim wird eine besondere Form der Toleranz geübt: Der Rabbiner Hirsch Horowitz protestiert gegen das Vorhaben der Gundersheims, an einem jüdischen Feiertag ihr Café zu öffnen, das bedeute die Untergrabung der Religion. Das Gegenargument: Da auch Christen in dem Lokal verkehren, würde es gegen die religiöse Toleranz verstoßen, ihnen an diesem Tag den Besuch des Kaffeehauses zu verbieten. Das Lokal wird geöffnet.

Aber manche machen doch gemeinsame Sache, selbst wenn es sich um Jux und Tollereien handelt: Im August 1827 macht sich eine höchst merkwürdige Reisegruppe auf den Weg von Frankfurt nach Königstein. Dort ist Kerb und drei Dutzend gestandene Frankfurter Männer haben einen regelrechten Bubenstreich ausgeheckt. Weitab von allen Wassern besuchen sie die Königsteiner Kerb zu Schiff.

Auf einem Rollwagen haben sie einen Nachen montiert, diesen großartig in den Frankfurter Stadtfarben gestrichen und auf den Namen „Freie Stadt Frankfurt“ getauft. Versteht sich, daß sie auch noch ein Segel gehisst haben, um per Schiff die Taunushöhen zu erklimmen. Vier Pferde -hintereinander gespannt- ziehen die fröhliche Reisegesellschaft bergan. Wer nicht in den Nachen passt, folgt dem Schiff in Chaisen und Kutschen. In jedem Dorf auf dem Weg nach Königstein gesellen sich weitere Begleiter hinzu – selbstverständlich die Dorfjugend und alle anderen, die neugierig den Ausgang des Unternehmens beobachten wollen. Dank heftiger Gewitterregen bekommt das Schiff auch Wasser ab; für kontinuierliche Feuchtigkeitszufuhr sorgt obendrein die Besatzung, die einer Unmenge an mitgebrachten Weinflaschen den Garaus macht und unterwegs noch an vielen Gasthäusern hält, um jegliches Austrocknen zu verhindern.

In Königstein ist die Ankunft des „Schiffes“ aus Frankfurt ein voller Erfolg und die Kerb verzeichnet einen Besucherrekord. Natürlich wird das Ereignis auch dort kräftig begossen, und als die Frankfurter wieder „in See stechen“ befinden sie sich allesamt nicht mehr im Stadium der Nüchternheit. So kommt es, wie es kommen musste: Das stolze Schiff erleidet kläglich Schiffbruch am Sodener Berg. Mühsam zusammengeflickt wird gerade noch der „Heimathafen“ Frankfurt erreicht, dann wird es endgültig abgewrackt.

Friedrich Stoltze hat die Geschichte dieses Klamauks überliefert. Als Elfjähriger hat er die große Fahrt nach Königstein begleitet. Der Schabernack war schließlich im Gasthaus zum Rebstock ausgeheckt worden, dessen Wirtsleute Stoltzes Eltern waren. Was die Erzählung Stoltzes über die reine Posse erhebt und für unsere Geschichte zur historischen Quelle macht, ist die Tatsache, daß Stoltze die Teilnehmerliste des fragwürdigen Unternehmens überliefert:

Franz Fleischmann, Gastwirt
Pflister, Gastwirt „Zur goldenen Sonne“
Herchen, Gastwirt „Zur Goldgrube“
Stiritz, Gastwirt „Zum grünen Baum“
Scheibe, Gastwirt
Claus, Gastwirt zu Oberrad
Schneider, Gastwirt zu Niederrad

Rühl, Gastwirt „Zum Schützenhof“, Bornheim
Moritz Schecker, Fischermeister
Hecht, Cafétier
Langenbach, Möbelhändler
Diehl, Schulmeister
Pfister, Glöckner (Dom)
Speener, Goldarbeiter
Fester, Silberarbeiter
Kränzlein, Lohnkutscher
Bauch, Metzger
Listmann, Spezereihändler
Erras, Quartiermajor
Hameran, Schlossermeister
Schneider, Pastetenbäcker
Fuchs, Bestätter
Heidenreich Spengler
Kleeblatt, Schwimmlehrer
Wentz, Schneidermeister
Müller, Zimmermeister
Bolte Bürstenbinder
Stamminger, Bürstenbinder
Rohrbach, Taubenhändler
Schneider, Mechanikus
Römer, Dachdecker
Becker, Tapezierer
Lauck, Schneider
Schubert, Gastwirt „Zum goldenen Löwen“
Stoltze, Gastwirt „Zum Rebstock“

Was die fünfunddreißig Teilnehmer der fröhlichen Runde eint, ist ihre ungetrübte Hoffnung auf den Fortschritt. Der Fortschritt durch die Erkenntnisse der Technik und Naturwissenschaften, die die Menschen von den Zwängen der Natur befreien, ist für sie der Inbegriff auch des gesellschaftlichen und politischen Fortschritts, der die Fesseln der ständischen Gesellschaft sprengen wird. So nimmt es nicht Wunder, dass sie auch in dem Unfug, den sie anstellen, ein Zeichen des Fortschritts sehen, getreu dem Motto, neue Zeiten brauchen neue Streiche. Stoltzes Vater hat dem Streich die höheren Weihen gegeben: „Wenn man also in einer Zeit, wie die jetzige, mit Räderfuhrwerken die Ströme befährt, warum sollte man nicht auch auf dem festen Land zu Schiffe nach Königstein auf die Kirmeß fahren können?“

Neben dem Möbelhändler Langenbach, bei dem wir erst herausfinden müssen, welcher der Langenbachbrüder hier mitmacht, finden wir noch einen anderen alten Bekannten. Der Schulmeister Diehl, der auf jegliche pädagogische Vorbildfunktion verzichtet, hat schon Siegmund Langenbach am Philanthropin unterrichtet, und mußte dann wegen „Unzulänglichkeit“ die Schule verlassen. Auch vom Glöckner des Doms würde man landläufig vielleicht ein gesetzteres Verhalten erwarten.

Betrachten wir den Kreis dieser Spaßvögel etwas näher. Allein zehn Gastwirte sind darunter, was der reichlichen Versorgung mit Proviant, insbesondere flüssigem, zu Gute kam. Auch der Quartiermajor Erras muss eigentlich zu den Wirten gezählt werden, der Adress-Kalender der Innungs- und Zunftgewerbe vom gleichen Jahr listet ihn unter den „Weinwirthen mit stillen Wirtschaften“ auf. Seine Wirtschaft betreibt er in der Oppenheimer Straße. Johann Daniel Claus, der Wirt des „Frankfurter Hofs“ in Oberrad hatte wenige Jahre zuvor für beträchtliches Aufsehen gesorgt, als er in seinem Gasthaus die erste Gasbeleuchtung installieren ließ. Damals hatte es in Frankfurt selbst nur eine Versuchsanlage am Eschenheimer Tor gegeben. Die „Polytechnische Gesellschaft“ hatte dort eine kleine Versuchsfabrik gebaut, um Saarkohle zu entgasen und mit dem so gewonnenen Brennmaterial Lampen in ihren Räumen und Straßenlaternen in der Großen Eschenheimer Gasse zu versorgen. Das Gaslicht im Oberräder „Frankfurter Hof“ war die erste Regelanwendung der neuen Technik. Der Physikalische Verein hat in der wissenschaftlichen Auswertung der Claus’schen Anlage 1828 hervorgehoben, dass das neue Licht auch kostengünstiger sei als die herkömmliche Beleuchtung mit Öl und Kerzen. Die Besucher des vornehmsten Gasthauses von Oberrad zeigten sich beeindruckt: „Wir fanden die magische Gasbeleuchtung, welche mit ihrem milden Lichte alle Gemächer des großen Hauses und vorzüglich den überaus geräumigen Tanzsaal erleuchtet, wohltuend für das Auge, und durch die künstlerischen Formen, in denen es ausstrahlt, auch den ästhetischen Sinn ansprechend.“

Stadtbekannt war auch Johann Friedrich Kleeblatt. Der gebürtige Sachse eröffnete 1809 am Main die Kleeblattsche Schwimm- und

Im Rebstock verkehrte auch einer der Langenbachbrüder

Badeanstalt. Wer in Frankfurt schwimmen konnte, hatte es bei Kleeblatt gelernt. Für Waisenkinder und Soldaten erteilte er den Schwimmunterricht kostenlos. Grandiosen Eindruck hinterließ Kleeblatt bei der Frankfurter Bevölkerung als er 1815 zum Gedenktag der Völkerschlacht bei Leipzig am Grindbrunnen ein großes Feuerwerk veranstaltete. „Herr Friedrich Kleeblatt verfertigt alle Arten Kunst- und Lustfeuerwerk, auch ist er Lehrer der Schwimmkunst, wohnt auf der Maininsel vor dem Untermainthor", beschreibt der Adresskalender die vielfältigen Künste Kleeblatts.

Wie Kleeblatt war auch Stoltzes Vater ein Eingeplackter. Der gebürtige Waldecker hatte eine Frankfurterin geheiratet und so das Bürgerrecht erworben. Die Familie von Schlossermeister Hameran war schon knappe neunzig Jahre zuvor aus der Markgrafschaft Bayreuth nach Frankfurt eingewandert und hatte 1743 das Bürgerrecht erworben. Dagegen gehört der Fischermeister Moritz Schecker, der den Nachen besorgt, quasi zu einer Sachsenhäuser Dynastie. Die Familie vererbt schon seit Jahrhunderten dem jeweils ältesten Sohn die Mitgliedschaft in der Zunft der Mainfischer. Auf dem Römerberg wird der Fang täglich verkauft, nur zu Messezeiten müssen die Fischer auf den Garküchenplatz ausweichen.

Auch Rühl, der Wirt vom Schützenhof in Bornheim, gehört zu einer alten Bornheimer Familie, ebenso wie die Familie des Gastwirts Schneider, die schon lange in Niederrad heimisch ist. Die versammelten Frankfurter indes sind kaum länger als ein, zwei Generationen in der Stadt. Richtig alte Frankfurter dagegen sind die beiden Juden in der Runde: Der Cafétier Seligman Abraham Hecht und der Möbelhändler Langenbach. Die Hechts leben seit 1550 in Frankfurt, die Familie Langenbach seit etwa 1590. Hecht hat 1811 in der Bornheimer Straße B23 das erste jüdische Caféhaus eröffnet, dem im gleichen Jahr noch zwei weitere folgen: das Café Gundersheim in der Bornheimer Straße 8 und Sichels „Koscher Kaffeeausschank“ im Bezirk der alten Judengasse. Das kann zur Zeit der Kontinentalsperre kein einfaches Unterfangen gewesen sein, Kaffee und Tee waren schwer zu bekommen (meist nur als Schmuggelware) und so dürfte die erste Zeit vorwiegend Zichorienkaffee serviert worden sein. Mit Kuchen sah es ebenfalls schlecht aus. Schließlich herrschte in Frankfurt noch lange keine Gewerbefreiheit. 1824 wies die Stadt auf Beschwerde der Frankfurter Konditoren den „Kaffeewirt“ Hecht darauf hin, dass es verboten sei, „Glace“ und andere Konditoreiwaren zu verkaufen. Noch 1848 erhielt auch Christian Milani den Bescheid, er dürfe genauso wenig wie damals Hecht Speiseeis verkaufen.

Die Gesellschaft, die im Wirtshaus zum Rebstock zusammensitzt, meistens aus verbotenen (Schwarz-Rot-Goldenen) Pfeifenköpfen ein fürchterliches Kraut qualmt und manchmal Streiche ausbrütet, gehört zum aufgeklärten Teil des Frankfurter Bürgertums. Etliche von ihnen finden wir wieder beim Hambacher Fest, beim Sperrbatzenkrawall, beim Frankfurter Wachensturm und in der 48iger Revolution. Friedrich Stoltze hat in seinen Lebenserinnerungen geschildert, wie er als kleiner Junge unter den Tischen im Rebstock saß und tief beeindruckt zuhörte, wenn die versammelten Stammgäste im Rebstock „Fürsten zum Land hinaus“ schmetterten. Das Bürgertum, das sich hier versammelt hat, gehört überwiegend zur städtischen Opposition gegen den reaktionären und verstockten Rat der Stadt, der noch immer die Regeln – besser gesagt die Maßregeln – der ständischen Gesellschaft vertritt. Es fällt auf, dass die Teilnehmer der absonderlichen Schiffstour aus allen Quartieren Frankfurts kommen, auch aus den Frankfurter Dörfern. Nur in der Oppositionsbewegung findet sich solch eine völlig gemischte Gruppe.

Den Möbelhändler Langenbach hat Stoltze als einen der Teilnehmer überliefert. Welcher Langenbach es ist, können wir jetzt vielleicht herausfinden. Herz und Heyum scheiden aus, die handeln nicht mit Möbeln, ebenso Siegmund, der endlich Tapezierer ist und bis an sein Lebensende sich so bezeichnet und darauf auch größten Wert legt. Bleiben noch Jeremias, Rafael und Isaak. Die versammelte Herrenrunde im Rebstock ist zwischen Mitte vierzig und Mitte fünfzig. Jeremias mit seinen neunundzwanzig Jahren ist fast eine Generation jünger. Es ist eher unwahrscheinlich, dass er zu dem lustigen Stammtisch gehört. Vom Alter her kämen sowohl der knapp vierzigjährige Rafael wie der siebenundvierzigjährige Isaak in Frage. Mir scheint es wahrscheinlicher, dass Isaak der Stammtischbruder ist, denn der ist unverheiratet, wird also eher und mehr Zeit in der „Kneipe“ verbringen als die Brüder, die Familie haben. Sicher entscheiden lässt sich die Frage nicht.

Sicher ist nur, dass einer der Langenbachbrüder sich nachweisbar in den Kreisen der bürgerlichen Opposition in Frankfurt bewegt und dass alle Langenbachs zum emanzipierten Judentum gehören und der Aufklärung anhängen. Ludwig Börne – Adelheid Straus, geborene Langenbach, ist mit ihm weitläufig verschwägert – sendet am 1. März 1832 die Beitrittserklärung der Frankfurter Juden zum „Preß- und Vaterlandsverein“ nach Zweibrücken: „Alle die Unterzeichneten sind jüdischen Glaubens. Wenn dieses Verhältnis unserer Teilnahme eine besondere Bedeutung gibt, die sie ohne dies nicht hätte, so ist das weniger unsere Schuld noch unser Verdienst, es ist nur unser Mißgeschick.“ Schon Ende Juni wird der Frankfurter Teil des „Preß- und Vaterlandsvereins“ vom Senat verboten.

Gegen Ende des Jahres 1844 gründen Frankfurter Bürger das „Montagskränzchen“, einen Verein, unter dessen harmlosem Namen sich das radikale Bürgertum sammelt. Pressefreiheit, Geschworenengerichte, öffentliche Gerichtsbarkeit, Gleichheit der Bekenntnisse gehören zu seinen Forderungen. Einige seiner Mitglieder gehörten schon dem Kreis um die Stoltzes an. Das Montagskränzchen ist die erste Organisation, die Juden aufnimmt. Die Anhänger der kirchlichen Reformbestrebungen – die Deutsch-Katholiken ebenso wie die liberalen Juden – finden hier ihre Heimat. Von reaktionärer Seite wird der Verein stets als „Judenverein“ denunziert und mit den altbekannten antijüdischen Stilmitteln karikiert.

Selbst in der 48iger Revolution spielt die Stadt der Nationalversammlung keine rühmliche Rolle. Während zur Wahl der Nationalversammlung die Juden das aktive und passive Wahlrecht haben, sollen sie an den Wahlen zum Frankfurter Verfassungsrat nicht teilnehmen dürfen. „Gilt, was für Deutschland geschaffen wird, nicht auch für Frankfurt?“, fragt der Vorstand der Israelitischen Gemeinde in einem Protestschreiben. Die ganzen Hoffnungen der Juden in die Revolution formuliert der Frankfurter Rabbiner Leopold Stein: „Fortan wird unsere Sache keine besondere mehr sein, sondern eins sein mit der Sache des Vaterlandes. Wir sind fortwährend bemüht, uns von unseren Vorurteilen freizumachen, macht Euch von den Eurigen frei! Wir haben früher, als die Israeliten von allen Völkern verfolgt wurden, besondere Hoffnungen gehabt, jetzt aber sagen wir: Wir sind und wollen nur Deutsche sein! Wir haben und wünschen uns kein anderes Vaterland als das deutsche! Nur dem Glauben nach sind wir Israeliten, in allem Übrigen gehören wir auf's Innigste dem Staate an, in welchem wir leben!“

Die Beratungen der Nationalversammlung zur Religionsfreiheit sind ein Meilenstein auf dem Weg vom Untertanen zum Staatsbürger. Die Gleichheit aller Konfessionen ist die Voraussetzung für die individuelle Freiheit, sie auszuüben. So wie die Nationalversammlung entwirft auch die Frankfurter verfassungsgebende Versammlung einen Gesetzentwurf, der allen bisherigen Unterschieden zwischen Bürgern und Isrealiten, Landbewohnern und Beisassen ein Ende macht. Für kurze Zeit haben die Juden wieder Bürgerrecht. Aber mit dem Scheitern der Revolution wird in Frankfurt auch die staatsbürgerliche Gleichstellung der Juden wieder kassiert.

Wie die Langenbachs sich in der 48iger Revolution verhalten haben, wissen wir nicht. Auch nicht, ob sie sich an den Septemberkämpfen beteiligt haben. Viele Barrikaden entstehen in unmittelbarer Nachbarschaft ihrer Wohnungen und Geschäfte: in der Töngesgasse, der Fahrgasse, am nördlichen und südlichen Ausgang der Bornheimer Straße. Die Langenbachs und ihr Umfeld gehören sicher zur bürgerlichen Opposition. Ein Verwandter von Siegmunds

Frau Betty, der seinen Namen später in Rütten ändert, gründet die gleichnamige Buchhandlung und den Verlag – später Rütten & Löning –, in dem Werke von Börne, Büchner, Gutzkow, Proudhon verlegt werden. Als Bestseller erscheint dort Hoffmanns Struwwelpeter (in 109 Auflagen). Bis 1930 gibt der Verlag das Goethe Jahrbuch heraus. Einer seiner ersten Autoren war Karl Marx.

Mit einem anderen Verwandten von Betty, ihrem Bruder Alexander Joseph, begründet Siegmund Langenbach eine sinnvolle Kooperation. Siegmund verlegt seine Werkstatt und das zugehörige Geschäft aus der Allerheiligenstraße in den Wollgraben 16. Alexander Rindskopf eröffnet unter der gleichen Adresse eine Tapetenhandlung und erweitert das Geschäft später um eine Fabrik, in der die modernen Papiertapeten hergestellt werden. So profitiert ein jeder von der Kundschaft des andern. Siegmund Langenbach verlegt sich dabei immer stärker auf die Art Möbelproduktion, die ihm als Tapezierer innerhalb der Arbeitsteilung der Handwerke gestattet ist und die er schon in seiner Anzeige zur Geschäftseröffnung angekündigt hat. Seine „neu verfertigten Tapezierarbeiten" listet er in einer Anzeige auf: „Canapee, Stühle, Sessel, Leibstühle, Tabourets (Hocker), Fußschemel, ferner Matratzen und Bettschirme in allen Größen." Das Geschäft läuft gut, so dass er eine Niederlassung in der Bornheimer Straße 4 eröffnet, in Nachbarschaft des Elternhauses. Naheliegender scheint es eigentlich, die Möbel aus der Produktion von Siegmund Langenbach im elterlichen Geschäft zu verkaufen, das jetzt die drei Brüder Rafael, Jeremias und Isaak betreiben. Aber die wirtschaftliche Gleichstellung der Juden ist noch immer nicht erreicht, es lasten noch immer Beschränkungen beim Warensortiment auf ihnen. Die werden zwar schon lange nicht mehr befolgt und kaum noch kontrolliert, aber im konservativen Klima der Stadt sind die alten Ressentiments jederzeit wieder aufrufbar. Deshalb achtet gerade Siegmund Langenbach darauf, sämtliche Vorschriften peinlich korrekt einzuhalten und macht nur, was ihm sicher erlaubt ist, d. h. er verkauft als handwerklicher Produzent seine Produkte selbst.

Paradox an der Frankfurter Ausgrenzungspolitik, in der sich alle rückwärts gerichteten Kräfte einig sind, ist die Tatsache, dass einige Sektoren davon völlig ausgenommen sind. Man könnte fast boshaft unterstellen, wovon man keine Ahnung hat, das kann man auch nicht reglementieren. Es gibt keinerlei Eingriffe im Bereich des

Geldwesens, so dass alle Bankgeschäfte – nicht nur die jüdischen – ungehindert expandieren können. Dazu gibt es noch die nachdrückliche Aufforderung an die Juden, Fabriken und Manufakturen zu gründen. Im eigentlichen Stadtgebiet läßt sich das erst einmal nicht verwirklichen, weil den einzelnen Vorhaben immer die Genehmigungen versagt oder verzögert werden. Die Investitionen erfolgen im Umland.

Das heutige Frankfurter Stadtgebiet besteht damals aus drei Städten – Frankfurt, Bockenheim und Höchst und achtundzwanzig Dörfern. Zu Frankfurt gehören die Dörfer Bornheim, Oberrad, Hausen, Bonames, Niedererlenbach, dazu die Hälfte von Niederursel und ein großer Teil von Niederrad. Gerade die Landbewohner sind gegenüber den Städtern erheblich benachteiligt. Sie dürfen die gleichen Steuern zahlen, haben aber keinerlei Rechte. Ihre Gleichstellung in „bürgerlichen und politischen Rechten mit den Stadtbürgern" klagen sie wiederholt erfolglos ein.

Zu Kurhessen gehören die junge Stadt Bockenheim und die Dörfer Seckbach, Praunheim, Ginnheim, Eschersheim, Eckenheim, Preungesheim, Berkersheim, Fechenheim und Bergen-Enkheim. Hessen-Darmstadt besitzt Nieder-Eschbach, Rödelheim und die andere Hälfte von Niederursel. Die Stadt Höchst gehört zu Nassau, ebenso die Dörfer Heddernheim, Schwanheim, Griesheim, Nied, Sindlingen, Zeilsheim, Unterliederbach, Sossenheim, Harheim, Kalbach.

Das sind vier verschiedene Staaten, vier verschiedene Vorstellungen und Wirklichkeiten von Verfassung, Wirtschaftsleben, Sozialgefüge, Freizügigkeit, Recht und Gesetz. In wirtschaftlicher Hinsicht setzt man besonders in Kurhessen auf Manufaktur,- Fabrik- und Industriegründungen. Natürlich nicht um den Reichtum der Bewohner zu mehren, sondern um die Privatschatulle des Kurfürsten zu füllen. So entstehen im Kranz um die Stadt Frankfurt die Wirtschaftsanlagen des Industriezeitalters, entworfen, gegründet und finanziert vom „dritten Stand", den Bürgern, denen man die politische Teilhabe noch immer vorenthält. Viele der bedeutenden Industriegründungen werden von den ehemaligen Bewohnern der Judengasse vollzogen.

So kommt es zu der widersinnigen Konstellation, dass die Ausgangssituation für das beginnende Industriezeitalter für alle die besser ist, die man durch Schikanen in ihrer Wirtschaftstätigkeit einschränken und aus dem gesellschaftlichen Leben heraushalten wollte, als für die, die die gute alte Zeit verteidigen. Weil man den Minderheiten alle Teilhabe versagt hat, sind sie der Motor für die Entwicklung der Moderne. Den Juden wird man auch das eines Tages vorhalten und von der „Weltverschwörung des jüdischen Kapitals" faseln.

Familie

Als Siegmund Langenbach 1827 endlich heiraten darf, ist er nicht nur der letzte der Geschwister, der endlich eine Familie gründen darf. In den beiden Jahren zuvor haben schon seine beiden Nichten Hanne und Träutchen geheiratet. Diese beiden Töchter seiner ältesten Schwester Adelheid sind etwa so alt wie seine Frau Betty und mit ihr gemeinsam zur Schule gegangen. Hanna heiratet Leopold Kohn aus Mainbernheim, der erst im Jahre 1815 nach Frankfurt gekommen war und vom Wechselmakler Michael Joseph Speyer als Geschäftsführer eingestellt und bei Hannas Vater zum Prokuristen bestellt wurde. Michael Joseph Speyer blieb unverheiratet und hat sein erhebliches Vermögen Hannas Mann vererbt, unter der Bedingung, dass er und seine Familie den Namen Kohn-Speyer anzunehmen hatten.

Träutchen heiratet 1826 David Höchberg. Die Familie gründet zwei Stiftungen. Nach dem Tode von Davids Bruder Emanuel die „David und Emanuel Höchberg Stiftung". Aus den Erträgen des Stiftungskapitals soll die Aufnahme von fünfzehn Freischülern am Philanthropin finanziert werden. Nach Träutchen, die sich lieber Thekla nennen lässt, wird die „Thekla Höchberg-Straus'sche Familienstiftung" benannt, deren Erlös der Unterstützung armer Verwandter dienen und deren Töchtern eine ordentliche Aussteuer ermöglichen soll.

Die Verheiratung der Töchter folgt noch immer pragmatischen Erwägungen. So wie auf dem Lande darauf geachtet wird, dass bei einer neuen Ehe die Äcker zueinander passen, folgen auch die Eheschließungen in der Stadt der Logik einer vorteilhaften Verbindung. Von Liebe ist noch nicht die Rede. Heiraten ist eine familiäre, keine individuelle Angelegenheit. Bei den Langenbach'schen Töchtern ist das nicht anders. Hatte schon Adelheid den Bruder ihrer Mutter geheiratet, und so die Familienbande zwischen der wohlhabenden Familie Strauss und der Familie Langenbach noch einmal enger geknüpft, so wird auch Adelheids Enkeltochter Jette Kohn-Speyer mit einem Bruder ihrer Mutter Hanna verheiratet. Heinrich Sigismund Strauss ist bei der Hochzeit mit der achtzehnjährigen Jette über vierzig Jahre alt. So bleibt das Speyer'sche Erbe in der Familie.

Siegmunds älterer Bruder Herz hat schon 1819 Sara Sinzheim geheiratet. Die beiden haben ein schweres Schicksal zu tragen. Von ihren vier Kindern Seligmann, Simon, Jettchen und Rebekka sterben zwei im Kindesalter, Simon mit fünf, Rebekka mit zwei Jahren.

1818 heiratet Heyum Langenbach Jette Fuld. Die beiden haben vier Kinder: die Söhne Leopold, Siegmund und Anton und die Tochter Amalie. Auch Amalie heiratet in die Familie Strauß ein. Ihr Mann ist Heinrich Strauß, ein Schwager von Adelheid.

Jeremias, der 1826 Bettys Schwester Kätchen geheiratet hat, hat drei Kinder: Seligmann, Bertha, die den Fabrikanten Hermann Hirsch heiratet, der mit seinem Bruder Lazarus in der Schützenstraße eine Fabrik für künstliche Blumen betreibt, und Julie, die nach London heiratet, und zwar ein Mitglied der Frankfurter Familie Hecht. Es fällt auf, dass die Kinder der einzelnen Familien immer im Abstand von etwa zwei Jahren geboren werden. Das lässt sich wohl dadurch erklären, dass die Mütter ihre Kinder ein gutes Jahr lang selbst gestillt und nicht etwa an Säugammen übergeben haben. Während der Stillzeit ist eine neue Empfängnis relativ unwahrscheinlich. Rafaels Ehe mit Betty Maas bleibt kinderlos. Aus Minas Ehe mit Eduard Menko gehen zwei Kinder hervor: Fanny und Isaak.

Von seinen Enkeln hat Seligmann Langenbach lediglich die Kinder der Töchter Adelheid und Mina sowie Amalie, die älteste Tochter von Heyum kennengelernt. Als Seligmann 1820 stirbt, wird er auf dem alten jüdischen Friedhof an der Battonstraße beerdigt. Fast sechs Jahrhunderte haben die Frankfurter Juden dort ihre Toten bestattet. Da der Platz für die Toten so wenig ausreichte wie der für die Lebenden, musste man die Toten in Schichten übereinander bestatten. Die alten Grabsteine blieben dabei in dichter Reihe stehen. Etwa siebentausend Grabsteine bezeugten hier die lange Tradition des Judentums in Frankfurt, als die Nazis ihre Zerstörungswut selbst an der Ruhestätte der toten Juden austobten.

Die Debatte um die Anlage eines neuen Friedhofs im beginnenden 19. Jahrhundert entzündet sich freilich nicht am überbelegten jüdischen Friedhof. Beklagenswerte Zustände herrschen auch bei den Bestattungen der christlichen Bevölkerung auf dem Peterskirchhof. Die Liegezeit der Toten währte nur so lange, bis das Grab für eine neue Beisetzung gebraucht wurde. Zeitgenössische Berichte beschweren sich darüber, dass auf den Gräbern gelüftete Betten oder dort zum Bleichen ausgelegte Wäsche „einen Todengeruch bekömmt". Der unsägliche Gestank, der von dort ausgeht, ängstigt Eigentümer benachbarter Liegenschaften, dass „die Gebäulichkeiten und Bauplätze in ihrem wahren Werthe verloren." Klage wird auch darüber geführt, dass die Frankfurter Buben sich aus den immer aufs Neue geöffneten Gräbern bedienen und mit den Gebeinen ihrer Ahnen zu spielen pflegen.

Die Diskussion, wie derartigen Zuständen zu begegnen sei, währte Jahrzehnte. Die Erweiterung des Friedhofs an der Peterskirche oder eine Neuanlage sind die Alternative. Es siegt die Fraktion der Naturwissenschaftler, Mediziner, Hygieniker, die ganz im Sinne der Aufklärung die strikte Trennung der Lebenden von den Toten fordert. Unterstützung bekamen sie für ihre Position in der Dalbergzeit, als die napoleonische Friedhofsordnung auch in Frankfurt galt, die Bestattungen auf innerstädtischen Friedhöfen verbot. Mit der Säkularisation geht auch der Zuständigkeitsverlust der Kirche für die Toten einher. Friedhöfe und Bestattungswesen werden zur kommunalen Angelegenheit. Damit gerät auch der jüdische Friedhof ins Blickfeld der städtischen Regelungen. Die Aufklärer setzen sich auch hier durch. So erfolgt zeitgleich mit der Anlage des Hauptfriedhofs auch die Anlage des neuen jüdischen Friedhofs.

Die Anlage dieser beiden Friedhöfe ist insofern bemerkenswert, weil sie konsequent die Handschrift des liberalen Bürgertums trägt und das einzige städtische Vorhaben ist, das Christen und Juden sichtbar gleichberechtigt behandelt. Denn es geht hier um den Respekt vor den verschiedenen rituellen Kulten der Bestattung und ihrer gleichberechtigten Ausübung. Maßgebliche Formensprache für die Aufklärer sind die Zitate der klassischen Antike. Im Inneren sind die beiden Friedhöfe durch Mauern abgeteilt. Zwischen beiden Friedhöfen gibt es keinen Durchgang. Jeder Friedhof hat einen eigenen Eingang: an der Eckenheimer Landstraße der Hauptfriedhof (Altes Portal), an der Rat-Beil-Straße der jüdische Friedhof. Die äußere Gesamtanlage, für die der Architekt Friedrich Rumpf verantwortlich ist, zeigt dagegen eine einheitliche Gestaltung. Beide Friedhöfe betritt man durch ein klassizistisches Portal: weiße Giebel mit vier innen liegenden dorischen Säulen und schmiedeeisernen Toren. Blattornamente zieren das Giebeldach des jüdischen Friedhofs, ein Kreuz und zwei geflügelte Engelsköpfe das des Hauptfriedhofs. Ursprünglich waren gar statt der Engel zwei Sphinxgestalten vorgesehen. Da regte sich Protest aus kirchlichen und konservativen Kreisen.

Die Gesamtanlage der beiden Friedhöfe spiegelt einen emanzipatorischen Gesellschaftsentwurf, der wenigstens den Toten schon einräumt, was den Lebenden noch fast vierzig Jahre vorenthalten wird: Gleichberechtigung. Einhundert Jahre lang bestatten die Frankfurter Juden hier ihre Toten.

Rechle (Regina) Langenbach ist die erste aus der Familie Langenbach, die auf dem neuen Friedhof 1833 bestattet wird. Die Mutter der acht Langenbachs ist neunundsiebzig Jahre alt geworden. Schon ein Jahr später stirbt ihre Tochter Mina im Alter von zweiundvierzig Jahren. Reginas Grab ist nicht mehr aufzufinden, Minas Grabstein noch erhalten aber nicht mehr lesbar.

Nach ihrer Hochzeit sind Siegmund und Betty Langenbach einige, wenige glückliche Jahre vergönnt. Das Geschäft des Tapezierers läuft gut, die Zusammenarbeit mit Bettys Bruder bahnt sich an und im April 1828 wird Ennalie, die älteste Tochter geboren, im Januar 1830 ihre Schwester Mathilde. Nun fehlt nur noch ein Sohn, der eines Tages den mit so viel Herzblut erkämpften Meisterbetrieb fortführen soll.

Im Juli 1832 ist es soweit, da kommen Rosalie und ihr Zwillingsbruder Heinrich Siegmund auf die Welt. Drei Jahre später ist Betty erneut schwanger. Im Januar 1836 erleidet sie eine Frühgeburt, wenige Tage später stirbt sie im Wochenbett – fünfunddreißig Jahre alt.

Nur zehn Wochen nach Bettys Tod am 17. April 1836 verlobt sich Siegmund Langenbach mit Regine Sichel, wie es in dem von beiden unterzeichneten Gesuch zur Ehebewilligung nur zwei Tage später steht. Verglichen mit der ersten Ehe wird der Antrag geradezu in rasender Eile behandelt. Die positive Stellungnahme des Gemeindevorstands liegt schon Ende Mai vor, einen Tag später ist die Anhörung im jüngeren Bürgermeisteramt terminiert. Wieder muss der Nachweis geführt werden, dass die Einkommensteuer bezahlt ist. Die künftigen Eheleute müssen zum Nachweis der „Nahrung“ ihr Vermögen offen legen. Siegmund gibt an, dass er sein ganzes Vermögen in die Ehe einbringt – der Gemeindevorstand hat in seiner Stellungnahme schon bemerkt, dass er als Tapezierer seine Familie „anständig ernährt“ – Regines „Heiratsgut“ beträgt stattliche 5000 Gulden.

Siegmund trägt in der Anhörung vor, dass er vier kleine Kinder hat, die versorgt werden müssen. Dass die Kinder „Pflege und Erziehung“ brauchen, hat auch der Gemeindevorstand in seine Stellungnahme geschrieben. Genau eine Woche nach der Anhörung ergeht am 7. Juni der Beschluß: „Es wird dem hiesigen israelitischen Bürger und Tapezierer Sigismund Langenbach die Ehe mit der israelitischen Bürgerstochter Rosalia Sichel gestattet.“ Die beiden heiraten am 29. Juni 1836 – fünf Monate nach Bettys Tod.

Im Antrag der Verlobten hat Siegmunds zweite Frau als „Regina“ Sichel unterzeichnet. Im weiteren Fortgang des Verfahrens wird sie „Rosalia“ Sichel genannt. Auf diesen Namen lautet ihr Geburtsschein. Sie trägt den Vornamen ihrer Mutter Rechle als zweiten Namen – in assimilierter Form lautet er Regina. Diesen Namen hat sie wohl auch als Rufnamen getragen, das lässt sich auch daraus erschließen, dass Regine als einziger Vorname auf ihrem Grabstein steht.

Diese schnelle Ehebewilligung für Siegmund und Regina ist weder ein Glücksfall noch die Ausnahme. Schon in den vergangenen Jahrhunderten sind die Wiederverheiratungen immer sehr schnell genehmigt worden, gerade wenn es kleine Kinder zu versorgen galt. Da die Müttersterblichkeit sehr hoch war, sind viele Väter in der Situation des Siegmund Langenbach gewesen. An einer Vielzahl von Fällen läßt sich zeigen, dass die zweite Ehe in der Regel noch im Todesjahr der verstorbenen Partnerin geschlossen wird. Man mag eine solche Eile wie im Fall von Siegmund Langenbach für herzlos halten, damit würde man aber den Verhältnissen nicht gerecht. Ausschlaggebend ist in diesem wie in vergleichbaren Fällen das Wohl der Kinder, wie es ja auch in der Stellungnahme der Gemeinde heißt. Zwar springen selbstverständlich die Angehörigen der großen Familie ein und Siegmund Langenbach hat finanzielle Mittel genug, um Dienstpersonal zu beschäftigen. Nun haben gerade die Juden ein sehr liebevolles Verhältnis zu ihren Kindern und so sucht

Siegmund nach dem Tode seiner ersten Frau weniger nach einer neuen Partnerin für sich sondern nach einer neuen Mutter für die Kinder. Über seine Trauer um den frühen Tod von Betty sagt die schnelle Hochzeit mit Regina nichts aus. Das weiß natürlich auch seine zweite Frau. Alle unsere Märchen sind voll mit Geschichten von bösen Stiefmüttern, die in der Regel nichts anderes waren als junge Frauen, die man an ältere Witwer mit zahlreichen Kindern verheiratet hat und deren Überforderung sich in der lieblosen Behandlung der Kinder niederschlug.

Bei Regine ist das nicht zu befürchten. Sie ist im gleichen Jahr geboren wie Betty. Soweit uns die Quellen überhaupt Rückschlüsse auf die Gefühle der Beteiligten und die Intensität ihrer Beziehungen erlauben, lassen sie vermuten, dass Betty und Regine miteinander befreundet waren. Wobei Regine das Philanthropin später besucht hat als Betty, die Sichels haben erst einmal nur ihre Söhne in die Schule geschickt. Mit aller Vorsicht dürfen wir vermuten, dass Regine die Kinder ihrer Freundin großgezogen hat.

Aber die dürren Quellen um die zweite Verheiratung von Siegismund Langenbach offenbaren noch weitere Motivationen. Regine ist die Tochter von Isaak Juda Sichel und seiner Frau Amalie. Die Sichels gehören ebenfalls zu den alten jüdischen Familien in Frankfurt. Sie sind seit Anfang des 16. Jahrhunderts hier ansässig, mehrere namhafte Ärzte hat die Familie hervorgebracht. Im 18. Jahrhundert beginnt ihr Aufstieg in die wirklich reichen Familien in der Judengasse. Sie sind erfolgreich im Leihgeschäft und als Händler von Textilien, d. h. Woll-, Baumwoll-, und Leinenwaren. Im Textilbereich handeln sie sowohl mit Rohstoffen wie mit auswärtigen Manufakturwaren. Ihre Handelsbeziehungen reichen bis nach Übersee. Da verwundert es, wenn eine Tochter aus so reichem Hause einen Handwerker mit vier kleinen Kindern heiratet. Noch mehr verwundert, dass Regine nicht schon längst verheiratet ist.

Sie ist bei der Hochzeit mit Siegmund immerhin so alt wie Betty bei ihrem Tod – fünfundreißig Jahre. In der Anschauung nicht nur ihrer Zeit eine „alte Jungfer". Da stellt sich die Frage, was sie zu dieser Ehe bewogen haben mag. Sie lässt sich mit etwas historisch fundierter Logik ganz gediegen beantworten. Ausschließen läßt sich der Verdacht, Regine sei mit irgendwelchen Mängeln behaftet gewesen und deshalb, wie es der Volksmund so drastisch formuliert „schwer an den Mann zu bringen." Regine stammt aus reicher Familie, so ist etwa ihr Onkel Bernhard mit Isabella, einer Tochter von Mayer Amschel Rothschild verheiratet. Reginas Mitgift ist beträchtlich und so hässlich kann eine reiche Frau gar nicht sein, dass sich nicht doch ein Freier fände. Es können auch nicht die rigiden Ehebeschränkungen für jüdische Paare gewesen sein, die Regina am Heiraten gehindert haben. Selbst bei allen Wartezeiten und Schikanen durch die Frankfurter Behörden, wäre ihr die Eheerlaubnis längst sicher gewesen. Von ihren vier Brüdern sind drei jünger als sie, sie hätte also auch nicht hintanstehen müssen, bis die Brüder verheiratet sind, um das familiäre Heiratskontingent nicht zu überlasten. So bleibt fast nur die Erklärung, dass sie sich nicht hat verheiraten lassen und dass sie unseriöse Bewerber abgewiesen hat. Unterstellen wir ihr also ein gewisses Selbstbewußtsein.

Wenn Regine im Alter von fünfunddreißig Jahren den Mann ihrer Freundin heiratet, den Vater von vier kleinen Kindern, dann hat sie ihn vielleicht auch sehr gemocht oder sehr attraktiv gefunden. Es gibt eine biographische Parallele, die das untermauern könnte. Regines Bruder Anton, drei Jahre jünger als sie, hat ebenfalls den Aufbruch in die neue Zeit gewagt und ähnlich harte Erfahrungen gemacht wie Siegmund Langenbach. Anton hat das Uhrmacherhandwerk gelernt und es ebenfalls bis zum Meister gebracht. Die jüdischen Handwerker dieser Generation, genießen bei ihren Leuten einen ungeheuren Respekt. Sie gelten als Pioniere und haben die Zukunft erschlossen. Regine hätte ohne Zweifel all die Jahre einen vermögenderen Mann heiraten können als Siegmund es bei all seinem Geschäftserfolg ist. Sie hat sich dafür entschieden einen der attraktivsten und erfolgreichsten Männer ihrer Zeit zu ehelichen: einen jüdischen Handwerker.

Verwitwete Frauen entschließen sich dagegen nicht immer zu einer zweiten Ehe. Adelheid Strauss heiratet nicht wieder als ihr wesentlich älterer Mann 1829 stirbt. Sie überlebt ihren Mann um einunddreißig Jahre. Bella Langenbach verzichtet ebenfalls auf eine neue Ehe. Die Witwe von Isaak David Langenbach bringt ihre vier Kinder alleine durch. Sie führt das Lotteriegeschäft zwanzig Jahre lang allein weiter, nach dem Umzug des Geschäfts von der Töngesgasse an das Trierische Plätzchen nimmt sie einen Kompagnon auf. Alle Frauen arbeiten in den Geschäften mit und haben Prokura, Hausfrauenehen sind nicht die Regel.

Aus der zweiten Ehe von Siegmund Langenbach mit Regine gehen noch zwei Kinder hervor: die Tochter Ida, die im April 1837 geboren wird und der Sohn Julius, der im Februar 1839 auf die Welt kommt. Die älteste Tochter Ennalie heiratet den Kaufmann Hirsch Grödel in Friedberg. Mathilde heiratet Isaak Mayer in New York. Rosalie, die Zwillingsschwester von Heinrich wird mit Bendix Sichel verheiratet. Der ist ein Bruder ihrer Stiefmutter und siebenundzwanzig Jahre älter als sie. Als Mathilde im Alter von sechsundzwanzig Jahren stirbt, heiratet Isaak Mayer ihre Stiefschwester Ida. Erst in den nächsten Generationen wird es üblich, dass die jungen Frauen ein Wort bei der Partnerwahl mitreden.

Möbelhandlung

Heinrich Siegmund Langenbach heiratet 1857 Sofie Koppel. Er kauft den Maulbeerhof in der Töngesgasse, der einen Durchgang zur Trierischen Gasse hat. Eine Generation vorher ist der Maulbeerhof noch als Gaststätte bewirtschaftet worden. Dort führt Heinrich Langenbach auch sein Geschäft. Ebenso wie sein Vater hat auch Heinrich das Tapeziererhandwerk erlernt. Nach den Arbeiten der Tapezierer herrscht starke Nachfrage. Um 1780 gab es nur acht Tapezierer in Frankfurt. Als Siegmund Langenbach 1827 ins Meisterrecht aufgenommen wurde, waren es schon sechsundzwanzig. Zehn Jahre später gibt es in Frankfurt fünfzig Tapezierer. Um die örtlichen Handwerker in ihrer „Nahrung" zu schützen und die Konkurrenz einzudämmen, wird daraufhin die Ausbildungsordnung geändert und die Zulassung zum Meisterrecht begrenzt.

Die Lehrzeit beträgt jetzt fünf Jahre, die Wanderzeit vier Jahre, „um als Tapezierer aufgenommen zu werden, muß ein Gehilfe überdies noch drei Jahre dahier gearbeitet haben. Vom Jahre 1832 an wird jährlich nur 1 Tapezierer aufgenommen, worunter das vierte Jahr ein Fremder begriffen sein kann, wenn die obigen Vorschriften erfüllt sein werden, hierbei sind aber diejenigen nicht mitzuzählen, welche dispensationsweise oder auf Ehelichung einer Tapeziererswitwe aufgenommen werden.", heißt es in der Bekanntmachung von 1837.

Der Aufschwung des Tapeziererhandwerks entspricht der Fortentwicklung der bürgerlichen Wohnkultur. Die Dienstleistung der Raumausstattung, die in früheren Jahren weitgehend an die höfische Kultur gebunden war und Luxuseinrichtungen herstellte, steht nun zunehmend im Dienst der bürgerlichen Lebenshaltung. Zu Zeiten des Siegmund Langenbach herrscht im Hausbau der Klassizismus vor, entsprechend dem antiken Vorbild einer gebildeten bürgerlichen Gesellschaft. Auch das Wohnhaus der Langenbachs in der Bornheimer Straße und der Allerheiligenstraße ist im klassizistischen Stil erbaut. Für das Innere entwickelt das von der Gestaltung der öffentlichen Belange ausgeschlossene Bürgertum seinen eigenen Stil: das Biedermeier. Im Inneren des Hauses schafft man sich die eigene Welt nach den Gesichtspunkten, wie man sich die äußere Welt wünscht. Bieder ist heute ein abschätzig gebrauchter Begriff, damals verbanden sich damit positiv eingeschätzte Eigenschaften: der Erwerb von Bildung und Wissen, die Neigung zum Sammeln und Bewahren, die Pflege ethischer Werte, die Angemessenheit und Bescheidenheit des Betragens, die Zuverlässigkeit und Berechenbarkeit des Handelns, die Pflege der familiären Beziehungen.

In den bürgerlichen Wohnräumen bevorzugt man eine lichte und helle Gestaltung. Die Möbel haben klare, leicht geschwungene Formen, bescheidene Dimensionen, sind zweckmäßig gestaltet und nur verhalten verziert. Luxus, Pomp und Pracht sind verpönt, das ist der Stil des Adels, der Höfe, der alten Zeit. Das Biedermeier ist der Stil, den Siegmund Langenbach meisterhaft beherrscht. Schrank- und Plattenmöbel werden nach wie vor von den Schreinern und Tischlern hergestellt. Die in das Tapeziererhandwerk „einschlagenden Arbeiten“, wie Siegmund es in seiner Anzeige zur Geschäftseröffnung formulierte, das sind die Liegemöbel, zu denen man neben Betten, Sofas in allen Formen und Sesseln auch die gepolsterten Stühle rechnet. Siegmund Langenbach hat von Anbeginn seines Meisterbetriebs die Möbelproduktion betrieben und mit seiner „Niederlage“ neben dem Elternhaus auch eine Möbelhandlung. Er hat seine Produkte also nicht ausschließlich als Einzelstücke nach Auftrag gefertigt, sondern bereits für den Markt produziert. Seine Herstellungsweise ist noch rein handwerklich gewesen ohne den in Frankfurt verpönten Maschineneinsatz. Seine handwerklichen Fähigkeiten müssen beträchtlich gewesen sein. Die Innung der Frankfurter Tapezierer wählt ihn nach der Einführung der Gewerbefreiheit zum Obermeister. Er ist damit der erste jüdische Handwerker, der einer Innung vorsitzt.

Die Ausbildung von Siegmunds Sohn Heinrich erfolgt ebenfalls noch in der handwerklichen Tradition und in der Formensprache des Biedermeier. Als Heinrich Langenbach seine Werkstatt im Maulbeerhof eröffnet, beginnt auch er sofort mit der Möbelproduktion für den Markt und führt neben der Werkstatt auch eine Möbelhandlung. Die Geschäfte gehen gut. Die Söhne Ernst, Carl, Otto und Alex werden hier geboren.

Im Jahre 1864 gibt es zwei entscheidende Neuerungen in der Stadt. Frankfurt führt ein, was als ökonomische und soziale Forderung schon hundert Jahre lang das bürgerlich liberale Weltbild prägte und die radikale Abwendung der überkommenen kleinteiligen geschützten Wirtschaftsverfassung bedeutet: die Gewerbefreiheit.

Und noch ein alter Zopf wird mit dem sogenannten „Organischen Gesetz" im gleichen Jahr endlich abgeschnitten. Selten ist ein Gesetz mit nur einem Artikel und so kurzem Text ausgekommen: „Die bisher noch bestandenen Beschränkungen der staatsbürgerlichen Rechte der Bürger israelitischer Religion und der Bürger der Landgemeinden sind aufgehoben." Damit erhalten die Frankfurter Juden das Bürgerrecht – zum dritten Mal in diesem Jahrhundert. Auch die Bürger der Frankfurter Dörfer haben jetzt nicht nur Pflichten sondern auch Rechte. Mit einem Gedicht „Den letzten finstern Wahn zu brechen" feiert Friedrich Stoltze den Vorgang. Der kurze Text des „Organischen Gesetzes" zeigt zweierlei: die Juden waren nicht die einzigen „zweitklassigen" Bewohner Frankfurts. Die Unterdrückung der Bevölkerung in den Frankfurter Dörfern hat ebenso lange schlechte Tradition. Nur waren die Juden eben immer die, die am Ende der Hackordnung standen. Die Kürze des Gesetzes, das wie mit einem Federstrich ein halbes Jahrtausend Verfolgung tilgt, zeigt, dass alle bis dato noch bestehenden Beschränkungen in der Praxis schon aufgeweicht waren, die Einhaltung der verbliebenen Vorschriften war lange nicht mehr kontrolliert worden. Für Friedrich Stoltze zeigte das Gesetz das siegreiche Vordringen der bürgerlichen Welt, deren Ideale an Freiheit, Gleichheit, Toleranz, Verständigung, Fortschritt und Demokratie orientiert waren und deren Aufbau weiter betrieben werden musste.

Siegmund Langenbach, geboren als Kind eines Stättigkeitsjuden in der alten Judengasse, für knapp zwei Jahre Bürgersohn 1812/13, israelitischer Bürger über Jahrzehnte, unterbrochen nur von der kurzen Revolutionszeit, ist jetzt gleichberechtigter Bürger. Seine Enkel müssen um keine entwürdigenden Heiratsbewilligungen mehr nachkommen. Aussicht auf Jahre des Glücks. Von Siegmunds vielen Geschwistern haben nur Rafael und Jeremias die völlige Gleichberechtigung noch erlebt.

Heinrich Langenbach nutzt die neuen Chancen und beschließt ein Erweiterung des Geschäfts. Heinrichs Sohn Carl schreibt dazu in einem Text für seinen Neffen: „Im Jahre 1866 verkaufte er (Heinrich Langenbach) dieses Haus (den Maulbeerhof) und siedelten wir nach Zeil 37 (nach heutiger Zählung Zeil 87) über, wo wir bis 1885 wohnten. Vom Fenster aus sahen wir die Preußen im Juli 1866 als Sieger einziehen, als langer Zug schußbereiter Krieger, die von den Frankfurtern gefürchtet und gehaßt wurden. ... Unser Haus auf der Zeil, ein weitläufiges Gebäude mit Durchgang nach dem Holzgraben und wunderbaren Verstecken und einem Höfchen mit einem Steinbrunnen aus dem 18. Jahrhundert bot uns Unterhaltung genug. Neben dem Höfchen war die Nähstube mit der alten Husse als Zurichterin. Sie war schon bei dem Großvater auf dem Wollgraben als Nähfrau. Vom Höfchen führte eine Treppe zur Schreinerwerkstatt, mit Hobelbänken eingerichtet, und nach Leim riechend. Hier waltete außer einem oder zwei Gehilfen, der alte Michel, ein Original, zum Teil Tölpel mit Bauernschläue, schlechte Verse verfassend. Seine Spezialität war Hunde einzufangen und deren Fleisch oder Fett als gesundheitsfördernd zu vertilgen. Uns Kinder besang er an Geburtstagen und sonstigen Gelegenheiten mit langen Gedichten. Das Kontor lag am Holzgraben und hier arbeitete ein anderes Original, ein alter Junggeselle, Buchhalter und gelegentlich mit Ruhe den Zorn unseres Vaters herunterschluckend, mit Namen Cöing. Das Möbelmagazin war bis zum Jahre 1878 auf der Zeil, später nach hinten und in der glasbedeckten Passage, eine Nachbildung der Pariser Passagen."

Der von Carl geschilderte Einmarsch der Preußen besiegelt das Ende der Freien Stadt, die alte Selbständigkeit wird auf die kommunale Selbstverwaltung nach Maßgabe der preussischen Gemeindeordnung reduziert. Die Preußen fordern fünfundzwanzig Millionen Gulden Kriegskontributionen von den Frankfurtern. Der letzte Frankfurter Bürgermeister, Fellner, nimmt sich daraufhin das Leben. Schon damals und verstärkt nach der Reichseinigung kommt preussisches Beamtentum in die Stadt und erfreut sich keinerlei Be-

Zwei Häuser neben dem Geschäft von Ronnefeldt führt Heinrich Langenbach seine Möbelhandlung und Tapeziererwerkstatt

liebtheit. Auch wenn die siegreichen Heere nach dem Frankreichfeldzug bei ihrem Durchzug in Frankfurt frenetisch bejubelt werden, so gibt es dennoch in der ganzen Stadt niemanden, der den Preußen wohl gesonnen wäre.

Auch Heinrich und Sofie Langenbach halten nichts vom Preußentum. Damit ihre Söhne nicht in der preußischen Armee dienen müssen, werden sie ins Ausland geschickt. Das familiäre Netzwerk bietet viele Möglichkeiten. In England, Frankreich und den USA leben Verwandte der Langenbachs, Geschwister von Sofie leben in Belgien, Frankreich und Südamerika. Ernst wird zu Salomon Koppel nach Bogotá geschickt. Salomon war nach der verlorenen Revolution 1849 nach Kolumbien ausgewandert. Er hat dort ein Geschäft aufgebaut und die „Bank von Bogotá" gegründet, deren Direktor er war. Fünfundzwanzig Jahre lang war er in der kolumbianischen Hauptstadt deutscher Generalkonsul. Sein Neffe Ernst leitet die Filiale der Bank von Bogotá in Bucaramanga im Norden des

Landes und eröffnet dort ein Import- und Exportgeschäft. Nach seiner Rückkehr wird er später jahrzehntelang kolumbianischer Konsul in Frankfurt.

Inzwischen sind auch die drei jüngsten Geschwister geboren, die Zwillinge Moritz und Mathilde und Betty, die jüngste der Familie. In der familiären Überlieferung wird die Mutter als gütiger und liebevoller Mittelpunkt der Familie beschrieben. Dagegen war Heinrich wohl von unzugänglicherem und unausgeglichenerem Temperament. In Carls Notizen heißt es : „Im Jahre 1875 hatte unser Vater ein kleines Haus mit Garten in Königstein gekauft, und wanderte die ganze Kinderschar mit den Eltern am Sonntag und in den Ferien hinaus. In den kleinen Stuben entwickelte sich ein geräuschvolles, ungebundenes Leben solang der Vater nicht mit rächender Hand einschritt. Die gute Mutter war immer bemüht, die lärmende Horde in Schutz zu nehmen und der Sonnenschein ihres Wesens vergoldete unsere Jugendzeit. Nach sechs Jahren entstand aus dem kleinen Bauernhaus eine Villa. Gartenstücke wurden dazugekauft, und so wurde aus dem kleinen Anwesen ein Tusculum für unseren Vater, der seine freie Zeit dort zubrachte, im Garten mit Schere und Schaufel sich betätigte. Die Mutter war nur gern draußen, wenn ihre Kinder dabei waren; und wie strahlte ihr liebes Gesicht, wenn sie einen der auswärtigen an der Treppe empfangen und in ihre Arme schließen konnte."

Im Jahr 1880 zieht die Familie endgültig aus Frankfurt weg nach Königstein. In der Taunus-Zeitung vom 31. Juli 1912 erscheint folgende Notiz: „80 Jahre vollendete am Sonntag im Kreise seiner Kinder und Enkel Herr Heinrich Langenbach, wohnhaft in seiner Villa am Schneidhainerweg dahier, in bester Gesundheit. Herr Langenbach gehört mit zu den ersten, welche Königstein seiner landschaftlichen Vorzüge wegen als Wohnsitz erkoren und wohnt bereits seit 32 Jahren dahier."

Das Leben in der Natur und die Arbeit im Garten sind offenkundig mehr nach Heinrichs Geschmack, als die Führung des Frankfurter Geschäfts. Er widmet ihm nicht mehr die notwendige Aufmerksamkeit. Vielleicht ist ihm der neue Stil der Gründerjahre zuwider, in dem Prunk und Protz auch im Möbelbau wieder Einzug halten, vielleicht war es auch nie wie bei seinem Vater Siegmund sein Lebensziel gewesen, als Handwerksmeister ein Geschäft zu führen. Seine letzten innovativen Entwürfe hat er auf der Patent- und Musterschutzausstellung 1881 in Frankfurt vorgestellt. Seitdem lässt er das Geschäft schleifen. Von einem im Metier engagierten Unternehmer würden jetzt zukunftsweisende Entscheidungen getroffen werden müssen. Der Boom nach der Reichsgründung ist vorbei, die erste wirtschaftliche Flaute trifft den Sektor der Konsumgüter.

Die handwerkliche Produktion, in der es Maschinen bestenfalls gibt, um den handwerklichen Produktionsprozess zu erleichtern, hat sich überlebt. Die industrielle Revolution, deren Dampfmaschinenphase in Frankfurt nicht stattfand, erfasst nun mit aller Macht in ihrer zweiten Phase das gesamte Wirtschaftsleben. Die Produktion für den Markt hat mit der kleinen Frankfurter Nische nichts mehr zu tun. Auch renommierte Häuser, als solche gilt die Langenbach'sche Möbelhandlung inzwischen, müssen sich der neuen Zeit anpassen. Heinrich Langenbach stellt dafür keine Weichen. So geht ein großer Teil der Kundschaft verloren und ist ohne entschiedene Neuerungen auch nicht wieder zu gewinnen.

Als Heinrichs jüngster Sohn Moritz Langenbach das Geschäft übernimmt, ist er in den ersten Jahren damit beschäftigt, die wirtschaftliche Basis des Geschäfts zu sichern und die veraltete Produktionsweise umzustellen. Moritz heiratet Ende 1898 im Alter von 24 Jahren die zwei Jahre jüngere Cecil Ullmann. In dieser Generation heiratet man endlich aus Liebe. Die beiden mieten in Frankfurt eine Wohnung in der Bürgerstraße 12. Das Haus gehört Onkel Leopold, einem Bruder der Mutter.

Das Geschäft auf der Zeil mit seinen zwar romantischen aber für die Produktion unpraktischen Hinterhöfen gibt Moritz auf und erwirbt einen großzügigen Bau der Gründerzeit in der Kaiserstraße 28 an der Ecke zur Neuen Mainzer Straße. Von den fünf Stockwerken des Hauses belegt die Firma H & S Langenbach, wie sie jetzt heißt, vier, zusätzlich das Souterrain und einen Laden im Erdgeschoss. Das zweite Stockwerk und die anderen Läden werden vermietet. Unter den Mietern sind ein Sportartikelgeschäft, ein Geschäft für Tabakwaren, die Firma Adler präsentiert hier ihre Produkte und das Reisebüro Thomas Cook hat dort seine Frankfurter Filiale. Allein die Mieteinnahmen müssen beträchtlich gewesen sein.

Diese Adresse ist Programm. In der Kaiserstraße, die zum prächtigen Hauptbahnhof führt, ein Vierteljahrhundert der größte Bahnhof des Kontinents, ist ein neues luxuriöses Geschäftsviertel entstanden. Am Kaiserplatz, für den die Pariser Plätze mit ihren stern-

Das Geschäftshaus in der Kaiserstraße

förmig zulaufenden Straßen Pate gestanden haben, liegt mit dem Frankfurter Hof das vornehmste in dieser an Hotels wahrhaft reichen Stadt. Nahe der großzügigen Taunusanlage gelegen, ist das neue Geschäft eine „erste Adresse". Für Moritz Langenbach drückt sich darin aus, dass er erstklassige Ware herstellen will, nicht dass hier ausschließlich reiche Kundschaft bedient werden soll. Vermutlich haben Cecil und Moritz Langenbach, alles was sie an Vermögenswerten besitzen, in dieses Geschäft gesteckt und mit den Mieteinnahmen den Schuldendienst des Hauses genau kalkuliert.

Moritz Langenbach ordnet den Geschäftsablauf neu, führt das Geschäft mit mehr und mit anders qualifiziertem Personal. Was entsteht ist ein Einrichtungshaus, dessen Sortiment erheblich größer ist als die „in das Tapeziererhandwerk einschlagenden Mobilien". Vorerst bedient er aber den zeitgenössischen Geschmack. Angeboten werden die gefragten „Stilmöbel", deren wesentliches Design der historische Zierrat ist. Gerade weil Moritz Langenbach das vom Vater heruntergewirtschaftete Geschäft wieder zum Erfolg geführt hat, kann er genau einschätzen, dass dieses Niveau sich von einem einzelnen Möbelhaus nicht halten lassen wird und dass er jetzt schon in allen Neuentwicklungen, die er sich gerne vorstellt, an die Grenzen der eigenen Kapazitäten gerät. Der technische Fortschritt, der es ermöglicht große Flächen zu gestalten, statt alles Mobiliar im Rahmen- und Stollenbau zu fertigen, ließe andere Formen zu. Dazu brauchte es aber schon im Vorfeld der Produktion eines ganz anderen Aufwands für den Entwurf der zu produzierenden Serien. Die Möbelserien, die ein einzelnes Möbelhaus produzieren und verkaufen kann, sind viel zu klein, um so hohe Entwicklungskosten zu finanzieren. Die Alternative wäre, sich auch von der eigenen Herstellung zu trennen, und mit modernen Fabrikmöbeln zu handeln. Damit gibt man den Einfluss auf die Waren, die man verkaufen will, auf. Die meisten gängigen Fabrikmöbel sind zudem hässlich und von minderer Qualität. Für Moritz Langenbach würde das z. B. heißen, er müsste Möbel im modischen Jugendstil verkaufen, den er nur abschätzig als „Gehirnerweichungsstil" qualifiziert. Oder er würde sich ausschließlich auf die Produktion von Luxusausstattungen für die oberen Zehntausend spezialisieren. Zumindest in Frankfurt wäre dafür ein Markt vorhanden. Das verträgt sich aber nicht mit seiner Vorstellung von Sinn und Wert seiner Arbeit, wonach Möbel zum Grundbedarf von allen Menschen gehören und Qualitätsproduktion nicht erst bei der Luxusausstattung für Reiche zum Tragen kommen kann.

In Dresden hatte vor der Jahrhundertwende der Schreinermeister Karl Schmidt die „Dresdner Werkstätten für Handwerkskunst“ gegründet. Er hat die Nachahmung der alten Stile in der Möbelproduktion kritisiert, die sich nur die reichen Leute leisten konnten, und den jämmerlichen Abklatsch, mit dem die Mehrheit der Bevölkerung für teures Geld vorlieb nehmen musste. So suchte und brachte er Gleichgesinnte aus unterschiedlichen Sparten zusammen, Handwerker, Maler, Bildhauer, Architekten, die eine eigene moderne Formensprache entwickeln und auf die nutzlosen Schnörkel der Vergangenheit verzichten sollten. So heisst es in einer programmatischen Schrift der „Dresdner Werkstätten“: „Wir wollen Zimmereinrichtungen nur modernen Stils schaffen, die nicht auf den hohlen Schein berechnet sind und nicht das Reiche und Prächtige in unsolider Weise nachahmen. Wir schaffen Möbel, die so gestaltet sind, daß jedes Hausgerät gerade seinem Zweck auf’s Beste dient und in seiner Form zum Ausdruck bringt.“ Dazu baut Karl Schmidt auch eine eigene Produktionsstätte in Dresden auf, sonst könnte man die Möbel nicht in großer Serie – und damit preiswert – herstellen. Für die Mitarbeiter und deren Familien wird die Gartenstadt Hellerau gebaut, mit eigenem Theater und Gemeinschaftseinrichtungen, weil Karl Schmidt der Überzeugung ist, dass gute Leistung nur in einer guten Umgebung hervorgebracht wird.

Die „Dresdner Werkstätten“ bilden ein geschlossenes System von Entwurf, Produktion und Verkauf. Der Dresdener Arthur Schubert, der wie Moritz Langenbach Inhaber eines Möbelhauses ist, bemüht sich um Kooperation mit den Dresdner Werkstätten und scheitert trotz vieler Versuche. Die Dresdner Werkstätten wollen von der Exklusivität ihrer Organisation mit eigener Produktion, eigenem Vertrieb und eigenen Verkaufsstellen nicht abweichen. Arthur Schubert, Moritz Langenbach und Ernst Lewent aus Berlin sind Kollegen und Freunde. Alle drei führen gut gehende Häuser und alle drei stehen vor dem gleichen Problem: für die Zukunft ist jedes einzelne Haus viel zu klein, um notwendige Investitionen in ein anspruchsvolles und preiswertes Programm zu tätigen. Auf Dauer ist die Selbständigkeit der eigenen Betriebe in Gefahr. Die drei Freunde entwickeln Vorstellungen und erweitern den Kreis der Betroffenen und Interessierten um noch sechs Inhaber von Möbelhäusern aus Königsberg, Kiel, Düsseldorf und Magdeburg. Im Jahr 1912 gründen sie die WK-Gruppe, die ein Jahr später in „Deutsche Wohnungskunst, Verein für neuzeitliche Wohnungskunst e. V.“ umbenannt wird. Im gleichen Jahr wird „WK-Möbel“ als Marke eingeführt.

In Entwurf und Herstellung orientiert sich die Gruppe an den Grundsätzen der Dresdner Werkstätten. Da der Ausgangspunkt der Gründung nicht wie bei den Dresdner Werkstätten von der Produktions- sondern von Handelsseite aus erfolgt, ist die Organisationsform natürlich wesentlich aufwendiger. Schließlich soll die Selbständigkeit der Mitglieder erhalten bleiben, der Zusammenschluss erfolgt daher auch als Verein, eine im Wirtschaftsleben eher seltene juristische Gesellschaftsform. Im Satzungszweck ist unter anderem „die Verbreitung des guten Geschmacks“ angegeben.

Moritz Langenbach

Gemeinsam gibt die „Werkskommission“ des Vereins bei Architekten, Künstlern und Handwerkern die Entwürfe in Auftrag, sichtet die Vorschläge und bearbeitet sie für die Produktion. Dann wird ein Prototyp hergestellt, der wiederum von allen Mitgliedern begutachtet werden muss. Um der Marke „WK-Möbel“ eine wieder erkennbare Präsentation zu sichern, wird für jede Serie, nachdem die ersten Präsentationen noch ein sehr uneinheitliches Bild zeigen, ein gemeinsames Ausstellungskonzept entwickelt. Jeweils eines der Häuser präsentiert die neue Serie ganzheitlich, d. h. immer als Zimmereinrichtung mit allem Zubehör wie Teppiche, Gardinen, Tapeten, Lampen etc. Auch der Vorschlag für die Ausstellung wird von allen Mitgliedshäusern gemeinsam begutachtet, eventuell geändert und dann verabschiedet. Damit verpflichten sich dann die Möbelhäuser die Ware in genau der gleichen Weise im eigenen Geschäft auszustellen. Zwanglos entwickelt sich daraus der Wandel vom Möbelhaus zum Einrichtungshaus, das neben Mobiliar auch Heimtextilien und Accessoires anbietet. Sehr früh erfolgt dadurch ein einheitliches Werbekonzept, das den Einrichtungshäusern ihre Vielfalt belässt aber die Einheitlichkeit der Marke und ihrer Präsentation sicherstellt. Die demokratische Struktur des Vereins verlangt ein kompliziertes Vorgehen bei der Entscheidungsfindung, ganz anders als bei üblichen Firmenhierarchien. Aber wahrscheinlich ist es genau diese Form der gleichberechtigten Beteiligung, der die WK-Gruppe bis auf den heutigen Tag ihren Erfolg verdankt.

Auch die Seite der eigentlichen Produktion musste natürlich anders organisiert werden als bei den Dresdner Werkstätten. Bisher haben die einzelnen Möbelhäuser Teile ihrer Ware selbst produziert und andere in Auftrag gegeben. Bei dieser Mischung wird es bleiben. Aber die Auftragsvolumen, die nun weggegeben werden, haben natürlich einen anderen Umfang. Sie werden auch für Möbelfabriken interessant. Der WK-Gruppe um Moritz Langenbach gelingt gleich im ersten Jahr mit dem Möbelhersteller Erwin Behr, der gerade im württembergischen Wendlingen eine kapazitätsstarke neue Produktionsanlage aufgebaut hat, der Aufbau einer langjährigen, zuverlässigen Partnerschaft. Das erste WK-Modell bestehend aus Schlaf-, Arbeits- und Speisezimmer wird innerhalb weniger Monate zweihundert Mal verkauft. Ein Jahr nach seiner Gründung hat die WK-Gruppe bereits achtzehn Mitglieder. Die Herstellerfirma Behr kann die Nachfrage nicht mehr alleine abdecken. In Langenöls wird die Schlesische Holzindustrie AG als weiterer mittelständischer Produzent gewonnen. Der Kreis der Produzenten erweitert sich regelmäßig.

Mit den hohen Auflagen der Möbelserien sind deutlich günstigere Preise kalkulierbar. Dadurch können breitere Bevölkerungsgruppen Qualitätsmöbel erwerben. Mit der Vereinsgründung ist es gelungen, Qualitätsstandards auch bei preiswerten Produktionen einzuhalten. Nach dem Zweiten Weltkrieg wird dieser Aspekt in der Geschichte des WK-Verbands und in der Geschichte von Ausgebombten und Vertriebenen eine große Rolle spielen. Gemeinsam mit der Arbeiterwohlfahrt, der Caritas und dem evangelischen Hilfswerk entwickelt der WK- Verein die „Wohnkultur- Sozialwerk-Möbel“, abgekürzt „WKS-Möbel“, die in den Notjahren die dringendsten Bedürfnisse erfüllten. Dabei konnte man auf die Formentwicklung in den zwanziger Jahren zurückgreifen, dem Jahrzehnt, in dem die WK-Gruppe ihre ästhetischen Ansprüche konsequent umsetzen konnte. Damals vollzog man die Abkehr von kompletten Raumprogrammen, die nur en bloc zu erwerben waren, und entwickelte ein System miteinander kombinierbarer Möbel. An- und Aufbaumöbel, die ein Mehr an persönlicher Gestaltung möglich machen und nicht gleich unendliche Löcher in die Haushaltskasse reißen. Flexibilität auch in der Funktion: die Couch zum Sitzen und zum Schlafen, im Schrank konnten auch Bücher aufbewahrt werden, nicht nur Kleider und Bettwäsche usw. Paul Grießer, der die Stuttgarter Weißenhofsiedlung eingerichtet hatte, war damals der maßgebliche künstlerische Berater des WK-Verbands.

Das hundertjährige Jubiläum des Meistereids von Siegmund Langenbach begeht die Firma H&S Langenbach 1926 mit einer Jubiläumsausstellung, in deren Rahmen auch die WK-Ausstellung „Das Bürgerheim vor hundert Jahren“ gezeigt wird. Unter diesem Namen firmierte ein von dem Dresdener Professor Alexander Baranowsky entwickeltes Möbelprogramm, das in den nächsten Jahren ein „Verkaufsschlager“ der WK-Gruppe war.

Der von Moritz Langenbach und seinen Freunden Arthur Schubert und Paul Levent gegründete WK-Verein besteht erfolgreich bis auf den heutigen Tag. Hundertzwanzig Geschäfte im Inland und vierzig im europäischen Ausland gehören dem Verband an und bieten Qualitätsmöbel an.

Glückliche Jahre

Die Kinder von Moritz und Cecil Langenbach verleben eine unbeschwerte Kindheit, durch die ihre Eltern sie liebevoll begleiten. Ernst ist im Jahr 1900 geboren, Karl vier Jahre später und Fritz 1910. Bis auf die jüngste Schwester von Moritz Langenbach leben dessen Geschwister alle in Frankfurt. Auch die Großeltern mütterlicherseits und einige Geschwister der Mutter wohnen hier. Eine Kindheit mit unzähligen Onkeln, Tanten, Cousins, Cousinen und Freunden, ein offenes Haus, eine Kindheit mit vielen Anregungen und ohne materielle Sorgen. Karl Langenbach hat für seine Kinder und Enkel seine Lebenserinnerungen aufgeschrieben. Darin ersteht das alte Frankfurt wieder, von dem Langenbach schreibt: „Wer am Anfang des 20. Jahrhunderts geboren wurde, konnte als Kind noch einen Blick auf das werfen, was man heute „die gute alte Zeit" nennt. Meine Heimatstadt, Frankfurt am Main, gehörte zu den reichsten Städten der Welt. Es gab eine sehr breite Bürgerschicht, von bescheidenem Wohlstand bis zu riesigen Vermögen reichend, und eine Arbeiterschaft, der es ebenfalls nicht schlecht ging."

Der Reichtum der Frankfurter galt als sprichwörtlich in Deutschland. In den letzte Jahrzehnten hat sich die preußische Provinzstadt zur modernen Großstadt fortentwickelt. Durch Eingemeindungen verdoppelte sich zwischen 1877 und 1910 das Stadtgebiet. 76 000 Einwohner hatte die Stadt 1867, die Zahl verdoppelte sich bis 1885 und betrug 1912 über 400 000 Bewohner. Die kommunalen Investitionen in die Infrastruktur waren und sind beträchtlich: Der Bau der Wasserleitung, die Anlage eines modernen Kanalisationssystems, einer Müllverbrennungsanlage, der Bau des Hauptbahnhofs, die Entwicklung des innerstädtischen Verkehrs und mit den beiden Häfen und der Mainkanalisierung der Anschluss ans europäische Wassernetz waren herausragende Zukunftsinvestitionen. Eine kluge Planungspolitik setzt in der Stadterweiterung Grenzen bei Art und Maß der baulichen Nutzung und vermeidet so übermäßige Spekulation und die Entstehung von Slums. Dass die Altstadt langsam verkommt, wird sich erst später bemerkbar machen. Neue Stadtviertel sind entstanden: im Westend, wo die neu zu Reichtum und Ansehen gekommenen feinen Leute wohnen und wo man die Bockenheimer Landstraße auch als „Straße der Millionäre" bezeichnet, aber auch in den eingemeindeten Stadtteilen und im Nordend und Ostend. Anfangs findet noch ein gesellschaftlicher Wettbewerb um das größere Renommee der Quartiere statt. An der Investition in „die Schönheit der Stadt" beteiligen sich viele. Das Bürgertum schafft sich die Orte seiner gesellschaftlichen Reputation selbst, durch Sammlungen, Stiftungen, Mäzenatentum. In der Konkurrenz um das vornehmere Viertel siegt das Westend deutlich: mit dem Palmengarten und der dem „Wahren, Schönen, Guten" gewidmeten Oper. Das Ostend muss mit dem Zoo vorlieb nehmen.

Von den alten patrizischen Familien wohnen kaum noch Mitglieder in der Stadt. Seitdem repräsentieren die jüdischen Familien die Bewohnergruppe mit der längsten Tradition – alte Frankfurter eben. Nach der endlich erfolgten Gleichstellung in Frankfurt können sie endlich an allen Bereichen des öffentliche Lebens teilhaben und Verantwortung und Wertschätzung für ihre Heimatstadt zum Ausdruck bringen.

War schon in der Judengasse die gemeinschaftliche Verantwortung für Witwen, Waisen, Arme, Kranke beispielhaft und die Anzahl der von der Gemeinde unterhaltenen sozialen, kulturellen und religiösen Einrichtungen immens, so nimmt jetzt die solidarische Verantwortlichkeit für ein freiheitliches und gerechtes Gemeinwesen in Frankfurt Züge an, dass man außerhalb Frankfurts befremdet staunt. Für jeden Zweck finden sich Mäzene, Stifterinnen und Stifter: Schulen, Museen, Theater, Krankenhäuser, Waisen- und Altersheime, Forschungseinrichtungen bis hin zur Universität. An allen Stiftungen sind die jüdischen Familien maßgeblich oder gar ausschließlich beteiligt. Wo Stiftungen nicht die angemessene Form sind, kann es geschehen, dass die Bürger kommunale Investitionen vorfinanzieren, etwa beim Eisernen Steg. Es ist wohl die Erfahrung der eigenen Unterdrückung, die dazu führt Verantwortung zu übernehmen und dafür zu sorgen, dass unterdrückerische Verhältnisse keine Chance mehr haben sollen. Die Einsicht in die Notwendigkeit einer sozialen Ausgestaltung des Kapitalismus konnte auch als Verteidigung der eigenen Emanzipation und Integration begriffen werden. Die Zahl der Personen und Einrichtungen, die sich in Frankfurt mit der „sozialen Frage“ beschäftigen, ist Legion. Die Übernahme ehrenamtlicher Tätigkeiten gehört selbstverständlich zum bürgerlichen Engagement. Moritz Langenbach wird z. B. zum Handelsgerichtsrat ernannt und entscheidet jede Woche in Handelsprozessen als ehrenamtlicher Richter.

Gerade Frankfurt galt da als quasi natürlicher Widerpart zu Berlin, die Stadt der Paulskirche, der Freiheit, der Demokratie gegen den autoritären preußischen Staat, deren eigene freiheitliche Tradition freilich im Rückblick deutlich erhöht wurde. Moritz Julius Born etwa bezeichnet es in seinen Lebenserinnerung als „Glücksfall“ in Frankfurt geboren worden zu sein, einem Ort, „der vom Geist einer unabhängigen Stadtrepublik durchdrungen und von den Traditionen eines universellen Reichs erfüllt war. Diesem Glücksfall verdanke ich das bißchen Bürgerstolz, der in dem Deutschland seit Bismarck selten wurde, und das Verständnis für einen vielfarbigen, weltumfassenden Universalismus, der mir im Zeitalter eines ausgeprägten, ausschließlichen Nationalismus einen natürlichen Abstand gewährte.“

Das ist das Frankfurt, in das Karl Langenbach und seine Brüder Ernst und Fritz hineingeboren werden, die Stadt, in der sie Kindheit und Jugend verbringen. Die Familie ist überaus interessiert an allen Formen der Welt-Entdeckung, am technischen Fortschritt und an der Teilhabe kultureller Ereignisse. Obwohl die Familie reich ist, seit Moritz Langenbach das Geschäft wieder in erfolgreiche Bahnen gelenkt hat, „wurde bei allem Wohlstand uns Kindern Bescheidenheit anerzogen, wofür ich meinen Eltern heute noch dankbar bin.", schreibt Karl Langenbach. „Der Eintritt direkt zu den Maschinen war zu teuer", schildert er den Besuch mit dem Großvater bei der Internationalen Luftschiffahrtsausstellung auf dem Festhallengelände, „und so standen wir stundenlang hinter einem hohen Drahtzaun und verfolgten mit größtem Interesse die Vorgänge. Ungefähr jede halbe Stunde versuchte eine anderes Flugzeug den Boden zu verlassen. Den allerwenigsten glückte es; sie rollten mit hellem Motorengeräusch herum, bis sie es zunächst wieder aufsteckten. Alle Maschinen bestanden damals aus dünnen Holzverstrebungen, die mit Rohseide bezogen waren; die Motoren hatten bis höchstens 30 PS, die Sitze waren im allgemeinen Fahrradsättel. … Der Frankfurter August Euler machte bei jedem zweiten oder dritten Versuch Sprünge von ca. 8 bis 10 Meter Höhe und bis zu 150 Metern Entfernung und wurde dafür vom Publikum reichlich beklatscht. Auch einem Italiener, Nervi, gelang es ca. drei Meter hoch zu kommen; da sein Seitensteuer anscheinend nicht funktionierte, flog er kerzengeradeaus auf einen Schutthügel zu, um ungefähr 20 Meter von uns entfernt zu zerschellen. Dann gab es noch das Luftschiff Parsival, halbstarres System, das ziemlich sicher flog, aber beinahe immer in der Mitte einknickte, sodass es in Frankfurt die „Gekneckte Worscht" genannt wurde. … Das größte Ereignis aber war der Zeppelin, den wir allerdings mit der gesamten Familie, Freunde und Angestellten auf dem Dach unseres fünfstöckigen Geschäftshauses sahen. Wir haben Stunden da oben verbracht, bis das Luftschiff endlich kam. Es machte mehrere Schleifen über der Stadt und flog wieder zurück nach Friedrichshafen, da es in Frankfurt damals noch nicht landen konnte."

Zu den frühen Kindheitserinnerungen von Karl gehören die Spaziergänge mit dem Kindermädchen ins Nizza, bei denen er manchmal beim Bretzelmann Salzbretzeln erstehen durfte und die Freitag Abende. Der Vorabend des Sabbats wurde nicht streng jüdisch gefeiert. Aber die große Familie traf sich immer reihum am Freitag Abend zu einem guten Essen und fröhlichem Beisammensein. Ein starkes Gefühl der Zusammengehörigkeit hat sich ihm aus dieser Zeit vermittelt. Die Familie gehört zu den assimilierten Juden. Wenn sie eine Synagoge besuchen, dann die neue Westendsynagoge der liberalen jüdischen Gemeinde. Als Ernst, der große Bruder, Barmitzwah feiert, erinnert sich Karl, „dass er dafür sehr viel auswendig lernen musste in Hebräisch, und dass er als Hauptperson in der Synagoge seine Sache sehr gut machte. Für mich war es das erste Mal, dass ich in einer Synagoge war, eine mir sehr fremdartige Umgebung, ich nur mit Männern zusammen und trotz der kurzen Hose mit einer Mütze auf dem Kopf und Ernst als Hauptperson in ebensolchem Aufzug und von allen beobachtet; ich stellte mir das sehr unangenehm vor und war in keiner Weise davon beeindruckt. Das Fest bei uns zu Hause mit riesigem Menschengewühl und geradezu unzähligen Geschenken war etwas ganz anderes. Dass man einmal so viel geschenkt bekommen kann, hätte ich nie für möglich gehalten. Die schönsten Geschenke waren von meinen Eltern und Verwandten; die anderen Besucher brachten vor allem wertvolle Bücher in schönen Einbänden, für die ich kein allzu grosses Interesse hatte; ich glaube allerdings, dass auch Ernst die wenigsten davon gelesen hat. Sie standen, sehr würdig aussehend, noch ewig in unserer Bibliothek. Dass wir Juden waren, wussten wir schon lange vorher, aber, da unsere Eltern selbst in keiner Weise religiös veranlagt waren, beschränkte sich unser Judentum darauf, dass wir in der Schule am jüdischen Religionsunterricht teilnahmen. Wir nahmen die Tatsache, Juden zu sein, als etwas hin, das uns durch Geburt übermittelt worden war, und das uns auch in keiner Weise störte und dem wir selbst sowohl als unsere nicht jüdischen Freunde irgendeine Bedeutung beimaßen. In Frankfurt erinnere ich mich nur noch an einen Besuch in der Synagoge anlässlich der Hochzeit unserer Cousine Marie mit Max Plaut, im Jahre 1919. Da fuhren wir mit einer Droschke hin, die um die Ecke halten musste, denn es war Samstag und meine Eltern vermieden es, gesehen zu werden, aber zu Fuss zu laufen hatten sie auch keine Lust."

So wie die Langenbachs halten es viele mit dem Judentum. Die jüdische Gemeinde hat sich ausdifferenziert in die orthodoxe israelitische Gemeinde und die eher liberale israelitische Religionsgesellschaft. Das Bevölkerungswachstum führt mit gleicher Selbstverständlichkeit zum Bau neuer Kirchen, wie zum Bau neuer Synagogen. 1882 war die neue orthodoxe Synagoge am Börneplatz geweiht worden, schon 1860 die Hauptsynagoge der liberalen Richtung in der Börnestraße. Der mächtige Synagogenneubau der israelitischen Religionsgemeinschaft in der Friedberger Anlage wird 1907 eingeweiht, 1910 die liberale Westendsynagoge.

Mit seinem großen Bruder trägt Karl die üblichen brüderlichen Konflikte aus, um den kleinen kümmert er sich erst als ihm die Mutter bedeutet, dass er für den kleinen Fritz ein bewundertes Vorbild ist. Im Unterschied zu den früheren Generationen hilft die Mutter nicht mehr im Geschäft mit. Sie steht dem kultivierten, bürgerlichen Haushalt vor mit Kindermädchen und Köchin. Cecil Langenbach muss eine kluge und temperamentvolle Frau gewesen sein und eine aufmerksame Mutter, auch wenn sie, wie Karl Langenbach beiläufig notiert „in unserer frühesten Jugend einen Teil ihres natürlichen Einflusses an Kinderfräuleins abgegeben hat". Die drei Söhne sind von recht unterschiedlichem Temperament und entfalten verschiedene Neigungen. „Beide Eltern waren uns gegenüber aufopfernd, stets bemüht, uns Freude zu machen und uns über Schwierigkeiten hinwegzuhelfen."

Was Karl begeistert, sind die Ausflüge mit den Eltern in den Stadtwald und den Taunus, die Sommerfrische im Taunus, Spessart, Odenwald, an der Nord- und Ostsee und im Schwarzwald. Die Familie genießt unbeschwert ihren Wohlstand. Als die Mutter mit dem immer kränkelnden Ernst, der dauernd unter Bronchitis leidet, für einen längeren Zeitraum auf ärztliches Anraten in das Engadin fährt, gelingt es dem kleinen Karl, dass er mit dem Vater über Weihnachten mitfahren darf, um die beiden und die Großeltern dort zu besuchen. Ernst ist von dem Plan nicht so begeistert, er äußert Vorbehalte, der kleine Bruder würde sich nicht ordentlich benehmen. Acht Jahre alt war Karl auf seiner ersten „großen" Reise, Jahrzehnte später hat er seine Eindrücke niedergeschrieben:

„Die Fahrkarten wurden gekauft, eine neue Sensation, Schlafwagen, und der Zug sollte um Mitternacht in Frankfurt abfahren. ... Eine Droschke brachte uns zum Bahnhof. Man gab den grossen Koffer als Passagiergut auf, ging zum Querbahnsteig und fragte nach dem Abfahrtsgleis. Jetzt begann das Erlebnis wirklich: Durch die Sperre, an einer mächtigen Dampflokomotive vorbei, ... die mir wie immer unerhört imponierte, an einer Reihe schöner D-Zugwagen vorbei, kamen wir zu unserem Schlafwagen. … Zwei schneeweiss gedeckte Betten übereinander, mit einer kleinen Leiter, der Boden mit Teppich belegt, das grosse Fenster mit Vorhängen zum Schliessen, ein kleiner Waschtisch an einer Seite, und ich durfte sogar in dem oberen Bett schlafen. Nie wieder, in meinem ganzen Leben, hat mir ein Schlafwagenabteil auch nur annähernd so gut gefallen, wie dieses. Ich war restlos glücklich. Die angesammelte Müdigkeit war im Dunklen stärker als die Aufregung, und so wurde ich aus tiefem Schlaf geweckt: Zollkontrolle, wir waren in Basel. Es war noch recht früh, aber an Schlaf war nicht mehr zu denken. Wir kleideten uns an und nahmen ein Frühstück im Speisewagen, ebenfalls dem schönsten der Welt. Bald lief der Zug in den Züricher Hauptbahnhof ein. Wir stiegen in einen anderen Zug um und fanden einen Platz vorwärts am Fenster und einen daneben in einem 3. Klasse Abteil. Nach Vaters Prinzip reiste man mit seinen Kindern am Tage nur in der 3. Klasse. Der Zug fuhr bald ab und ich kniete auf der Bank am Fenster, als man am Zürcher See und anschließend dem Walensee entlangfuhr, als Landschaft die schneebedeckten Hügel am Zürichsee, dann höhere Berge am Walensee, die Seen am Ufer mit leichter Eisdecke und belebt von hunderten von Möwen. Die Stunden bis zur Ankunft in Chur steigerten mein Erwartungen auf die grandiosen Schneeberge, Tunnels und hohe Eisenbahnbrükken noch wesentlich. Ich konnte die Fahrt mit der Albulabahn kaum erwarten. Und die grosse Aufregung: Wird man einen Fensterplatz bekommen? Das ganze Abteil nimmt Anteil an der Unterhaltung. Man beruhigt, der Zug käme so zeitig nach Chur, dass man sicher gute Plätze bekäme; auch sollten wir zusehen, auf der rechten Seite zu sitzen, wo man die schönere Aussicht habe, und man sprach von den unglaublich grossartigen Kunstbauten der Bahnstrecke. … Im Bahnhof Chur standen die Wagen nach St. Moritz auf dem Gleise neben dem einfahrenden Zug. Dennoch rannten wir hinüber, und waren die ersten die einstiegen und daher wunschgemäß einen Fensterplatz vorwärts, rechts, und den daneben befindlichen Platz belegten. … Bald nach der Abfahrt begann schon die Steigung; die Fahrt wurde langsamer, man hörte die Lokomotive schnaufen trotz des geschlossenen Fensters und die Landschaft wurde ständig grossartiger. Die Berge stiegen immer höher an und die Bahnstrecke führte schon an der Seite des Tales in ständig steigender Höhe durch mit Schnee bedeckte Tannenwälder. Es kamen die ersten, meist kurzen, Tunnels auch einige kleine Brücken. Manchmal konnte man in ein Seitental hineinsehen, in dem die Berge weit über die Waldgrenze anstiegen und sich in Felspartien und Schneefeldern gegen den herrlichen blauen Himmel abhoben. Den Baedecker in der Hand versuchte Vater mir die Namen der Berge und ihre Höhe, alle 2 bis 3000 Meter hoch, zu sagen und wir hörten, dass jetzt der grossartigste Teil der Fahrt beginne. Auf dem Holzsitz knieend, die Nase an die kalte Glasscheibe gequetscht, wollte ich alles sehen und die schon recht verlangsamte Fahrt ging mir noch zu schnell. Ich wollte diese ganze Grossartigkeit der Natur und auch der Bahnanlage so in mich aufnehmen, dass sie mir unvergesslich bliebe. Da kamen die ersten Kehrtunnels, die den Zug einen grossen Halbkreis im Innern des Berges durchfahren liessen. Man merkte es erst daran, dass das Tal, das vorher auf der rechten Seite tief unten lag, beim Austritt aus dem Tunnel noch viel tiefer unten auf der linken Seite zu sehen war. Da erinnerte sich Vater, dass an seiner Uhrkette ein kleiner Kompass hing, den er nun herausholte und auf dem man schon im nächsten Tunnel sehen konnte, wie sich die Magnetnadel solange nach einer Seite drehte, bis es wieder hell wurde und das Tal wiederum tief unten rechts zu sehen war. Der Schnee, der in Chur nur eine ziemlich dünne Schicht bildete, lag hier schon sehr tief. Auf den wenigen Häuschen an der Bahnstrecke waren die Dächer mit einem regelmässigen Viereck unberührten Schnees bedeckt und die Tannenäste bogen sich tief unter der weissen Last. Da entdeckte ich auf der anderen Seite hoch oben die Bahnstrecke und noch höher nochmals und tief unten waren auch zweimal schon durchfahrene Strecken der Bahnlinie zu sehen. So etwas gab es natürlich in Deutschland nicht. Wir waren halt weit gereist, wo es Dinge gab, die man daheim nicht kennen konnte. ...Plötzlich sah man auf der anderen Talseite die Geleise nur ein wenig höher und nach einem leichten Bogen öffnete sich der Blick auf den grossartigen Landquart Viadukt, genau so, wie er auf der Postkarte zu sehen war. Unglaublich grossartig und gewaltig. Schon im nächsten Augenblick fuhr man in einen Tunnel ein, dessen Windung wir mit dem Kompasss verfolgten, und der uns an seinem Ausgang direkt auf den Viadukt führte. Man hatte den Eindruck zu fliegen, so hoch war man über der Talsohle. Es dauerte nur viel zu kurz, bis man wieder in einen Kehrtunnel einfuhr. Die Landschaft war grandios, wir waren am oberen Rand der

Waldgrenze angekommen und fuhren über weite Schneefelder, auf denen die Schienen durch Schneepflüge, die im Winter täglich mehrmals die Strecke durchfuhren, freigehalten wurden; auch gab es Stellen mit über die Strecke gebauten Galerien, die fallende Lawinen über die Trasse hinweggleiten liessen ohne den Verkehr zu unterbrechen oder gar einen fahrenden Zug zu verschütten. All das waren aufregende Neuentdeckungen für den Achtjährigen. So ging die Fahrt weiter, immer höher, die Natur immer gewaltiger und immer mehr Schnee, bis der Zug in den Albulatunnel einfuhr. Vater zog die Uhr aus seiner Tasche, liess den Deckel aufspringen, und wir kontrollierten genau die Zeit. Es dauerte 7 Minuten, bis es wieder hell wurde, genau wie es im Baedecker stand, und wir hatten auch nicht unterlassen, festzustellen, dass diesmal die Kompassnadel nicht die kleinste Bewegung machte. Sie stand beinahe genau auf Süden, die ganze Zeit lang. Schon nach wenigen Minuten konnte man noch im Tunnel bemerken, dass der Zug schneller fuhr. Es begann die Abfahrt zum Inntal. Wiederum konnte man gleichzeitig die Gleise mehrmals untereinander sehen, noch einige Tunnels und Brücken, noch einige Haltestellen und es öffnete sich der Blick auf das ziemlich breite Engadin mit dem Örtchen Samaden im tiefen Schnee, mit unten bewaldeten hohen Bergen, und bald fuhr der Zug in den Bahnhof von Samaden ein. Kurzer Aufenthalt und dann flotte Weiterfahrt über Cellerina nach St. Moritz. Es war noch heller Nachmittag als wir ankamen. Meine Mutter, Ernst und die Grosseltern waren am Bahnhof und es herrschte die echte Freude des Wiedersehens, die ich immer so stark empfand, wenn ich wieder mit allen, die zu mir gehörten, vereint war."

Die Lust am Reisen, die Leidenschaft des aufmerksamen Beobachtens, die den kleinen Karl auszeichnet, wird ihm zeitlebens erhalten bleiben. So wie die Eindrücke dieser Reise, die er 1912 mit dem Vater unternommen hat, und die er als alter Mann so lebendig aufzeichnete, als sei er gerade da gewesen.

Zweifellos ist Karl ein aufgeweckter Junge, woraus nicht unbedingt folgt, dass er auch ein guter Schüler wäre. „Inzwischen ging ich ab Frühjahr 1910 in das Wöhler- Realgymnasium. Von meinem Bruder Ernst hatte ich soviel Unschönes über die Schule gehört, über die Ungerechtigkeit und Strenge der Lehrer, dass mein erster Schulweg mit schwerem Herzen angetreten wurde. Zum Glück gingen noch Ernst Wolfgang und einige Spielkameraden aus der Bürgerstraße mit, und in Herrn Schäfer hatten wir einen freundlichen Vorschullehrer gehabt. Drei Jahre lang unterrichtete er alleine uns in Schreiben, Lesen und Rechnen. Täglich also zogen wir zu zweit, zu dritt oder zu viert zur Schule die Weserstraße entlang, kreuzten die Kaiserstraße und blieben oft bewundernd vor dem Laden der NAG (=Neue Automobil Gesellschaft) stehen. Hinter großen Glasfenstern und einem starken, polierten Messinggeländer waren dort Automobile ausgestellt, wie man sie selten und beinahe nur als Mietwagen auf der Straße antraf; meist offene Wagen mit zusammenlegbaren Verdecks aus Leinwand, schwarz, dunkelblau oder dunkelgrün lackiert, mit polierten Messinglampen für Petroleum, einem großen Steuerrad, rechts und außerhalb der Karosserie zwei großen Messinghebeln, Schalthebel und Handbremsen und einem Messinghorn mit Gummiball zum Hupen. Autos hatten für uns Jungens etwas Faszinierendes.

Die Wöhlerschule, die die Kinder der Langenbachs besuchten

Danach ging man durch den Zimmerweg, wo Kolonialwarenläden alle möglichen Früchte und Gemüse vor der Tür auf der Straße stehen hatten. Einer dieser Läden hörte auf den schönen Namen „Saufaus“ und reizte mit seinen Auslagen den in jedem Kind vorhandenen Wunsch zum Verbotenen. So nahmen Ernst Wolfgang und ich eines Tages je eine Heidelbeere aus dem Korb und hatten das Pech, dabei von jemand beobachtet zu werden, der diese schreckliche Tat dem Onkel Leopold mitteilte. Dieser hielt es für angebracht, solch „verbrecherischen Instinkte“ an der Wurzel auszurotten und schlug vor, für diesen Zweck einen Schutzmann zu engagieren. Dank des Widerstandes meiner Mutter blieb es aber nur bei ernsten Ermahnungen und einem Canossagang: Jeder von uns mußte Herrn Saufaus beichten und fünf Pfennige für die gestohlene Heidelbeere bezahlen.“

„Die Schule war für mich eigentlich nur eine zeitraubende Beschäftigung. Sie machte mir zunächst keinerlei Schwierigkeiten, und ich gab mir niemals Mühe, besondere Leistungen zu erzielen. Jedes Spiel war mir wichtiger, nur sitzenbleiben wollte ich nicht, um diese ganze, leider nicht zu vermeidende Angelegenheit so schnell wie möglich hinter mich zu bringen. So sind mir von der Wöhlerschule nur noch wenige Dinge in Erinnerung, wie z. B. wenn ich morgens kurz vor dem Klingeln im Hinterzimmer von Herrn Rohrbach, dem die der Schule gegenüberliegende Papeterie gehörte, noch schnell die schriftlichen Aufgaben für die erste Stunde von einem Kollegen abschrieb, das herrliche Spiel, im Korridor durch festes Schleifen mit dem Schuh Funken zu produzieren, was verboten war und mir einen schlimmen Schreck verursachte, als einer unserer unangenehmsten Lehrer mit dem Stock in der Hand mich erwischte; ich glaube, dass ich mich damals nur durch Tränen vor dem Prügeln, das noch erlaubt war, rettete."

Karls Umgebung ist viel anregender, als dass die Büffelei für die Schule ihn irgendwie fesseln könnte. Als die Familie in eine größere Wohnung in die Gutleutstrasse 83 umzieht, schon ganz modern ausgestattet mit elektrischem Licht, führt der Schulweg über den Hauptbahnhof, wo es natürlich auch Interessanteres zu beobachten gibt, als die Schule bieten kann. Mit Günther Prack, einem Nachbarsjungen in der Gutleutstraße baut Karl sich eine Schmetterlingssammlung auf. „Die Schmetterlingssamlung, für die wir jeden Sommer Raupen und Eier sammelten und auch kauften, denn wir waren inzwischen auf die entomologische Zeitschrift abboniert, hat uns nur sehr wenig Zeit für die Schulaufgaben gelassen. Sie hat mir sehr viel Freude gemacht, natürlich auch manchen Ärger, wie zum Beispiel, als die vereinten Kräfte eines Nestes von Raupen es fertigbrachten, eine geschlossene Zigarrenschachtel zu öffnen und sich dann in dem mit Ernst gemeinsamen Schlafzimmer auszubreiten, dabei auch die Betten nicht auslassend. Die Raupen haben mir zwar viele einwandfreie Exemplare von Schmetterlingen eingebracht, aber auch oft Prügel von meinem älteren Bruder und Beschimpfungen von dem Rest der Familie."

Im Jahr des Umzugs werden auch Fahrräder gekauft, „für mich ein Knabenrad, Adler Nr 13, und wir lernten im Velodrom der Adlerwerke zu fahren. Jetzt wurden unsere Spaziergänge in den Stadtwald zu Spazierfahrten, die auf den herrlichen Radfahrwegen und gefahrlos durch den schönen Wald führten, viel weiter als wir das zuvor zu Fuss machen konnten. Zur Schule durften wir allerdings niemals mit dem Rad fahren."

Es sind glückliche Jahre, die die gesamte Familie verlebt.

Das Ende der guten alten Zeit

Mit Getöse wird das Ende der „guten, alten" Zeit eingeleitet. Moritz Langenbach ist im Frühsommer 1914 zu einer Geschäftsreise nach Russland aufgebrochen, er pflegt schon länger Handelskontakte zu dem Land. Mutter und Kinder reisen in die Sommerferien nach Sylt, wo sie mit den Berliner Verwandten zusammentreffen. Der Vater schreibt in den Briefen schon auf der Rückreise von Moskau nach Berlin, dass er einen Krieg für möglich halte, weil er viele russische Truppenbewegungen gesehen habe, und rät zur sofortigen Rückreise nach Frankfurt. Die Familie betritt am 31. Juli den Dampfer „Kaiser" und kommt mitten in die dekretierte Mobilmachung: „auf der Weiterfahrt nach Cuxhafen begegneten wir der ganzen deutschen Hochseekriegsflotte. Panzerkreuzer, kleine Kreuzer, Torpedoboote, Schlachtschiffe, eines hinter dem anderen, ein endloser Zug, und jedes Schiff wurde mit Tutensignal und begeisterten Zurufen begrüsst. In Cuxhafen mussten wir das Schiff, das eigentlich noch bis Hamburg weiterfahren sollte, verlassen; es wurde sofort, d. h. noch in unserer Anwesenheit, von Matrosen und Marineoffizieren als Hilfskreuzer übernommen und wir sahen noch, wie Minen auf das Schiff getragen wurden."

„Zu Mutters größtem Ärger war Ernst von dem Augenblick, als man von Kriegsgefahr sprach, wild patriotisch geworden und wünschte sich, dass es bald Krieg geben möge. Man konnte da den Einfluss der chauvinistischen Schulerziehung bemerken. Das Heldentum stand immer hoch im Kurs; das Vaterland und unser geliebter Kaiser repräsentierten das Höchste. Der Satz „dulce et decorum est pro patria mori" (es ist süss und ehrenvoll für's Vaterland zu sterben) stand in unserer Aula an der Frontwand. Nicht nur das Deutschlandlied und die Kaiserhymne wurden bei jeder Gelegenheit gesungen, sondern auch die „Wacht am Rhein" und „Siegreich wolln wir Frankreich schlagen", obwohl wir alle wohl niemals einen Franzosen je gesehen hatten und ein direkter Anlass zum Hass für uns Deutsche nicht vorlag. In diesen ersten Tagen des nun erklärten Krieges wollte Ernst, der noch keine 15 Jahre alt war, sich heimlich freiwillig melden, ein Unsinn, der aber meine Mutter zur hellsten Wut brachte".

In der Schule wird der Hurra-Patriotismus gepflegt, Reden in der Aula und schulfrei nach jedem Sieg. Die ersten Siege betreffen zwar die belgischen Städte Lüttich, Brüssel, Namur, und Belgien ist neutral, aber mit solchen Lässlichkeiten geben sich auch die Schulen im Land der siegreichen Heere nicht weiter ab. Dass Krieg kein Anlass zum Feiern ist, lernen Karl und seine Brüder von ihrer Mutter. Sie weint jedesmal, wenn Verwandte, Freunde oder Bekannte sich in Uniform verabschieden, um an die Front zu gehen. Sie hält nichts von Krieg und Heldentum.

Ihr Bruder Siegmund ist der erste aus der Familie, der einrückt. Siegmund führte in Paris die Filiale des väterlichen Geschäfts und war „noch gerade rechtzeitig aus Paris über Belgien nach Frankfurt gekommen, wo er sich als Unteroffizier in der Landwehr sofort stellen musste." Vier Tage nach Kriegsbeginn reist er an die Front. Auch die beiden Vettern aus Köln und Richard Albersheim werden in den ersten Kriegstagen eingezogen. In Frankfurt benennt man den „Englischen Hof" in „Hessischer Hof" um, den „Russischen Hof" in „Hotel Rose" und die Friseure schreiben sich jetzt treudeutsch mit „ö".

Für die Langenbachkinder ändert sich wenig in den ersten beiden Kriegsjahren. In Frankfurt spürt man noch nichts vom Krieg. Noch immer verreisen sie in allen Ferien: „herrlich primitive" Sommerfrische im Spessart, Wanderungen und Radtouren mit den Eltern und den Verwandten an Rhein und Mosel, Weihnachten in St. Moritz wird ersetzt durch Ski fahren im Taunus. Moritz Langenbach hatte schon vor dem Krieg eine Jagd im Spessart gepachtet. Dort verbringt man oft die Wochenenden. Alle glauben noch an den Sieg. Nur Onkel Siegmund nicht, „schon 1915 bezeichnete er im Gegensatz zu uns allen diesen Krieg, der doch bisher nur Siege gebracht hatte, als hoffnungslos verloren; nachdem der erste Stoß nicht zum vollen Erfolg geführt hatte, sei alles andere nur eine Frage der Zeit. „Viele Hund sind des Hasen Tod" sagte er uns Kindern und wir bezeichneten ihn als Miesmacher und waren sehr böse auf ihn. Trotzdem freuten wir uns immer sehr bei seinem Besuch."

„Mit dem Jahr 1916 schließt eine ganze Periode meiner Kindheit, denn bis dahin waren wir völlig unbeschwert geblieben. Der Krieg hatte in unserer Familie zunächst keine Opfer gefordert und Hunger und Elend waren von unserem Vaterlande ferngehalten worden. Wie oft und mit welchem Glücksgefühl war ich mir damals schon seit Jahren darüber klar, dass ich, neben den anderen Kindern der Familie und den Freunden das grösste Glückslos gezogen hatte. Der Zufall hatte es mir geschenkt, als Deutscher auf die Welt zu kommen, auch noch in einer so schönen und geliebten Stadt wie Frankfurt, mit seiner herrlichen Umgebung, Eltern zu haben, wie ich sie mir besser, gütiger und klüger gar nicht vorstellen konnte, und die auch noch der wohlhabenden Klasse angehörten und uns Dinge boten, die den meisten unzugänglich waren. Ich glaube schon sehr früh wegen dieser Bevorzugung gegenüber einigen meiner Schulkameraden und den sogenannten „Gassenbuben", Skrupel gehabt zu haben, sodass ich mich an ein sehr ernstes Gespräch mit unserer Köchin Babette erinnere, indem ich sie, als der wenig bemittelten Schicht angehörig, über die Gerechtigkeit der Verteilung der weltlichen Güter befragte. Dieses Gespräch hat mich für einige Jahre über diesen Punkt beruhigt, denn es endete mit der Versicherung, dass es so von Gott gewollt sei und ich solle mir darüber keine weiteren Gedanken machen; es sei schon gut so. Wie gerne liess ich mich so von ihr beschwichtigen, bis mir Jahre später dieselben Bedenken wiederkamen und nicht mehr so leicht zu vertreiben waren."

In der Schule werden die Siege immer noch mit schulfrei gefeiert, aber seltener, denn die Erfolge bleiben langsam aus. „In der Schule sah man viele Lehrer und frühere Schüler in Uniform, häufig sogar als Offiziere, und die Abzeichen, Orden und Ehrenzeichen wurden mit Stolz getragen. Wir Jungen träumten davon, vielleicht einmal selbst solche Heldentaten zu vollbringen. Kein Wunder, dass wir auf der Straße Soldaten und Krieg spielten. Wie allen Kindern, so waren auch uns jetzt Säbel, Helme usw. geschenkt worden, und wir bildeten kleine Banden, die sich bekriegten, manchmal sogar in ernster Weise. So haben wir Straße gegen Straße gekämpft, Gefangene gemacht, gewonnen, verloren, jedenfalls aber in ständiger Steigerung der Brutalität, so daß von verschiedenen Eltern dem Spuk ein Ende gemacht wurde, nachdem bei Kämpfen mit älteren „Gassenbuben" richtige Messer und beim letzten Mal sogar ein Revolver benützt wurde, denen Edgar v. Rosenthal sich mit dem Jagdgewehr seines Vaters entgegenstellte. Es fiel unseren Eltern schwer, uns wieder zu friedlichen Spielen zurückzuführen."

Auf eigenen Wunsch wechselt Karl 1916 die Schule. Ab Obertertia besucht er das Goethe-Gymnasium. „Man sagte mir, daß ich wohl mit Ausnahme des Lateins keine größeren Lücken habe. So wurde mir mehrmals in der Woche Privatunterricht in Latein gegeben. Wie immer hatte ich die von Herrn Dr. Weber gegebenen Aufgaben nicht gemacht und kam völlig unvorbereitet in die zweite Stunde. Natürlich bemerkte er meine Faulheit sofort und brachte es durch die Drohung, die Stunden nicht weiterzugeben, dazu, daß ich mich entschließen mußte, wenigstens diese Aufgaben zu machen, obwohl es mir zu meinem Ärger doch täglich immerhin ca. eine halbe Stunde von viel wichtigeren Beschäftigungen raubte. Auf der anderen Seit hatte es den Vorteil, daß ich schon nach ca. einem Monat bei weitem der beste Schüler meiner Klasse in Latein wurde, was seinerseits zur Folge hatte, daß nun alles um mich herum bei Klassenarbeiten von mir abschrieb, während ich zuvor mir immer die Augen nach den Heften der anderen ausgerenkt hatte.

Von meinen neuen Schulkameraden wurde ich sehr gut aufgenommen. Auch muß ich den Lehrern des Goethegymnasiums ein allgemeines Lob aussprechen. Wir haben ihnen, besonders den Hilfslehrern, das Leben oft recht schwer gemacht, und unsere Klasse galt im allgemeinen als eine der frechsten, aber auch der intelligentesten. Es war eigentlich immer etwas los bei uns, und meine „Reinfälle“ wegen nicht gemachter Aufgaben wurden durch den guten Willen der Lehrer im allgemeinen wieder ausgeglichen, obwohl sich meine Noten neben der einen oder anderen „4“ (mangelhaft) meist um „3 minus“ (genügend – schwach) drehten und ich immer noch gerade versetzt wurde. Dabei glaube ich, recht viel in dieser Schule gelernt zu haben.“

Bei Kriegsausbruch ist Moritz Langenbach 42 Jahre und gehört dem Landsturm 2 an, muss also zunächst nicht in den Krieg. Viele Mitarbeiter des Geschäfts müssen an die Front, so hat Moritz Langenbach viel zu tun, obwohl natürlich die Kundschaft weniger Einrichtungen nachfragt als zuvor und das Auslandsgeschäft gänzlich zusammengebrochen ist. In der Polsterer- und Dekorationswerkstatt am Mainkai fertigen die Arbeiter nun Militärkoppeln aus kräftigem Leder statt eleganter Sitzmöbel. Das Reisebüro Cook in der Kaiserstraße hat schon seit dem englischen Kriegseintritt den Laden mit eisernem Vorhang geschlossen, zahlt aber noch jahrelang die

Auf dem Goethe-Gymnasium erlangte Karl Langenbach sein Abitur

Miete über schwedische Verbindungen, um den Vertrag einzuhalten und das Geschäft in Spitzenlage nicht zu verlieren.

Mit Fortdauer des Krieges rücken dessen Wirkungen näher an Frankfurt. Ab 1917 werden die Lebensmittel rationiert. Die Langenbachschen Buben fahren zum Hamstern in den Spessart, wo sie ein paar der Bauern rings um die Jagd des Vaters kennen. Der ist inzwischen eingezogen worden. „Er kam zunächst zu den Telegrafisten nach Karlsruhe, musste mit Steigeisen auf Telegrafenstangen zu steigen lernen und hatte natürlich den ganzen Kommiss durchzumachen. Als gemeiner Soldat musste er grüssen, strammstehen, marschieren und alles was sonst dazugehört. Später wurde er dann nach Berlin-Treptow versetzt, wo er Telefonapparate prüfen und abnehmen musste. Während dieser Zeit war er viel bei unseren Verwandten und auch bei seinem guten WK-Freund Lewent eingeladen, was ihm etwas über die Trennung von Frau und Kindern hinweghalf."

Karl ist inzwischen dreizehn Jahre alt und „wurde gefragt, ob ich Barmizwah werden wollte. Zwar hatte ich in der Schule am jüdischen Religionsunterricht teilgenommen, aber dieser Unterricht beschränkte sich auf die biblische Geschichte und wurde von mir meistens zum Präparieren auf eine der nachfolgenden Stunden ausgenützt; auch hatte ich kein größeres Interesse an jüdischen Dingen und erinnerte mich, dass Ernst sogar dafür etwas lernen musste. Als man mir die Auswahl stellte und mir sagte, dass ich auf jeden Fall in diesem Jahr grössere Geschenke bekäme als üblich, verzichtete ich gerne auf diesen religiösen Akt, der mir bei Ernst schon keinen besonderen Eindruck gemacht hatte. Ich bekam auf meinen besonderen Wunsch alle Bände von Brehms Tierleben, ich glaube 14, geschenkt, die ich noch heute besitze."

Die Eltern sind in Sorge um Ernst, der mit seinen 18 Jahren schon gemustert ist, und beim nächsten Termin eingezogen wird – zuvor darf er noch das Not-Abitur machen. Deshalb bemühen sich die Eltern darum ihn etwas spezielles lernen zu lassen, was ihm vielleicht den Frontdienst erspart. „Man kam überein, ihn Autofahren lernen zu lassen, denn die Chauffeure der Offiziere kamen im allgemeinen nicht sehr weit nach vorne. Er machte also eine Fahrschule mit und bekam seinen Führerschein. Als er dann Anfang 1918 wirklich einberufen wurde, kam er zu den Kraftfahrern nach Rödelheim und blieb nur deshalb bis zum Kriegsende dort, weil er zum Entsetzen meiner Eltern zuletzt als Tankfahrer ausgebildet wurde."

Weil die Männer im Militärdienst sind, werden jetzt die Schuljungen zu vielen Diensten herangezogen: Lebensmittelkarten austragen, Kohle ausfahren, Sammeln von Blättern und Pflanzen in Wald und Wiese als Ersatz für andere fehlende Lebensmittel. „Das wenige zugeteilte Brot bestand ebenso wie die mit Sacharin gesüsste Marmelade aus Steckrüben, die vorher nur als Schweinefutter angepflanzt wurden. Man ass viele wilde Gemüse wie Sauerampfer und andere Wiesenpflanzen, die keiner Pflege bedurften, einige wenige Kartoffeln, was wir allerdings durch unsere Hamsterfahrten um ein wesentliches verbesserten. Als Fleisch hatten wir – ein wirkliches Privileg – Wild von der Jagd, das wir allerdings ab 1917 ebenfalls aus Bayern herausschmuggeln mussten. Das Brot wurde zu Hause jedem Einzelnen zugeteilt, und wir machten Kerben, die die tägliche Ration anzeigten."

Inzwischen werden auch Fliegerangriffe auf mehrere deutsche Städte geflogen. In dieser Zeit erkrankt Fritz schwer an Scharlach „und der Arzt hatte ausdrücklich verboten, dass er selbst bei Fliegerangriff das Bett verließ. Ich war, der Ansteckungsgefahr wegen, zu meinen Grosseltern ausquartiert worden. Gerade damals erlitt Frankfurt einen der schwersten Bombenangriffe und der Zufall wollte es auch noch, dass drei zusammengekettete Bomben in den an unser Haus angrenzenden Garten fielen. Es muss einen furchtbaren Donnerschlag gegeben haben und die Fenster in unserer Wohnung gingen in tausend Splitter. Das Glas zusammen mit Bombensplittern, die die Rolläden durchschlugen, flog im ganzen Zimmer herum, auf das Bett, in dem Fritz lag und an dem unsere Mutter sass, und einige Bombensplitter holten wir noch später aus den Wänden heraus. Der kranke Junge muss einen furchtbaren Schock erlitten haben, denn von da an war seine Angst bei Fliegeralarm geradezu extrem und er war immer der erste unten im Keller."

Die Langenbachs überstehen den Krieg ohne Verluste in der nächsten Verwandtschaft. In der Familie wird oft bei Tisch über die politische Entwicklung diskutiert. Die Eltern sind Anhänger der von Friedrich Naumann begründeten linksliberalen Deutschen Demokratischen Partei. Ernst und Karl stehen „entschieden weiter links, und ich habe bei allen späteren Wahlen sozialdemokratisch gestimmt; von Ernst glaube ich das ebenfalls.", d. h. sie unterstützen die „Weimarer Koalition", jene Parteien, die die Republik tragen.

Die Aufzeichnungen, die Karl Langenbach über seine Kindheits- und Jugendjahre geschrieben hat, dokumentieren nicht nur einen persönlichen Rückblick. Die bürgerliche Sozialisation vermittelt den Kindern nicht nur den „unbefangenen Genuss" des familiären Wohlstands, sie gibt ein Wertesystem weiter, das die klassischen Tugenden der bürgerlichen Aufklärung pflegt: Verantwortung und Toleranz. Wenn Karl Langenbach Frankfurt als Stadt zum Inbegriff des Ortes macht, an dem diese bürgerlichen Tugenden zu Hause gewesen seien, so entspricht das der Geschichte der Stadt in den letzten dreißig Jahren vor dem ersten Weltkrieg. Es gibt hier eine breite bürgerliche Schicht, die in ihrer Lebenswelt an die Ideale der 48iger Revolution anknüpft und das städtische Leben prägt. Dazu gehört auch das Selbstverständis Deutscher zu sein, gleich welcher Religion man angehört. Und es gehört dazu, den kultischen Riten der Religion mehr oder weniger Aufmerksamkeit und Verbindlichkeit zu schenken. Zweifellos wären die Lebenserinnerungen eines Arbeiterkindes aus Fechenheim oder Sachsenhausen oder eines jüdischen Handwerkersohnes aus dem Ostend anders ausgefallen. Karl Langenbachs Lebenserinnerungen gewähren uns den authentischen Blick auf ein bedeutendes Segment der Frankfurter Geschichte, als der bürgerliche Idealismus die Stadt mit vielfältigem Leben erfüllte.

Diese glückliche Zeit verwirkte lange den Blick auf die wirkliche Gefahr des aufkeimenden Antisemitismus. Denn der alte religiös begründete Antijudaismus – die Juden als Mörder Christi – hatte im Zuge der Aufklärung ausgedient. Mit der Individualisierung jeder Religion verlieren die alten Vorurteile an gesellschaftlicher Macht. Das christliche Weltbild verliert zunehmend seine Allgemeingültigkeit und eignet sich nicht mehr zur Verfolgung. Die alten Ressentiments verlieren auch in Frankfurt an Virulenz, ohne gänzlich zu verschwinden.

Dem Antijudaismus der Christen folgt der rassistisch begründete Antisemitismus, der als Feindbild die Existenz genuin jüdischer Eigenschaften unterstellt. Hatte der religiös motivierte Antijudaismus noch das bornierte Ziel, die Juden durch Taufe zur „richtigen" Religion zu bekehren, so gibt es vor dem rassistischen Hass des Antisemitismus kein Entkommen. Die Aufklärung hatte behauptet, dass „von Natur aus" alle Menschen gleich sind, da sie alle der gleichen Gattung angehören. Das Befreiende des aufklärerischen Begriffs der Natur pervertiert der Antisemitismus in die Behauptung, dass die Menschen „von Natur aus" verschieden und verschieden wert seien. Damit gibt es auch kein individuelles Entkommen mehr.

Einer der wenigen, der die Gefährlichkeit des Antisemitismus erkannte und in ihm den Angriff auf die bürgerliche Gesellschaft und ihre Werte gesehen hat, war Friedrich Stoltze. In der „Frankfurter Latern" zog er -lange vor Karl Langenbachs Geburt – mit Karikaturen gegen einen der maßgeblichen Antisemiten, den Berliner Hofprediger Adolf Stöcker, zu Felde.

Vor der Folie der liberalen Frankfurter Gesellschaft findet der Antisemitismus hier vor dem ersten Weltkrieg nur wenige Anhänger, darunter den Wirt des Kölner Hofs, Hermann Laaß, der mit antisemitischen Postkarten warb, als einziges „judenfreies" Hotel in „Neu-Jerusalem am fränkischen Jordan". Mit diesem dummen Spruch pflegte die nationalistische Propaganda Frankfurt zu bezeichnen. Die Mehrheit der Bevölkerung hat ihn und seine Kumpane kaum wahrgenommen.

Die rückkehrenden Soldaten aus dem verlorenen Krieg, werden in Frankfurt in einem Flugblatt der Deutschen Demokratischen Partei begrüßt: „Wofür die Toten gekämpft haben, das soll ihren Kindern und Kindeskindern, das soll uns allen werden: Ein Staat der Freiheit und ein Staat des Rechts!" Der alte „Gewaltstaat" sei tot, nicht Deutschland habe den Krieg verloren, sondern der alte Obrigkeitsstaat, den das Volk selbst seiner Gewalt enthoben habe. Der Aufruf fordert die Absage an die Gewalt von rechts und links und den Aufbau einer „Republik des gerechten sozialen Ausgleichs." Ganz im Sinne der Frankfurter Vorkriegstradition.

Das private Leben der Langenbachs geht in den ersten Nachkriegsjahren ziemlich unverändert weiter. Die wirtschaftliche Basis war noch vorhanden. Auch die Versorgungsmängel bei Lebensmitteln etwa, treffen sie nur am Rande. Die volkswirtschaftlichen Gesamtkosten für den verlorenen Krieg und die exakt bezifferten Forderungen der Alliierten sind noch lange nicht bekannt. Im Ergebnis sind die von den Siegermächten auferlegten Reparationen weniger einschneidend als die von der Kriegsfinanzierung durch Anleihen verursachte Entwertung des Geldes. Mit der Entstehung des demokratischen Staates hängen die finanziellen, wirtschaftlichen und sozialen Folgelasten so wenig zusammen wie die außenpolitische Konstellation. Von weiten Bevölkerungskreisen werden sie ihm jedoch angelastet.

Moritz Langenbach kann in den ersten Nachkriegsjahren das Geschäft nach den kriegsbedingten Einbrüchen wieder halbwegs stabilisieren. Die Verwirklichung langfristiger Konzepte läßt die Zeit nicht zu. Dass man den Augenblick und die schönen Seiten des Lebens genießen soll, gehört zu den grundlegenden Lebenseinstellungen der Langenbachs. In einer Zeit, in der Sparen keinen Sinn macht, weil man weder weiß, wieviel das Geld am nächsten Tag noch wert ist, noch ahnen kann, was die Zukunft überhaupt bereit hält, pflegen sie mit großer Intensität, was ihnen wichtig ist: das Familienleben. Dazu gehören natürlich auch die vielen engeren Verwandten, die guten Freundinnen und Freunde. Mit diesem Kreis gemeinsam unternehmen sie wieder Reisen und Ausflüge, am liebsten in die Mittelgebirge in Frankfurts näherer Umgebung und in die heiß geliebten Alpen. In Karl Langenbachs Erinnerungen nehmen Reisebeschreibungen, seit dem ersten eindrücklichen Erlebnis als Achtjähriger, einen unglaublich hohen Anteil ein. Diese Reisen, ob in die vornehmsten Hotels oder in „herrlich primitiven" Unterkünften, haben nichts zu tun mit dem Bevölkern von repräsentativen Orten, um zu zeigen, was man sich leisten kann. Für die Familie ist das gemeinsame Verreisen ein Kristallisationspunkt ihrer familiären Zusammengehörigkeit und sie setzen es später auch dann noch in die Tat um, als sie eigentlich nicht einmal mehr Mittel zum alltäglichen Leben haben. Reisen hat etwas damit zu tun, die Welt zu entdecken und die Wichtigkeit der Dinge und die Vielfalt des Lebens im Angesicht der Natur in Beziehung zu setzen. Wer Karl Langenbachs Beschreibungen dieser Reisen liest, fühlt sich häufig auf den Spuren von Alexander von Humboldt, auch wenn es nur um den Spessart geht.

Nach dem Krieg stellt sich die Frage der beruflichen Perspektive zuerst für Ernst. „Man suchte nach einem Beruf, der immer und überall gebraucht wurde, und glaubte auch, dass die Revolution die Schranken, die im Kaiserreich ungeschrieben für die Juden bestanden hatten, weggerissen habe. (Juden wurden in Preußen – auch im preußischen Frankfurt – keine Staatsbeamten, auch keine ordentlichen Professoren. An der Frankfurter Universität, die von den Bürgern der Stadt gestiftet und ins Leben gerufen worden ist, war das grundsätzlich anders). Sein schul- und anschliessend Militärkamerad, Joos, ein Nichtjude, entschloss sich damals Berg- und Hüttenfach zu studieren, und nach langem Überlegen schloss Ernst sich ihm an. Er belegte auf der entsprechenden Hochschule in Freiberg in Sachsen, und so ging zum ersten Mal eins der Kinder von zu Hause weg. Leider musste Ernst schon bald bemerken, dass die meisten Studenten sich in antisemitischen Verbindungen zusammentaten, denen auch ihre Väter schon angehört hatten, und die ihnen später die höchsten Stellungen in den deutschen Berg- und Hüttenwerken garantierten. Ernst war der erste von uns, der es am eigenen Körper spüren musste, dass sich nicht so viel in Deutschland verändert hatte, wie man hoffte und glaubte. Als sehr guter Tennisspieler nahm er an einem Turnier unter den dortigen Studenten teil und gewann den ersten Preis. Kurz danach fand er in seinen Schuhen einen Zettel, in dem er als Jude beschimpft wurde, und ihm empfohlen wurde, künftig sich nicht mehr an sportlichen Ereignissen innerhalb der Studentenschaft zu beteiligen. Seine damaligen Kommilitonen dürften einige Jahre später wackere Mitglieder der SA und SS gewesen sein. Jedenfalls wurde auf diese Weise schnell deutlich, dass diese Berufswahl falsch gewesen war, und es gab neues Kopfzerbrechen wegen eines anderen geeigneten Berufes. Da Ernst in seiner Freiberger Zeit auch praktisch hatte arbeiten müssen, war er einige Wochen in einem Steinkohlebergwerk in Zwickau tätig. Er fuhr täglich in den weit über 1000 Meter tiefen Schacht ein, und sein Empfinden für die Notwendigkeit der Lebensverbesserung der Arbeiter, besonders der schlecht bezahlten Bergarbeiter, wurde durch diese Erfahrung noch sehr verstärkt. Ein Leben ohne Tageslicht im Winter, wenn man vor dem Tagwerden in den Schacht einfuhr, und erst nach Einbruch der Dunkelheit wieder hinauskam, war selbst mit höheren Löhnen kaum zu bezahlen, und kann wohl nur von dem beurteilt werden, der diese Erfahrung selbst einmal gemacht hat."

Nach diesen Erfahrungen kehrt Ernst nach Frankfurt zurück. Im väterlichen Geschäft versucht er eine ihn interessierende Aufgabenstellung zu finden. Aber weder der kaufmännische, noch der technisch- ästhetische Bereich ist sein Metier. Er entscheidet sich für ein Studium von Jura und Soziologie an der Frankfurter Universität und schließt es mit einer Promotion in Soziologie ab, die mit „summa cum laude" bewertet wird.

Die Familie ist inzwischen umgezogen. Sie hat das Haus Eschenbachstraße 29 an der Ecke zur Forsthausstraße gekauft. Obwohl Karl nur noch wenige Jahre in diesem Haus verbringen wird, ist es „das, woran wir denken und dachten, wenn wir von unserem Elternhaus sprechen." Ein Haus mit Herrenzimmer mit Bibliothek, Musikzimmer mit Steinwayflügel, mit Speisezimmer und Wintergarten und natürlich mit Gästezimmern. Die Familie hat es auch erworben, um das eigene Vermögen in Sachwerte anzulegen, denn die Inflation nimmt immer deutlichere Ausmaße an.

1922 macht Karl Abitur mit Noten, die nicht besser sind, als die seiner bisherigen Schulkarriere und es stellt sich die Frage nach seinem beruflichen Werdegang. Sein Forscherdrang und seine Liebe zur Natur läßt ihn an einen forstwirtschaftlichen Beruf oder einen naturforschenden denken. Nach den Erfahrungen von Ernst muss für einen Juden eine berufliche Karriere in Wald und Forst aussichtslos sein. Karl entschließt sich, „ das von den Vorvätern ererbte Geschäft zu meinem Beruf zu machen."

Der Vater hält es für richtig, dass Karl zuerst eine kaufmännische Ausbildung macht, die er als Volontär im Bankhaus Baruch Straus beginnt. „Die Arbeit in der Bank lag mir gar nicht. Die Manipulation, in der die Hauptarbeit eines Bankbeamten besteht, war mir zuwider. Nur durch die Bewegung von Konten, Wertpapieren oder Zinsrechnungen Geld zu verdienen, völlig unproduktiv zu sein, niemals nur eine Ware zu sehen, lag mir gar nicht. Dennoch gab ich mir Mühe, die mir anvertrauten Arbeiten einwandfrei zu erledigen, obwohl mir auch die meisten meiner Vorgesetzten wenig imponierten. Einige andere Lehrlinge durften schon mit in die Börse gehen und erzählten begeistert von dem dortigen Betrieb. Eines Morgens wurde auch mir mitgeteilt, dass ich zur Börse gehen dürfe. Dieser erste und einzige Börsenbesuch meines Lebens ist mir unvergesslich. Als ich durch die Drehtür in den riesigen Börsensaal eintrat, blieb ich zunächst unter dem Eindruck des Getöses wie gebannt stehen; dabei wurde mir allmählich klar, dass dieses Getöse von Hunderten von Menschen verursacht wurde, die wie die Wahnsinnigen brüllten, was, konnte ich unmöglich verstehen. Ich sah auch einige Bekannte, die ich als ruhige und wohlerzogene Bürger verschiedentlich getroffen hatte, sich ebenso wahnsinnig gebärden wie alle anderen und war völlig sprachlos. Nach einiger Zeit der Beobachtung schob ich mich in die durcheinander tobende Menschenmasse hinein und suchte die Gruppe um Herrn Reis, der die Börsengeschäfte unserer Bank unter sich hatte. Nach kurzer Zeit hatte ich ihn gefunden, und er schrie mir zu, einen anderen Herrn der Firma sofort zu ihm zu schicken. In normaler Lautstärke wäre es nicht möglich gewesen, auch nur ein Wort zu verstehen. Ich schob mich also wieder in die schreiende und durcheinander tobende Menschenmasse hinein, ohne jedoch den Herrn finden zu können und kehrte nach einiger Zeit wieder zu Herrn Reis zurück, der mich wütend wissen liess, dass ich ebensolaut brüllen soll, bis der andere es irgendwo hören könne. Ich lehnte das sofort ab und war von diesem Augenblick an für Herrn Reis gestorben. Danach betrachtete ich mir den ganzen Rummel noch mindestens eine Stunde lang, wobei ich einen für besonders tüchtig bekannten Aktienhändler zweifellos als den Besitzer der lautesten Stimme erkennen konnte. Der Strassenlärm des recht belebten Börsenplatzes kam mir beim Heraustreten wie die Stille im Wald vor. Bei dieser Gelegenheit begann ich meine eigenen Gedanken über das zu haben, was man im allgemeinen als Tüchtigkeit bezeichnet. Jedenfalls wurde ich niemals mehr an die Börse geschickt und war darüber sehr froh. Über die Börse selbst, bei der der Lauteste offensichtlich zuerst bedient wird, habe ich mir anschließend noch oft Gedanken gemacht, und über die

Die Frankfurter Börse

Börsenhändler bildete ich schon damals eine Meinung, die sich bis heute nur sehr wenig geändert hat. Auch was ich damals sonst in der Bank gesehen habe, hat mir über die Banken und ihre Besitzer oder auch Direktoren eine eigene Anschauung gegeben: Jedenfalls fand ich dort gar nichts, was ich hätte lernen wollen, um es in meinem Leben zu verwenden. Noch heute sehe ich die Banken als ein im Kapitalismus notwendiges Übel an, von keinen Skrupeln geplagt, die ihre Kunden nur auf die Wege führen, die der Bank oder Finanzgesellschaft den grössten Nutzen bringen. ... Meine Unzufriedenheit in einer solchen täglichen Arbeit musste ständig weiterwachsen, und ich sammelte in mir solche schlechte Laune an, dass ich selbst bemerkte, wie unangenehm ich im Umgang mit anderen geworden war. Als in der Bank für nicht Vieles zu gebrauchen, schickte man mich eines Tages zum Austragen von eiliger Korrespondenz für andere Banken in Frankfurt. Ich trug die Briefe ohne Eile aus und sagte danach meinem Chef, dass ich zum Lernen bei der Bank sei und künftig keine Briefe mehr austragen würde. Mein Chef war damals eine Frau, die mich kurz danach wieder zu sich rief, um mir Korrespondenz zum Austragen zu übergeben. Ich lehnte das rundweg ab und wurde anschliessend wegen Gehorsamsverweigerung zum Personalchef gerufen, der mir sagte, er könne das nicht dulden, wolle aber ... über die Sache hinwegsehen, wenn ich ihm zusagte, dass ich niemals mehr einen Auftrag ablehnen wolle. Ich habe das mit der grössten Freude abgelehnt und wurde daraufhin fristlos entlassen. Das beendete einen der unerfreulichsten Abschnitte meines Lebens, und schon nach wenigen Wochen hatte ich meine normale gute Laune wieder zurück."

Karl arbeitet wieder im väterlichen Geschäft. Die Gestaltung der Möbel, die Entwicklung harmonischer Einrichtungsvorschläge und die fachliche Beratung der Kunden im Verkauf machen ihm viel Freude. Er belegt an der Frankfurter Universität Vorlesungen in Kunstgeschichte, weil er erwartet dieses Fach könne ihm zusätzliche Kenntnisse für den Bereich der Inneneinrichtung vermitteln. Ein Studium der Innenarchitektur gibt es noch nicht. Das Studium bereichert zwar seine Kenntnisse, besonders fruchtbar empfindet er die „einschläfernden" Vorlesungen nicht.

Karl macht sich sein eigenes Ausbildungsprogramm. Für ein Semester geht er nach Berlin, arbeitet danach wieder im väterlichen Geschäft und hört in Frankfurt nur noch die Vorlesungen, die ihn wirklich interessieren. Er hält es für sinnvoll, eigene Erfahrungen im Metier zu sammeln und sich ein eigenes Einkommen zu sichern und geht für einige Zeit nach Wien.

Von allen Orten, an denen Karl sich als Volontär oder Möbelverkäufer in seinem Fach kundig macht und weiter bildet, kehrt er immer wieder gern nach Frankfurt zurück, um im väterlichen Geschäft zu arbeiten. Natürlich macht er wieder Reisen, Wanderungen und Ausflüge, mal mit Ernst zusammen, mal mit Frankfurter Freunden, mal mit den Arbeitskollegen, mal mit der ganzen Familie.

Über die Zeit Ende 1925 Anfang 1926 schreibt er: „Die Wochentage im Geschäft (in Frankfurt) verliefen für uns alle in einer ruhigen Routine, ohne Aufregung, zwar oft mit viel Arbeit, die uns allen aber immer Freude machte; es war schön, in einem wirklich geschmackvollen Rahmen zu arbeiten und abends fuhren wir im Sommer und Herbst noch oft auf den Feldberg, nach Wiesbaden, auf die „Platte" oder an den Rhein, um bei einem Glas guten Weins am Fluss im Freien zur Nacht zu essen. Die noch immer geringe Zahl der Autos ermöglichte dies Touren ohne jede nervliche Belastung und in aller Gemütlichkeit."

Bevor Karl endgültig in die Firma eintritt, will er noch die USA kennen lernen. „Man hörte soviel von den wirtschaftlichen Wundern der neuen Welt, ihren oft von den unsrigen ganz verschiedenen industriellen und kaufmännischen Methoden, sodass ich glaubte, als künftiger Chef unserer Firma diese Methoden und überhaupt das ganze amerikanische Leben kennenlernen zu sollen." Kurz vor seiner Abreise treten Ernst, der sich um die steuerlichen und rechtlichen Belange der Firma kümmert und sonst als Steuerberater arbeitet und Karl aus steuerlichen Gründen als persönlich haftende Gesellschafter in die väterliche Firma ein. Auch Fritz, der kurz vor dem Abitur steht, will ins väterliche Geschäft eintreten. Er soll erst eine Lehre bei der Frankfurter Metallgesellschaft machen.

Im Frühjahr 1926 hat die Firma das Jubiläum von Siegmund Langenbachs Meistereid gefeiert. Das Stadt-Blatt schreibt zu diesem Ereignis: „ein hundertjähriges Jubiläum, das will auch im Frankfurter Leben etwas bedeuten! Das ist immerhin ein Ereignis von besonderer Wichtigkeit nicht allein für die feiernden Kreise, sondern auch für die Stadt selbst, die Berufsgenossen und die Wirtschaft im allgemeinen. Einen solchen Gedenktag darf nun die Möbelfabrik H. & S. Langenbach, Kaiserstrasse 28, heute begehen. Genau hundert Jahre sind nämlich am 10. März 1926 verflossen, dass der Großvater des jetzigen Geschäftsinhabers den Bürger – und Meistereid vor dem Bürgermeister Frankfurts ‚ausgeschworen' hat. ... Siegmund Langenbach, der junge Meister des Jahres 1826, ist dann später sogar Zunftmeister geworden, gewiß ein Beweis für seine eigenen handwerklichen Fähigkeiten und Kenntnisse und deren Werthschätzung in der Zunft sowohl wie in der Stadtverwaltung. Heute nun, auf jenem ersten Meister fußend, zählt die Firma zu den bedeutendsten kunstgewerblichen Möbelfabriken Deutschlands." „Es war", erläutert der Zeitungsbericht weiter, „der erste Meistereid in der Firma, die damals bereits 47 Jahre bestand, denn im Jahre 1930 wird das hundertfünfzigjährige Bestehen des alteingesessenen Hauses begangen werden können." Dazu sollte es aber nicht mehr kommen.

Der Niedergang der Firma

Als Karl zu seiner Studienreise in die USA aufbricht, lässt er auf dem alten Kontinent eine junge Frau zurück, die er liebt. Hertha und er kennen sich nun schon über ein Jahr. Dass sie einander lieben, ist offensichtlich. Wenn Karl zurückkommen wird und so viel eigenes Einkommen verdient, dass es für die Gründung einer Familie ausreichend sein wird, dann werden sie heiraten.

In den USA sammelt Karl faszinierende und abstoßende Eindrücke gleichermaßen. In New York angekommen, sucht er schnell Arbeit. Als Verkäufer in der Möbelabteilung eines New Yorker Kaufhauses will man ihn erst einmal nicht einstellen, dazu ist sein Englisch nicht gut genug. So arbeitet er vorerst als Möbelpacker und lernt dabei die Sprache. Karl ist gemeinsam mit Adele, einer Freundin der Familie nach New York gereist. Beide haben dort Verwandte. Karl besucht den Arzt Dr. Alfred Meyer und seine Frau. Alfred Meyer ist ein Cousin seines Vaters, ein Sohn von Isaak Meyer und Mathilde oder Ida Langenbach. Gemeinsam besuchen sie das Grab von Otto, einem älteren Bruder von Moritz Langenbach. Die Meyers machen Karl mit einem weiteren Verwandten bekannt, ein Mr. Bloomingdale, von dem Karl erst später erfährt, dass es sich dabei um den Besitzer des bekannten New Yorker Kaufhauses handelt. Vermutlich ist auch Frau Bloomingdale eine Cousine von Moritz Langenbach gewesen.

Karl besucht alle New Yorker, die er aus Frankfurt kennt oder die er aus Frankfurt grüßen soll. Nach sieben Wochen als Möbelpacker hat er genug Englisch gelernt, „wenn auch nicht das Feinste", um als letzter Möbelverkäufer in der Möbel- und Einrichtungsabteilung eines großen Kaufhauses in New York zu arbeiten und sich seinen Lebensunterhalt selbst zu verdienen. Gemeinsam mit einer Gruppe von jungen Leuten, Verwandten von Adele, Bekannten, Freunden und Arbeitskollegen unternehmen sie Ausflüge und schauen sich das Land der unbegrenzten Möglichkeiten an. Er sieht im Kino einen der allerersten Tonfilme, verfolgt den Lindbergh – Flug und gerät in den ersten Verkehrsstau seines Lebens. Da sich die jungen Leute gemeinsam einen billigen Gebrauchtwagen geleistet haben, machen sie auch viele Fahrten über Land.

Dem American Way of Life begegnet er kritisch. „Die echte Qualität des Lebens war hier schon im Begriff, völlig zu verschwinden; sie wurde gerne gegen Geld, bzw. Status eingetauscht." Die Arbeitersiedlung von Bethlehem Steel Mills, einem der größten Stahlwerke der Welt, in Leigh Valley sind „das Trostloseste, was man sich denken kann. … So etwas, oder auch nur ähnliches, hatte ich noch nie gesehen." Er erhält immer wieder Einladungen in die „feineren" Gesellschaftskreise und stellt fest, dass man vor den Problemen des Landes die Augen verschließt. Als er das Problem der Arbeitslosigkeit erwähnt, erklären ihm die wohlhabenden Bewohner von „God's own country" empört, „es gäbe keine Arbeitslosen hier, höchstens arbeitsscheues Gesindel, denn, wer wirklich arbeiten wolle, dem ständen immer noch alle Möglichkeiten offen, und dieses Gesindel, das sich in den Parks herumdrückte, sei nur ein Fall für die Polizei. In Europa, ja, da könne so etwas vielleicht vorkommen, was man dort Krise nannte, niemals aber hier, und ich, erst einige Monate im Lande, könne das überhaupt nicht beurteilen. … Ich sagte, dass ich selbst Gelegenheit hatte, zu beobachten, dass viele Menschen ehrlich Arbeit suchten und einfach keine Arbeitsplätze für sie vorhanden seien; auch andere Anzeichen liessen mich nur zu deutlich eine bald kommende Krise in den vereinigten Staaten voraussehen." Die anwesenden Amerikaner erklären ihn für einen Grünschnabel, der keine Ahnung hat.

Mehrere Gesichtspunkte hatten ihn zur Erkenntnis bewogen, dass den Amerikanern eine Krise ins Haus stehe. „Die Zeitungen brachten grosse Annoncen aller Automobilfabriken, dass der Abzahlungstermin von – ich glaube damals 36 auf 42 Monate verlängert worden sei. … Jedenfalls sah ich darin ein Anzeichen, dass die Automobilfabriken ihre Produktion nur dadurch weiterhin verkaufen konnten, dass sie den zukünftigen Bedarf noch mehr vorwegnahmen als bisher, und da dieses Spiel sich nicht noch öfter um 6 Monate verlängern liess, müsse es irgendwann zum Stillstand und damit zu einer Krise grossen Ausmasses kommen. Gewiss, in der Einrichtungsabteilung von B. Altmann, in der ich jetzt arbeitete, merkte man noch nichts. … Aber wir hatten nur die oberste Gesellschaftsschicht zu Kunden und die merkte nicht nur noch nichts, sondern gewann zum grössten Teil noch riesige Vermögen durch Börsenspekulation an einer Börse, die während der Jahre 27, 28 und 29 praktisch nur nach oben ging, und an der man, im Vertrauen auf das ewige Weitersteigen der Aktien, es jedem Kunden ermöglichte, zehnmal mehr zu riskieren als er bezahlen musste. Zum Ankauf eines Papiers musste man nur 10 % des entsprechenden Wertes hinterlegen. Für den Rest hatte man Kredit, und so gingen selbst kleine Leute mit wenigen Dollars an die Börse zum Spekulieren. Bestimmt nicht die Arbeitslosen. Die Gewinne des zehnfachen Einsatzes wurden meist wieder neu angelegt, und die Beträge stiegen mit den Aktienkursen ständig weiter. Bei diesen „Marge" – Geschäften hätte man, wenn ein Papier gefallen wäre, sofort den entsprechenden Differenzbetrag nachbezahlen müssen; aber das gab es einfach nicht. Wir waren ja im Lande der unbegrenzten Möglichkeiten – bis zum Ende des Jahres 1929. Am „Schwarzen Freitag" im November 1929 passierte das Unmögliche: Die Aktienkurse gaben nach, und es wurde Nachzahlung gefordert, die grossenteils nicht geleistet werden konnte. Viele Aktien kamen daraufhin zum Zwangsverkauf, was die Kurse erst zum Fallen und dann zum Stürzen brachte. Es dauerte nur sehr kurze Zeit, bis praktisch die ganzen Vereinigten Staaten zahlungsunfähig waren und das gesamte Abzahlungssystem völlig zusammenbrach. 60 % aller Banken mussten ihre Schalter schliessen; die meisten Firmen, auch die grössten, darunter General Motors, stellten ihre Zahlungen ein, und ungezählte weitere Menschen verloren Arbeit und Brot. Es war zwar die erste Krise der USA, aber sie hatte Formen angenommen, die zeigten, wie unbegrenzt alle Möglichkeiten dort waren."

Zwischen Frankfurt und New York wird eine rege Korrespondenz geführt. Wenige Monate vor seiner Abreise aus den USA schreibt ihm der Vater, „dass es ihm geglückt sei, das unserem Geschäftshaus gegenüberliegende Privathaus des Bankiers Hauck zu kaufen." Den gesamten Kaufpreis habe er durch Aufnahme einer kleinen Hypothek auf das Geschäftshaus ohne Probleme aufbringen können. Das Gebäude von Hauck war das einzig verbliebene Wohnhaus mit Stallungen in diesem Abschnitt der Kaiserstraße. Moritz Langenbach hatte schon lange mit seinem Erwerb geliebäugelt. Er plane, so schrieb er dem Sohn, dort eine großzügige Gaststätte zu errichten. In weiteren Briefen schreibt er über den zügigen Fortgang des Geschäfts. Zwei stadtbekannte Cafés – das Café Rumpelmayer aus dem Westend und das Café Goldschmidt aus dem Ostend – bewerben sich als Mieter. Natürlich holt Moritz Langenbach noch Auskünfte über die Solvenz der künftigen Mieter ein, fast überflüssigerweise, denn beide sind in ganz Frankfurt als gutgehende Lokale bekannt. Moritz Langenbach entscheidet sich für das Café Goldschmidt.

Das Café Goldschmidt hat eine nahezu ebenso lange Geschichte wie das Langenbach'sche Möbelhaus. Seit 1842 wird es von der Familie Goldschmidt betrieben. Sein Vorläufer ist das Café Gundersheim gewesen. In der Allerheiligenstraße liegt der Haupteingang des Cafés, das aus mehreren Abteilungen besteht. Von hier aus gelangt man in den ersten Stock, wo das Café nach Wiener Art geführt wird und sich die besseren Leute treffen. In der Börnestraße liegt der Eingang zur „Kutscherstube", dessen Publikum aus Kutschern, Chauffeuren und Arbeitern besteht, die dort in Arbeitsklamotten bei billigem Essen und einem billigen Kaffee sitzen. Links vom Eingang in der Allerheiligenstraße treffen sich die jüdischen Metzger und Viehhändler, die Obst- und Gemüsehändler aus der Großmarkthalle, die damals noch in der Hasengasse war, die Textilhändler aus der näheren Umgebung und weitere Kaufleute. Die Leute von den Baufirmen, die Architekten, auch Beamte und Pensionäre nehmen ihr gepflegtes Tässchen Kaffee rechts vom Eingang in der Allerheiligenstraße zu sich. Dahinter liegt der Spielsaal, in dem sich die Skatrunden zu versammeln pflegen. Das Café, mit seinen mehreren hundert Plätzen, hat täglich von 6 Uhr morgens bis nachts um 11 Uhr geöffnet und ist immer gut besucht.

Da die Bedeutung des Ostends abnimmt, wollen die beiden Geschäftsführer Bernhard und Alfred Goldschmidt an einer erstklassigen Adresse investieren. In dem mehrstöckigen Gebäude in der Kaiserstraße wollen sie ein elegantes Tanzcafé betreiben.

Als Karl wenige Monate später glücklich wieder zu Hause ist, kann er schon die Fortschritte für den neuen Betrieb der Goldschmidts bewundern. Natürlich sind erhebliche Umbaumaßnahmen im Hause erforderlich. Das Kapital dafür kommt aus einer bescheidenen Hypothek auf das neue Grundstück. Reserven aus dem Familienbetrieb des Möbelhauses müssen dazu nicht angetastet werden. Mit den Mieteinnahmen werden sich Zins und Tilgung erwirtschaften lassen nebst einem erklecklichen Überschuss. Außerdem geht der Auftrag zur Einrichtung des Cafés an die Firma Langenbach – ein lohnender und anspruchsvoller Großauftrag. Bei Karls Ankunft rechnet man noch mit ungefähr drei Monaten bis zur Eröffnung. In der Möbelfabrik sind die vornehmen Holztäfelungen und das Mobiliar aus Edelholz schon in Arbeit.

Schon bald aber zahlt Goldschmidt die verabredeten Teilzahlungen nach erfolgter Lieferung eines Teils der Einrichtung nicht mehr pünktlich und erklärt dies mit einer vorübergehenden Liquiditätsschwierigkeit, da er für Wäsche, Porzellan, Bestecke, Registrierkassen, Kücheneinrichtungen, Lüftungsmotoren usw. binnen kurzem so viele Anzahlungen habe leisten müssen, dass er im Moment seine Reserven aufgebraucht habe, und die weiteren Teilzahlungen aus den Gewinnen seines gutgehenden Kaffeehauses leisten werde. Der Volksmund nennt das „Café Goldschmidt" auch „Café Goldgrube" und die Langenbachs wundern sich, dass der Betreiber jener Goldgrube seine Reserven schon so schnell aufgebraucht haben soll und „Wir merkten plötzlich mit Schrecken, dass uns durch die Art des Baues, selbst wenn wir gewollt hätten, kein Rückzug mehr möglich war." Vorerst ist das nur ein mulmiges Gefühl, aber die Rückstände gehen nicht an die Substanz und nach der Eröffnung wird das neue Café genug Gewinn abwerfen, damit die Verbindlichkeiten bald bezahlt sind. Niemand zweifelt daran, denn auch der andere Bewerber – Rumpelmayer – hat ja von erheblichen Gewinnchancen gesprochen und war recht verstimmt, nicht selbst zum Zuge gekommen zu sein.

„Schon im Endstadium des Baues. schätzungsweise sechs Wochen vor der Eröffnung wurden vom Architekten Teile der elektrischen Kücheneinrichtung zwecks Einbau angefordert und nicht geliefert." Wieder muss eine Zwischenzahlung geleistet werden und Goldschmidt ist immer noch nicht flüssig. „Zu diesem neuen Schrecken gesellte sich uns ernste Sorge zu, denn es war eindeutig klar, dass alles geschehen müsse, um den Betrieb in Gang zu bringen, und die einzigen, die dazu imstande waren, waren wir. Wir leisteten sofort die notwendige Zahlung, wohl schon aus den Reserven unserer Firma, die Teile wurden bald geliefert und eingebaut. Dasselbe passierte kurz danach mit den Motoren und Ventilatoren der Lüftungsanlage. Ich glaube, dass damals zum ersten Mal für diese Zwecke Kredite aufgenommen werden mussten, zumal mehrere der übrigen Goldschmidt'schen Lieferanten ihre Lieferungen von Zwischenzahlungen abhängig machten, die Herr Goldschmidt nur zum geringsten Teil leisten konnte. Da der Tag der Eröffnung schon nahe war, konnte man hoffen, dass das Unternehmen bald anlaufen und durch seine Einnahmen Rückzahlung ermöglichen werde."

Die Eröffnung des „Café Gegold" (für Gebrüder Goldschmidt) war ein rauschendes Fest und in den folgenden Wochen war das Haus auch gut besucht, dennoch erfolgen keine Zahlungen. Goldschmidt versichert, dass er trotz guter Einnahmen kein Geld übrig habe, verstehen könne er das auch nicht. „Auf die Frage meines Vaters, wo sich seine Vorberechnung etwa als unrichtig herausgestellt hätte, sagte er den Tränen nahe, dass er eine Vorberechnung niemals gemacht habe. Jetzt wussten wir, dass wir es mit einem offensichtlich völlig unfähigen Kaufmann zu tun hatten, obwohl in den Auskünften gerade auch seine Fähigkeiten auf diesem Gebiet besonders hervorgehoben waren. Da seine Firma uns bereits grosse Beträge schuldete, beauftragte mein Vater einen uns bekannten Treuhänder und Buchprüfer mit der Ausarbeitung eines genauen Berichtes über das alte Kaffee Goldschmidt, die „Goldgrube"." Das Ergebnis ist niederschmetternd, das Kaffee mache zwar große Umsätze, sei aber so wenig organisiert und kontrolliert, dass die erwirtschafteten Gewinne gering seien. Von dort seien die geschuldeten Beträge nicht zu erwarten, das könne allenfalls der neue Betrieb leisten, fall der besser organisiert sei. Genau das soll der Treuhänder jetzt gemeinsam mit einem Gastgewerbefachmann in einem Gutachten klären. Auch dessen Ergebnis ist verheerend. Vom fachlichen Standpunkt aus sei der Betrieb falsch geplant, im Ablauf unpraktisch und unkontrolliert. In seiner jetzigen Form würde er wohl kaum die Mietzahlungen aufbringen.

„Schon vorher hatte es Schwierigkeiten gegeben, als die Endzahlungen der Lieferungen von Zubehör an Herrn Goldschmidt fällig wurden. Da er nicht zahlen konnte, wandte man sich an uns. Zwar hatten wir niemandem ein Aval gegeben, jeder hatte dem Kaffee Goldschmidt fest vertraut, und die Beträge waren recht gross und gaben uns Anlass zu grösster Sorge. Wir mussten es damals ablehnen, weiterhin Herrn Goldschmidts Schulden zu zahlen und nach mehreren Wechselprotesten stellten Herr Goldschmidt und seine „Goldgrube" die Zahlungen ein. Damit ging der neue Betrieb zwangsläufig in unsere Hände über, da er sonst hätte geschlossen werden müssen, was für uns katastrophale Folgen gehabt hätte. Höchstens ein Riesenumbau, den wir finanziell gar nicht imstande wären durchzuführen, hätte den Betrieb voll rentabel machen können. Herr Schlette, der Fachmann, glaubte aber, dass durch Einführung von Kontrollen und begrenzten baulichen Veränderungen sich allmählich eine gewisse Rentabilität erreichen liesse. Mit Schrecken bemerkten wir, dass wir jetzt die Besitzer eines grossen Unternehmens geworden waren, von dem keiner von uns auch nur das geringste verstand. An einen Verkauf des unrentablen Betriebs war nicht zu denken, besonders nach der Zahlungseinstellung des Pächters."

Der bisherige Geschäftsführer des „Café Bauer" wird für die Leitung des neuen Unternehmens eingestellt. Nach einem Jahr hat sich Moritz Langenbach soweit in die Gastronomie eingearbeitet, dass er das Geschäft alleine führt. „Indessen hatten die Goldschmidt'schen Lieferanten des unumgänglich notwendigen Zubehörs wie Porzellan, Silber, Tischwäsche, Registrierkassen etc. ihre Eigentumsvorbehalte geltend gemacht und verlangten die entsprechenden Waren zurück. Es blieb uns nichts anderes übrig, als unter möglichst günstigen Bedingungen und mit mehr oder weniger grossen Nachlässen die Schuld zu übernehmen, was unsere schon geschwächten Kräfte bei weitem überschritt. Hinzu kommt, dass unsere eigene, recht bedeutende Lieferung viel Kapital verschlang und dass die aufgenommenen Hypotheken, denen keine Mieteinnahme gegenübestand, hohe Zinsen kosteten. Die Lieferung von Teppichen, Stühlen, Tischen, Stoffen etc. hatten wir an Spezialfirmen vergeben und mussten diese auch bezahlen. Ausserdem machte sich im Jahr 1928 die allgemeine Krise immer stärker bemerkbar, und die Arbeitslosenziffer belief sich in Deutschland schon auf mehrere Millionen. Mit am schlimmsten aber war die Tatsache, dass diese ganzen Vorgänge uns alle so beeindruckten, dass unser Geschäft damals etwas vernachlässigt wurde und die Umsätze zurückgingen. Um aber unter allen Umständen, selbst mit grossen Verlusten, diese Tragödie zu überwinden, ohne dass einer unserer alten Geschäftsfreunde zu Schaden kommen solle, wurde nun nach und nach alles, was wir besassen, zu Geld gemacht und nur zu spät bemerkten wir, dass die Belastung durch immer weiter laufende hohe Zinsen, sowie die Einbehaltungen grosser Kommissionen bei eiliger Geldbeschaffung durch Hypotheken, Kredite und Verkäufe uns unwiderstehlich in den Abgrund zogen."

Was jetzt noch an Rettungsversuchen erfolgt, kann das Desaster nur kurzfristig verzögern aber nicht verhindern: auf die Firma werden Bankkredite aufgenommen, die Fabrik wird verkauft und wieder angemietet, die Hypothek auf das Geschäftshaus wird erhöht. Gegen eine hohe Abfindung nutzt ein Kinokonsortium die Ausstellungsräume der Firma Langenbach, ein Angebot, das schon Jahre auf dem Tisch lag und von den Langenbachs stets zurückgewiesen worden war. All das reicht nicht aus. Schließlich stellen sie auch das Wohnhaus in der Eschenbachstraße zum Verkauf.

„Aber nichts half mehr. Wir spürten ein schreckliches Ende auf uns zu kommen, das wir alle, besonders natürlich unser Vater, unter allen Umständen zu vermeiden suchten. Herr Baum begann uns die Zahlungseinstellung mit einem Antrag auf Vergleichsverfahren zu empfehlen, und allmählich mussten wir uns an den Gedanken gewöhnen, dass dieses Ende kaum noch zu vermeiden war. Zuletzt wurde noch versucht, durch den Verkauf des Geschäftshauses, für das ein günstiges Angebot vorlag, und dann noch durch die Abgabe der Geschäftsräume und Überlassung unseres Namens, H. & S. Langenbach, an eine befreundete Konkurrenzfirma das Unvermeidliche zu vermeiden.

Die Abgabe der Firma hatte noch einen besonderen Grund, der meinem Vater grosse zusätzliche Sorgen machte. Wenige Jahre vor dieser ganzen Katastrophe war ein Prokurist aus seiner sehr guten Stellung bei unserem WK-Freund Arthur Schubert in Dresden zu uns herübergewechselt und hatte uns lange Jahre hindurch bestens gedient. Für ihn wäre nach dem Zusammenbruch der Firma kein Platz mehr gewesen, und ein ähnlicher Posten war in der damaligen Krisenzeit für ihn als über 50-jährigen, kaum wieder zu beschaffen. So war bei dieser letzten Transaktion vorgesehen, dass er unter gleichbleibenden Bedingungen in der neuen Firma weiterarbeitete. Wir, Vater, Ernst und ich, verpflichteten uns, nicht mehr in Frankfurt auf dem Gebiet der Einrichtung tätig zu sein."

Dieses Geschäftsdrama bringt zwei Frankfurter Traditionsunternehmen im Jahr 1928 das Ende: zum einem dem Café Goldschmidt, dessen Betrieb mit seinen hohen Umsätzen und dem bescheidenen Gewinn aufgrund der Fehlkalkulation für das Tanzcafé Gegold ebenfalls eingestellt werden muss. Zwei Jahre vor dem hundertfünfzigjährigen Bestehen endet auf bittere Weise die Familientradition der Langenbach'schen Möbelhandlung und -produktion in Frankfurt. Als „das Jahr Null" hat Ernst Langenbach dieses Schicksalsjahr für die Familie bezeichnet.

Das Vergleichsverfahren wird beantragt. Bis auf wenige Gegenstände, an denen das Herz hängt, wird die Einrichtung des Hauses in der Eschenbachstraße auf einer Auktion versteigert, das Haus an das Städtische Krankenhaus verkauft. Ernst, der für die Firma Carsch & Co einige Steuerprozesse führt, verfügt über ein eigenes Einkommen, er mietet ein möbliertes Zimmer. Auch die Eltern mieten sich ein Zimmer. Der neunzehnjährige Fritz, der inzwischen als Angestellter in der Metallgesellschaft arbeitet und Karl können bei Onkel Ernst in der Palmengartenstraße 3 in einer Mansarde wohnen, ohne Heizung zwar, aber auch ohne Miete.

Karl löst die Verbindung zu Hertha, sagt, dass er sie nicht heiraten kann, da er auf absehbare Zeit keine Familie unterhalten können wird. Der Vater arbeitet als Geschäftsführer des Café Sacher – Wien, wie es nun heißt, und versucht den Betrieb, von dem er nichts versteht, rentabel zu machen. Die Mutter versucht verzweifelt, sich ihren Kummer nicht anmerken zu lassen.

„Wir hatten nun keinen eigenen Haushalt mehr, besonders für unsere Mutter ein harter Schlag. Das Frühstück nahm jeder bei sich ein, und zum Mittag- und Abendessen trafen wir uns in der Bar des Café Sacher. Diese Bar blieb jedenfalls viele Jahre lang das Lokal, in dem sich die Familie mindestens einmal täglich zusammenfand. ...Erst als die in Frankfurt verbliebene Familie sich später wieder mit vereinten Kräften eine eigene Wohnung nehmen konnte, wurde dort wieder ein geregelter eigener Haushalt geführt."

Nichts ist mehr, wie es war. „Über das, was damals in mir vorging, kann ich nichts berichten. Ich weiss nur, es war völlige Hoffnungslosigkeit, Verzweiflung und tiefe Traurigkeit." Was in Moritz Langenbach vorgegangen sein muss, kann man nur erahnen. Als Kaufmann hat er bis dato immer erfolgreich agiert, das Geschäft zu großer Bedeutung geführt, selbst in Kriegs-, Inflations- und Deflationszeiten so umsichtig gehandelt, dass die politischen und wirtschaftlichen Krisen nie die Substanz der Firma tangierten. Und nun hat eine naheliegende, zuvor geprüfte Investition alles in den Abgrund gerissen. Aber in der Krise zeigt sich auch ein Positivum: Die Familie hält zusammen.

Das Ende der Republik

Fritz sowie Adele, mit der er in den USA war, reißen Karl aus seinen Depressionen. Ihn hat die Krise in besonderer Weise getroffen. Die beiden Brüder hatten sich nur zeitweise um die steuerrechtliche oder kaufmännische Abwicklung innerhalb der Firma gekümmert. Karl dagegen hatte all sein Engagement dem Kernbereich gewidmet: den Entwürfen von Einrichtungen und Möbeln, der Kenntnis der hochwertigen Materialien, der formal und funktional anspruchsvollen Gestaltung und dem Umgang mit den Kunden. Bis er sich von seinem Schock erholt hat und begreift, dass er diese Kenntnisse, die er sich erworben hat, auch woanders als in der väterlichen Firma anwenden kann, vergehen einige Monate.

„Meine Eltern hatten inzwischen auch ihr seelisches Gleichgewicht auch wieder gefunden, Ernst hatte eine aussichtsreiche Tätigkeit, und Fritz kam in der Metallgesellschaft langsam vorwärts. Mein Vater betrieb den ihm jetzt schon vertrauten Gastwirtsbetrieb mit Intelligenz und Energie und brachte ihn auf einen Stand, der ihm die Zahlung der Hypothekenzinsen sowie der notwendigsten bescheidenen Entnahmen ermöglichte. Für mich war kein Platz mehr in meiner Heimatstadt." Er hatte ja als Gesellschafter der Firma mit unterschreiben müssen, dass er sich in Frankfurt nicht mehr in der Möbelbranche betätigen dürfe. Am Buß- und Bettag 1929 verlässt er Frankfurt. In Hamburg spricht er beim Direktor des Karstadt – Konzerns vor. „Dort trat ich nicht wie jemand auf, der noch keine 100 Mark in der Tasche hat. Ganz im Gegenteil berichtete ich von meinen bisherigen Tätigkeiten, besonders auch in den USA und sagte, dass ich mich deshalb an ihn gewandt hätte, weil ich mir denken könne, dass er bei der ständigen Ausdehnung seines Konzerns Menschen brauche, die, wie ich, noch jung und energisch, gern bereit seien, Verantwortung zu tragen, und dass ich sicher sei, nach einer Zeit der Eingewöhnung die Führung einer Abteilung, möglichst Möbel, und später auch die Leitung eines ganzen Kaufhauses übernehmen zu können. Es war wohl etwas großspurig, aber damals bestimmt die richtige Taktik."

So einen hochwertigen Posten hat die Firma im Moment zwar nicht zu bieten, aber Karl Langenbach kann als Möbelverkäufer in Celle anfangen, wo in Kürze eine neue Karstadt- Filiale eröffnet werden soll. Es gibt ein mäßiges Gehalt von knapp 200,– Mark und eine Provision auf die eigenen Verkäufe von einem halben Prozent. Karl entwickelt sich zum Meister des kleinen Budgets. Er fährt umgehend nach Celle, zeigt sich von der Kleinstadt weitgehend unbeeindruckt und beginnt sofort mit der Arbeit. Er mietet ein Zimmer, es ist „wieder eine ungeheizte Mansarde, das WC auf dem Treppenabsatz, eine halbe Etage tiefer." Die Mahlzeiten nimmt er in einem kleinen Restaurant, „wo man für wirklich wenig Geld ein sehr ordentliches Essen bekam. Wenn man dort im Voraus 12 Gutscheine für Essen kaufte, war es etwas billiger, und so kaufte ich mir sofort diese Gutscheine. … Ich habe während der ganzen Zeit in Celle immer dort zu Nacht gegessen und bin oft noch stundenlang sitzen geblieben, denn dort waren verschiedene deutsche Zeitungen aufgelegt. ...Hier war es auch, dass ich mit ebensogrossem Interesse wie Entsetzen den Zusammenbruch der amerikanischen Wirtschaft verfolgte. Die Ausmasse der dortigen Krise waren weit schlimmer als ich sie mir vorgestellt hatte und mussten sich auch bei uns noch in einer Verschärfung der Wirtschaftskrise auswirken."

Die Möbel, die er verkaufen muss, gefallen ihm gar nicht. Sie sind häßlich und von schlechter Qualität. Dass er sie den Leuten mit fadenscheinigen Argumenten andrehen soll, macht ihm zu schaffen. Anfang 1930 bewirbt er sich auf eine Annonce, in der ein „Erstklassiges Berliner Einrichtungshaus einen fachkundigen und ideenreichen Verkäufer" sucht. Karl wird zum Vorstellungsgespräch in die Firma Hermann Gerson eingeladen, die Reisekosten nach Berlin muss er selbst tragen. „Es war für mich ein herrlicher Anblick, so geschmackvolle und erstklassige Möbel in bester Aufmachung zu sehen, nach all den Scheusslichkeiten in Celle." Verdienen würde er 250,– Mark und ein halbes Prozent Provision. Das erscheint ihm in der teuren Großstadt Berlin nicht besonders viel. Karl muss auf schriftlichen Bescheid warten, ob sie ihn nehmen. Gerade als diese Zusage eintrifft, da macht ihm auch Karstadt in dieser Zeit ein Angebot: er soll in Lübeck stellvertretender Abteilungsleiter in der Möbelabteilung werden. Finanziell ist die Offerte von Karstadt günstiger, und sie enthält die Perspektive weiteren beruflichen Aufstiegs. „Mein Herz zog mich nach Berlin, mein Verstand nach Lübeck... Die Auswahl lag zwischen innerer Befriedigung bei bescheidenem Lebensstil und eventuellen guten finanziellen Aufstiegsmöglichkeiten. In der Nacht, in der ich wenig schlief, entschied ich mich für den Weg der geringeren wirtschaftlichen Zukunft, die durch das Glück innerer Zufriedenheit mehr als ausgeglichen werden sollte; mit der Bescheidung, die das mit sich brachte, glaubte ich mich leicht abfinden zu können und die Freude, in einer ästhetisch besonders schönen Umgebung den Tag zu verbringen und weiterhin einen schöpferischen Beruf auszuüben, war kaum durch Geld zu ersetzen."

Er findet in Berlin ein schönes Zimmer, bei einer Familie namens Meyer mit drei erwachsenen Kindern, und freundet sich mit allen Familienmitgliedern schnell an. Die Sonntage verbringt er meistens bei den Kurzwegs: Onkel Louis, Tante Betti und ihren Töchtern. Gemeinsam machen sie Ausflüge, die ihm gut gefallen, „obwohl sich die Umgebung von Berlin mit der Frankfurts nicht vergleichen kann." Die Arbeit im Geschäft lässt sich gut an. Er macht einige gute Abschlüsse und kann daher ein wenig Geld zur Seite legen; „Ich konnte also zu Pfingsten nach Frankfurt fahren, woran mir sehr gelegen war, besonders da dort meine Eltern, Ernst und Fritz sich zusammen getan und eine hübsche kleine Wohnung gemietet hatten, die sie mit den Resten unserer Wohnung einrichteten, und von der sie schrieben, dass sie sehr gemütlich sei. Sie hatten jetzt auch wieder dadurch einen eigenen Haushalt, besonders wichtig für meine Mutter. In diesem kleinen Haushalt wollte ich sobald wie möglich wenigstens ein paar Tage mitleben."

Die Wirtschaftskrise macht auch vor der reichen Kundschaft des Hauses Gerson nicht halt. Dem Umsatzrückgang begegnet man mit Entlassungen. Auch Karl Langenbach wird ins Personalbüro zitiert. Man zählt ihn zu den „relativ hochbezahlten" Angestellten, aber seine Verkäufe stünden in keinem Verhältnis zu seinem hohen Gehalt. Ehe Karl sich kündigen lässt, verzichtet er auf 100,– Mark seines Festgehaltes und handelt dafür eine Provision von einem Prozent aus. Sein Vorschlag wird akzeptiert, er behält seine Stelle.

Über Pfingsten sieht er das erste Mal die neue Wohnung der Eltern und Brüder in der Niedenau. „Es gefiel mir dort sehr gut, war gerade gross genug, gemütlich und geschmackvoll, und ich bemerkte sofort, wie sehr diese Wohnung oder besser dieser Haushalt allen wohlgetan hatte, besonders meiner Mutter. Wir waren noch bis spät in der Nacht in dem gemütlichen Wohnzimmer zusammen, und ich hatte den Eindruck, dass alle glücklich waren, das Schlimmste hinter uns zu haben und wieder anfingen, Pläne zu machen. Plänemachen war früher bei uns immer eines der wichtigsten Dinge und zeigt auch, dass der Mensch an eine Zukunft glaubt, ein Glaube, der gute zwei Jahre hindurch für uns völlig verloren gegangen war." Die Pläne betreffen eine kleine Reise in die Dolomiten, die Fritz und die Eltern machen wollen. Es muss mit spitzem Stift gerechnet werden. Das teuerste sind die Fahrtkosten. Karl schlägt vor, sich über die „winzigen Automobile" zu erkundigen, die von BMW gebaut werden, die zuverlässig, verbrauchsarm und billig in der Anschaffung sein sollen. Da auch Ernst in diesem Jahr noch einen kleinen Urlaub machen will, könnte sich eine gemeinschaftliche Anschaffung solch eines Gefährts rechnen.

Genau so wird es gemacht und durch glückliche Umstände kommen alle Familienmitglieder in diesem Jahr zu einem kleinen Urlaub in den geliebten Alpen. „Ich hatte mich in mein so viel bescheidneres Leben völlig hineingefunden, wusste, dass ich mit meiner Stellung sehr zufrieden sein musste, und nahm mir fest vor, jedes Jahr wieder eine schöne Sommerreise zu machen, denn bei dem relativ billigen Leben, das ich mir zur Form machte, hatte ich beinahe jeden Monat einen Überschuss, besonders durch die damals gegen mich erzwungene Änderung meines Gehaltes. ... Von Berlin nutzte ich möglichst viel von dem aus, das es damals bot; als Stadt konnte es sich für mich niemals mit Frankfurt vergleichen." Er besucht Ausstellungen, Konzerte, Kabaretts und Theater; „für wenig Geld konnte man ganz oben oder ganz hinten manches davon sehen, was ich im Rahmen meiner Möglichkeiten ausnutzte."

Die ganze Familie hat ihr Gleichgewicht wieder gefunden und richtet sich in den bescheideneren Verhältnissen zufrieden ein. Moritz Langenbach ist es gelungen, den Kaffeebetrieb zu stabilisieren. Es könnte so weiter gehen, aber die politischen Verhältnisse bereiten ihnen allen Kopfzerbrechen. „Im Laufe dieser ersten dreissiger Jahre, in denen die meisten Deutschen, die nicht gerade der privilegierten Schicht angehörten, an der Zukunft mehr und mehr verzweifelten, begann die politische Radikalisierung von Umzügen, Pamphleten und wilden Reden sich in Saal- und Strassenschlachten umzuwandeln. ... Der Anblick der braunen SA-Uniform im Strassenbild wurde allmählich zu einer Selbstverständlichkeit und Umzüge der SA und der Hitlerjugend mit ihren blutrünstigen Liedern begegneten einem immer häufiger." In der Firma Gerson „wurde der Betriebsrat im allgemeinen noch von sozialdemokratischen Ar-

Einen Tag vor dem sogenannten Judenboykott, bei dem an Frankfurter Geschäften derartige Schmierereien zu lesen waren, sind Moritz, Cecil und Fritz Langenbach nach Paris emigriert.

beitern und Angestellten gestellt. ... So konnte mir der Aufenthalt innerhalb der Firma auch auf diesem Gebiet nur sympathisch sein. ...In unserer Abteilung gehörten die meisten dem Mittelstand an, der sich am liebsten unpolitisch gab, zum Teil schon aus Vorsicht. Nur unsere Stenotypistin, Fräulein Süpke, machte aus ihren sehr linken Anschauungen kein Hehl. Sie war sehr tüchtig und sehr intelligent und hat mir in jeder Hinsicht imponiert. Stets guter Laune hatte sie, wenn sie morgens ins Geschäft kam, schon ihre Wohnung aufgeräumt, Wäsche gewaschen und Lebensmittel vorbereitet, damit sie am Abend, wenn ihr Mann aus der Fabrik nach Hause kam, nur noch kochen und evtl. plätten musste, um sich dann noch unterhalten zu können oder zu einer Parteiversammlung zu gehen und zu lesen, eine Leistung, die meine Fähigkeiten bei weitem überschritten hätten. Solche Frauen gab es in den einfachen Schichten ungezählt, ... Süppchen, wie wir alle sie nannten, war ein besonders feiner Kerl.“

Im Spätsommer 1931 macht Karl wieder mit Ernst in dem kleinen Auto einen Sommerurlaub in den Alpen. Nach Berlin zurückgekehrt, wird ihm eine neue Empfangsdame im Geschäft vorgestellt. Die achtzehnjährige Käthe ist ihm sofort sehr sympathisch. „Nach einigen Monaten wurde sie meine Freundin, die dann den Hauptplatz in meinem Leben innehatte, solange ich noch in Berlin wohnte. ... Sie war von Hause aus bescheiden; eine Mutter, die von ihrer Kriegswitwenrente ihre zwei Töchter aufziehen musste und das in tadelloser Weise tat, konnte weder sich noch ihren Töchtern Extravaganzen erlauben. Die beiden Mädels waren immer tadellos angezogen, nähten sich aber ihre Kleider selbst, zusammen mit ihrer Mutter. Nachdem sie die Schulen hinter sich hatten, hatte ihre Mutter sorgfältig eine Arbeit für jede dieser sehr hübschen Schwestern gesucht und gefunden. Käthes Schwester war Verkäuferin in dem feinsten Herrenartikelgeschäft von Berlin, Firma Braun, Unter den Linden, und Käthe war jetzt bei Hermann Gerson." Politisch ist Käthe wie ihre ganze Familie links eingestellt und hasst die Nazis.

„Mir machte damals die Entwicklung in Deutschland schon die grösste Sorge; ich fürchtete, dass es nur eine Frage der Zeit sein könne, bis Hitler an die Macht käme, und, einmal im Sattel für jeden Demokraten, besonders aber für uns Juden, das grösste Unheil bedeuten werde. Es kam mir keinen Augenblick der Gedanke, dass die „Suppe nicht so heiss gegessen wird, wie gekocht", wie man damals vor allem in jüdischen Kreisen oft hörte. Am Abend des Tages, an dem Herr von Papen zum Reichskanzler ernannt worden war, hatte ich mich mit Walter Kleeblatt im Kaffee des Westens in der Hardenbergstrasse verabredet. Noch heute sehe ich uns an einem Tisch am Fenster sitzen und über die Lage in Deutschland sprechen. Ich meinte ernsthaft, es sei an der Zeit, sich im südlichen Schwarzwald, wo die Grenze gegen die Schweiz oft nur durch kleine Bäche gebildet wird, genauer umzusehen, denn mit Hitler einmal an der Macht, könne es schon sein, dass ein normales Ausreisen nicht mehr möglich sei, und in Deutschland zu bleiben sei besonders für uns Juden dann höchst unerfreulich, wenn nicht gefährlich."

Auch in Frankfurt ist die Stimmung gedrückt. In den letzten gemeinsamen Sommerferien 1932 im Schwarzwald drehen sich die Gespräche oft um die politische Situation. Der Vater erzählt von Angestellten im Café Sacher, die offen Nazis sind und sich ihm gegenüber provozierend verhalten. Er geht höchst ungern in den Betrieb. Da die Nachfolgefirma des Möbelhauses selbst in Schwierigkeiten geraten war und keine Zahlungen mehr leistet, fühlt er sich nicht mehr an seine Unterschrift gebunden und arbeitet manchmal freiberuflich als Innenarchitekt. Sie leben „mit dem Vorgefühl eines herannahenden Unheils, aber immer noch mit der Hoffnung, dass es vielleicht vermieden werden könne.“

Aber der Schrecken kommt schnell. „Als ich zur Mittagszeit am 31. Januar 1933 das Gebäude der Firma Hermann Gerson verliess, sah ich in der BZ am Mittag die Schlagzeile: „Adolf Hitler – Reichskanzler.“ Gerüchteweise hatte ich das schon im Geschäft gehört, aber jetzt musste ich es glauben.“

Am 1. Februar wird der Reichstag aufgelöst. Am 28. Februar werden in der Verordnung „zum Schutz von Volk und Staat“ wichtige Grundrechte außer Kraft gesetzt, die SS bekommt Polizeifunktionen, die ersten politischen Gegner werden in „Schutzhaft“ genommen und in Konzentrationslager gebracht. Bei den Reichstagswahlen am 5. März erreichen die Nazis einen Stimmenanteil von 44 Prozent. Zwischen dem 5. und dem 10. März werden alle noch nicht nationalsozialistisch geführten Länder durch die Einsetzung von „Reichskommissaren“ gleichgeschaltet. Drei Tage später wird Goebbels „Reichsminister für Volksaufklärung und Propaganda“. Am 24. März wird das Ermächtigungsgesetz, dem im Reichstag nur die Sozialdemokraten widersprechen, verabschiedet. Die Nazis haben sich den Staat unter den Nagel gerissen.

Auswanderung und Wiederkehr

Höchst beunruhigt fährt Karl Anfang Februar zur Feier von Vaters 61. und seinem 29. Geburtstag nach Frankfurt. Er will mit der Familie die bedrohliche Lage besprechen. „Die beiden Geburtstage wurden im gemütlichen Heim der Familie mit gutem Essen und Trinken gefeiert, aber die Stimmung war recht gedrückt. Im Café Sacher versuchte mein Vater, sich möglichst wenig sehen zu lassen und war jeden Abend froh, wenn er ohne Unerfreulichkeiten wieder nach Hause kam. Ernst hatte sich gerade kurz vor der Machtübernahme durch Hitler mit einem ehemaligen höheren Beamten des Finanzamtes der Mitglied der sozialdemokratischen Partei war, als Partner zusammengetan, und sie hatten ein hübsch eingerichtetes Büro aufgemacht, in dem sie gemeinsam Steuerprozesse führten. Dieser Sozius war kriegsverletzt und hatte ein Bein verloren. Er wurde schon seit einiger Zeit von den Nazis in seinem Amt in der unangenehmsten Weise belästigt, jetzt noch besonders, weil er sich mit einem Juden zusammengetan hatte. Auch Richard berichtete Unannehmlichkeiten aus seinem Geschäft. Die meisten unserer Verwandten konnten sich noch nicht an den Gedanken gewöhnen, dass für uns Juden früher oder später kein Platz mehr in Deutschland sei. Wir, d. h. ganz besonders ich, waren davon aber schon fest überzeugt. Vielleicht wirkte dabei auch die Tatsache mit, dass sie alle viel mehr zu verlieren hatten als wir; andererseits konnten wir für den Fall der Auswanderung mit praktisch keinen Hilfsmitteln rechnen und mussten einen Sprung ins Leere wagen. Wir trennten uns sehr besorgt und ich versprach, sofort wieder nach Frankfurt zu kommen, wenn die Weiterentwicklung der Lage es angebracht erscheinen liesse."

Am 13. März werden in Frankfurt Kommunalwahlen abgehalten. Oberbürgermeister Landmann hat schon zwei Tage zuvor seinen Rücktritt erklärt und reiste unmittelbar darauf ab. Das bewahrte ihn vor Verhaftung. Die hatten die Nazis mit der Begründung geplant, „um zu verhindern, dass die Erregung der Volksmassen sich zu Tätlichkeiten gegen den Oberbürgermeister Dr. Landmann auswächst." „Schutzhaft" nennen sie das. Am Tag nach der Wahl versiegelt die Kriminalpolizei die Räume des Instituts für Sozialforschung, die Akademie für Arbeit wird geschlossen, auf der Zeil werden Eingänge zu Warenhäusern blockiert. mit Sprechchören und Schildern werden Passanten aufgefordert nicht bei Juden zu kaufen, SA und SS besetzen die Eingänge zum Römer, nehmen den Bürgermeister und einen Stadtrat fest, verhaften auch Karl Kirchner, den Fraktionsvorsitzenden der SPD.

Als nach der Verabschiedung des Ermächtigungsgesetzes sich der braune Pöbel mal wieder auf den Straßen breit macht, gelingt es Käthe und Karl kaum, dem Rummel und dem Gegröle der Militärmärsche auszuweichen. Schon an einem der folgenden Tage wird zum Boykott jüdischer Geschäfte für den 1. April aufgerufen. Nach einer schlaflosen Nacht fährt Karl nach Frankfurt – am 28. oder 29. März, um zur sofortigen Auswanderung zu raten. Zu diesem Schritt muss er in Frankfurt niemanden mehr überreden. Die Eltern und Brüder schätzen die Gefahr im Café Sacher mit seinen Nazikellnern und Naziköchen ebenfalls als brisant ein. Fritz und die Eltern haben sich schon entschieden, sofort nach Paris auszuwandern. Ob man überhaupt noch unbehelligt über die Grenze kommt, weiß niemand. Zum Abschied nehmen von allen Freunden und Verwandten bleibt nur wenig Zeit. Etwa drei- bis viertausend Mark können sie noch von ihrem Konto abheben. Das muss reichen für den Lebensunterhalt und den Aufbau einer Existenz. Die Koffer werden gepackt, Kleidung, ein wenig Tisch- und Bettwäsche und das Silberbesteck für vierundzwanzig Personen. Sie vereinbaren, dass Fritz und die Eltern von Saarbrücken aus ein Telegramm schicken sollen, mit dem harmlosen Text: „Ankommen morgen 7 Uhr." Dann wissen Ernst und Karl Bescheid, dass sie gut über die Grenze gekommen sind. Am 31. März bringen sie die Eltern und Fritz zum Zug. „Am Bahnhof lag jedem von uns ein Stück Blei im Magen. Dabei waren Ernst und ich noch froh, wenn wir sie außerhalb Deutschlands wussten und rechneten sehr damit, dass es ihnen gelingen werde, draussen irgendetwas aufbauen zu können, wenn auch noch so bescheiden, damit auch wir danach den Sprung ins Ungewisse wagen könnten. Zunächst konnten wir noch am meisten von Deutschland aus helfen, bald allerdings nur noch mit 50,– Mark pro Monat. Vom Bahnhof aus gingen Ernst und ich in das nun leere Familienheim und warteten auf das Telegramm, eine traurige Gesellschaft." Am Nachmittag trifft das Telegramm ein. Zur gleichen Zeit spricht Roland Freisler auf dem Römerberg. Er ist als Sonderbeauftragter des Justizministers in Frankfurt und kümmert sich um die „Entjudung" der Justiz.

Der nächste Tag ist der Tag des „Judenboykotts". In Frankfurt wimmelt es von SA und Hitlerjugend, sie grölen „Deutschland erwache, Juda verrecke". An den jüdischen Geschäften prangen Plakate „Judenladen, ein Deutscher kauft nicht bei Juden", SA- Männer stehen davor, um die Einhaltung des Boykotts zu überwachen. „Die Handelskammer der Stadt Frankfurt hatte eine Sitzung einberufen, um über den Weitergang der Aktion und ihre wirtschaftlichen Folgen für die gesamte Kaufmannschaft der Stadt zu beraten. Mitten in der Sitzung stürmten SA-Leute in den Saal, sammelten alle dort befindlichen jüdischen Geschäftsinhaber, jagten sie auf die Strasse und stellten einen Trupp zusammen, der dann unter dem

Johlen der Zuschauer im Laufschritt durch die ganze Stadt zur Festhalle getrieben wurde, mit SA Begleitung in Automobilen. Es waren auch recht alte Leute darunter und einige sind mit Herzanfällen unterwegs zusammengebrochen. Was für ein Glück, dass unser Vater fort war. Richards Sozius, Siegfried Carsch, mit dem wir alle sehr befreundet waren … musste ebenfalls mitlaufen und blieb bis zum nächsten Morgen zusammen mit all den anderen in der Festhalle verhaftet; … es war ein echter Vorgeschmack für das, was noch kommen sollte.“

Karl fährt zurück nach Berlin und trifft dort auf die Familie Meyer, seine Vermieter, die ebenfalls existentielle Sorgen plagen. Eigentlich hätte Erich Meyer, der Sohn, auf dessen Einkommen die Familie angewiesen ist, in der AEG zum kaufmännischen Direktor befördert werden sollen, stattdessen hat man ihn am 1. April fristlos entlassen, als „Judenstämmling“. Hertha, die älteste Tochter hatte schon gleich nach der Machtergreifung sich um eine Stelle an einer ausländischen Universität bemüht und wenige Tage zuvor in Turin angefangen. Erich wendet sich an einen Freund in Rio de Janeiro, um zu erfahren, ob es dort Arbeitsmöglichkeiten für ihn gäbe. „Nach einigen Wochen erhielt er eine Antwort aus Rio; sein Freund schrieb ihm, es bestände für ihn keinerlei Zweifel, dass er schnell eine aussichtsreiche Stelle finden werde. … Ich bat Erich, sich auch meinetwegen in Rio zu erkundigen und mich wissen zu lassen, ob Brasilien auch für mich als Auswanderungsland in Frage käme.“ Mit ihren reduzierten Einkünften können Meyers ihre Wohnung nicht mehr halten. Sie ziehen in eine kleinere und billigere Wohnung und richten dort gleich auch für ihren Untermieter, Karl Langenbach, ein Zimmerchen her. Aus Rio kommt die Nachricht, „dass ebenfalls kaum Schwierigkeiten beständen, mir eine anständige Stellung zu beschaffen. Zwar beschäftigte ich mich damals immer mit dem Gedanken der Auswanderung, aber zunächst wollte ich, wenn möglich noch abwarten, ob meine Familie in Paris sich eine Existenzbasis schaffen könne. Ausserdem bemerkte ich, wie ungern ich Europa verliesse und zog den Gedanken, nach Übersee auszuwandern, nur für den allerletzten Fall in Frage.“

In Paris versuchen unterdessen der zweiundzwanzigjährige Fritz und die Eltern im Alter von einundsechzig und achtundfünzig Jahren eine neue Existenz aufzubauen. Auch die französische Wirtschaft ist von der Weltwirtschaftskrise stark tangiert. An eine Arbeitserlaubnis für deutsche Flüchtlinge ist nicht zu denken. Die drei Langenbachs wohnen vierzehn Tage in einer preiswerten Pension, bis sie zwei möblierte Zimmer beziehen können. Sie haben ja nur wenig Kapital, können also nur etwas produzieren, was schnell und billig herzustellen und ohne Aufwand zu verkaufen ist. „Es fiel ihnen auf, dass gerade ein neues Strassenspiel im Aufkommen war, dessen Herstellung kein grösseres Kapital erforderte. Es handelte sich um einen Ping-Pong- Schläger, an dem mittels eines langen, dünnen Gummibandes ein Ping-Pong-Ball angebunden war. Wenn man den Ball fest wegschlug, kam er durch das elastische Band kräftig zurück, und es kam darauf an, möglichst lange den Ball nicht zu verlieren. Schon nach kürzester Zeit begannen sie mit der Fabrikation und dem Verkauf, wenn auch natürlich nur in sehr kleinem Umfang. Sie gründeten eine Firma mit französischem Namen: „Maurice Langère" und mieteten einen Raum in der obersten Etage eines alten Bürohauses in der Rue de la Victoire. Hier sassen sie nun den ganzen Tag, bald mit noch einigen Emigranten, durchbohrten die Schläger und Bälle und befestigten das Gummiband. Unter den damals noch wenigen Emigranten in Paris hatte es sich bald herumgesprochen, dass hier dieses Spielzeug von einer Familie von Leidensgenossen hergestellt wurde, und bald sassen viele andere beinahe nur junge Emigranten in dem Zimmer, auch bei meinen Eltern zu Hause und halfen bei der Produktion. So gelang es ihnen für diesen Sommer sich selbst und auch noch einigen anderen deutschen Glaubensgenossen den Lebensunterhalt zu verdienen und vielleicht sogar noch etwas mehr; aber von Anfang an besorgte sie der Gedanke an den Winter, wenn dieses Spielzeug nicht mehr gebraucht wurde. Damals lernten sie eine andere Emigrantenfamilie namens Margulies kennen, die über etwas mehr Kapital verfügte und sich sozusagen mit meinen Eltern und Fritz assoziierte. … Meine Mutter half fleissig bei der Fabrikation und versorgte noch den Haushalt in von allen sehr gerühmter Weise. Früher hatte sie niemals selbst gekocht, und dennoch haben ihr ihre Küchenkenntnisse dazu verholfen, jetzt in der Auswanderung ihre Familie und einen oder mehrere Gäste bestens und billigst zu verpflegen."

Ernst und Karl wollen auch in diesem Sommer einen gemeinsamen Urlaub machen und fahren natürlich nach Paris. „Es waren einige harmonische, ich möchte beinahe sagen, sogar auch fröhliche Tage, obwohl sowohl Ernst als auch ich unseren Vater in der kurzen

Zeit sehr gealtert fanden. Wir hörten viel von dem noch recht guten Geschäft und von der Suche nach einem geeigneten Anschlussartikel, möglichst in der Spielwarenbranche. Auch erzählte unser Vater sehr begeistert von der grossen Hilfe, die Fritz für ihn bedeutete, dessen Umsicht und Fleiss er besonders hervorhob, und Mutter berichtete, wie sehr sowohl Vater als auch Fritz ihr halfen, wo immer sie nur konnten. ... Ich dachte ernsthaft daran, meinen Vater mit Ernst fahren zu lassen und das Geschäft in Paris mit Fritz so lange zu führen, aber Vater lehnte dies rundweg ab, auch mit der zweifellos richtigen Begründung, dass man selbst von diesem kleinen Geschäft wenigstens eine Ahnung haben müsse. Nie werde ich unsere Abfahrt vergessen: Ernst und ich fuhren winkend aus der kleinen Strasse hinaus, Mutter blieb am Haus stehen und Vater und Fritz gingen zu Fuss in derselben Richtung, langsam zurückbleibend. Damals prägte ich mir den Anblick bewusst ein, und es war auch wirklich das letzte Mal, dass wir unseren Vater sahen."

Im Spätsommer finden sie in einem Vorort von Paris ein winziges Häuschen mit Garten und mit eigener Küche, billiger als die beiden möblierten Zimmer. Dieses Haus in Sèvres entwickelt sich in der zweiten Hälfte des Jahres 1933 zur Anlaufstelle für neu ankommende Emigranten in Paris. „Abends, so erzählten uns später unsere Mutter und Fritz, waren beinahe täglich eine Menge Emigranten bei ihnen zu Hause und der Pot au Feu musste manchmal für bis zu 20 Personen reichen." Auch Karl gibt Flüchtlingen, die nach Frankreich emigrieren, die elterliche Adresse. Neben der Korrespondenz eine wichtige Möglichkeit in Kontakt zu bleiben. Im Herbst findet sich auch ein Nachfolgeprodukt, allerdings ist es ein patentiertes Spiel, ein Puzzle in Gestalt eines vielzackigen Sterns. Da alle Teile vorproduziert bestellt werden müssen, besteht die eigentliche Arbeit nur noch im Verpacken, womit nur ein geringer Wertzuwachs und zu geringe Gewinne erzielt werden können.

Auch im Möbelhaus Gerson sind jüdische Mitarbeiter schon gekündigt worden, andere Angestellte zu den Nazis übergelaufen. Der neue Nazi-Betriebsrat befiehlt einen „Betriebsappell", zu dem die ganze Belegschaft antreten muss. „Mir hatte man gesagt, dass ich unter keinen Umständen es unterlassen könne, die Fahne ebenfalls mit erhobenem Arm zu begrüssen. So hob ich etwas meinen recht gekrümmten Arm, der mehrere Zentner wog. Ich sah mir als Kommunisten bekannte Kollegen mit straff ausgestrecktem Arm, auch die wenigen, noch in der Firma angestellten Juden und Jüdinnen, inklusive Dr. Freudenberg. Man sang – ohne mich – das Horst-Wessel-Lied und das Deutschlandlied, die ganze Zeit mit hoch ausgestrecktem Arm. Ich bekam einen Ekel vor mir selbst; wie konnte man sich so erniedrigen lassen! Nach einigen Reden wurde mit einem lauten „Heil Hitler" der Betriebsappell beendet. Ich mußte wohl einen sehr kläglichen Eindruck gemacht haben, denn sofort gingen einige nicht nazistische Kollegen auf mich zu und begleiteten mich zusammen mit Käthe in unser Büro und anschliessend zu Tisch, wo es mir nicht gelang, auch nur einen Bissen herunterzuschlucken.... Ich konnte mich lange nicht von diesem Appell erholen, in dem ich die grösste Erniedrigung meines Lebens empfand. Auch zu Abend konnte ich nichts essen und hatte eine abscheuliche, ziemlich schlaflose Nacht. Schon einige Wochen später las ich beglückt, dass es Juden künftig nicht mehr gestattet sei, an Betriebsappellen teilzunehmen; diese Ehre, bzw. Erniedrigung wurde nur noch Ariern zuteil."

Da die Firma Hermann Gerson selbst eine jüdische Firma ist, verschlechtert sich ihre wirtschaftliche Lage durch die üblichen Schikanen. Ende 1934 muss Vergleich angemeldet, das Geschäftshaus im Zentrum aufgegeben, und kleinere Läden in schlechterer Lage angemietet werden. „All dies brachte für uns Angestellte oft unerfreuliche Situationen, die für mich eine zusätzliche Belastung darstellten. Dennoch muss ich sagen, dass ich bis zuletzt gern bei der Firma arbeitete." Da die neue Wohnung von Meyers sehr beengt ist, bezieht er bei einer Freundin der Familie ein Zimmer, in dem deren Tochter gewohnt hat, die nun nach Rio ausgewandert ist. Die Abschiede von Freunden, die auswandern, werden häufiger.

Den Jahreswechsel 33/34 verbringen Käthe und Karl in seinem Zimmer bei einem schönen Essen und einer Flasche Wein. Kurz vor Mitternacht klingelt das Telefon der Vermieterin. Ernst benachrichtigt ihn darüber, dass der Vater einen Herzanfall erlitten habe. „In den folgenden Wochen beschäftigte mich vor allem die Korrespondenz mit Paris. Ich erfuhr, dass Vater einen Herzanfall auf der Strasse in Sèvres hatte und in das Jüdische Krankenhaus 3. Klasse eingeliefert worden war, wo er offensichtlich gut betreut wurde, nur waren die 4 oder 6 mit ihm zusammenliegenden Patienten ihm und Mutter antipathisch, und dürften ihm seine letzten Wochen recht verbittert haben." Tante Mathilde fährt von Frankfurt nach Paris, um die Familie zu unterstützen. Moritz Langenbach stirbt am 27. Januar 1934, wenige Tage vor seinem zweiundsechzigsten Geburtstag.

Karl fährt nach Frankfurt, Ernst hat schon dafür gesorgt, dass es mit dem Visum schnell geht. Gemeinsam fahren sie nach Paris. „Wir sprachen viel von Vater und von schönen, alten Zeiten und waren froh über das Viele, was ihm Freude gemacht hatte, und wofür er in den guten Zeiten niemals kleinlich war. Wenn nur das letzte Jahr nicht so sorgenvoll für ihn gewesen wäre! Sein Ende war ein plötzliches gewesen; er hatte schon wieder Hoffnung und dachte sogar an eine Erholung auf Korsika, wo es sehr schön und sehr billig war, und wir alle schrieben, bzw. sprachen viel davon. Er starb also, wie er veranlagt war: In der Hoffnung auf etwas Schönes. Wie oft hatte er gesagt, man müsse das Schöne im Leben ausnützen, solange man nur irgendwie kann."

Fritz und die Mutter hatten schon beschlossen den Leichnam einäschern zu lassen. Die Urne soll von Ernst und einem Freund nach Frankfurt überführt werden. Zwei Tage später treffen sie nach einer umständlichen, langen Fahrt wieder in Frankfurt ein: Cecil Langenbach und ihre drei Söhne Ernst, Karl und Fritz. „Am nächsten Tag fand die Beerdigung auf dem neuen jüdischen Friedhof statt, an der von unserem Geschäft, der Möbelfirma natürlich, eine Anzahl von christlichen Angestellten teilnahm. Wir hatten inzwischen beschlossen, dass Fritz einige Tage später wieder nach Paris zurückfahren wollte, um zuzusehen, was aus dem Geschäft dort werden könne, evtl. die Firma zu liquidieren und etwas anderes zu versuchen, um sich in Frankreich durchzuschlagen. Mutter solle zunächst bei Albersheims bleiben, bis Ernst zwei geeignete Zimmer für sie beide gefunden hätte, und ich fuhr nach weiteren 2 oder 3 Tagen nach Berlin zurück."

Weit weg von Europa

Fritz liquidiert die Firma und ar beitet für andere Emigranten, die mit mehr Kapital eine Manufaktur für Spielwaren aufgebaut hatten als Verkäufer auf Kommissionsbasis. Mit einem klapprigen Wagen fährt er über Land und verdient eigentlich recht gut. Aber den Gewinn muss er fast ausschließlich in Reparaturen für die alte Karre stecken, ohne die er nicht arbeiten könnte und für ein neueres Modell verdient er nicht genug.

Für Karl bleibt der Gedanke an Auswanderung stets gegenwärtig, aber ohne Geld in ein fremdes Land zu gehen, zumal überall Arbeitslosigkeit herrscht, erscheint ihm noch zu gewagt. Ernst hat endlich zwei Zimmer für sich und die Mutter gefunden. In der Zwischenzeit hatte sie bei Albersheims in Frankfurt gewohnt, war noch einmal einige Wochen nach Paris gefahren, wo sie bei Bekannten unterkam und für ein paar Tage in Berlin zu Besuch gewesen. Dort hat sie auch Käthe kennengelernt. „Käthe und sie mochten sich bald gerne, und es freute mich, als Mutter eines abends sagte, dass sie gar nichts dagegen hätte, wenn ich Käthe heiraten wollte. Aber ich konnte und wollte zunächst keine weiteren Zukunftspläne machen, wenn mir auch bisweilen Heiratsgedanken durch den Kopf gingen …, die völlige Unsicherheit und die Absicht, nicht mehr lange in Deutschland zu bleiben, verscheuchten schnell jeden solchen Gedanken. Zum zweiten Mal war es, dass äussere Umstände mich am Heiraten hinderten, obwohl ich genau spürte, dass ich zum Ehemann und Familienvater geboren war."

Bis zur Ausreise kratzen sie noch in jedem Sommer ihr bisschen Geld zusammen und treffen sich für ein paar gemeinsame Tage in den Alpen – eine kurze Zeit der Entspannung in freier Natur und ohne Hakenkreuzfahnen.

Bei der Firma Gerson gehört auch Käthe zu denen, die entlassen werden. Sie findet zwar schnell eine neue Stelle, aber Käthe und Karl können sich jetzt nicht mehr täglich sehen. Die Situation von Fritz in Frankreich wird immer desolater. Gemeinsam mit einem anderen Emigranten ist er auf eine Klitsche irgendwo in der französischen Provinz gezogen, wo sich die beiden Städter mehr schlecht als recht versuchen aus dem Lande zu ernähren. Karl informiert sich schon längst nicht mehr aus den gleichgeschalteten deutschen Zeitungen, er liest Le Temps, aber die Nachrichten sind dort auch nicht erfreulicher. Als im März 1935 Deutschland einseitig die Rüstungsbeschränkungen des Versailler Vertrags aufkündigt und die allgemeine Wehrpflicht wieder einführt, sind die Proteste der Alliierten nicht besonders nachdrücklich. Die Remilitarisierung läuft auf Krieg hinaus und Karl sieht mit Entsetzen, dass das Ausland nicht eingreift.

Der Entschluss dieses Land zu verlassen wird immer konkreter. Er wird nicht in die USA gehen, die Konsumgesellschaft hat ihm nicht gefallen. Exil in Europa ist nicht weit genug weg von dem kriegslüsternen Diktator. Außerdem zeigt das Schicksal von Fritz in Frankreich, dass dort die wirtschaftlichen Möglichkeiten für einen mittellosen Emigranten kritisch beurteilt werden müssen. Freunde sind in Algerien. Aber wenn Hitler einen Krieg anzettelt, ist auch Algerien nicht weit genug weg.

Bevor sich Mutter und Brüder im Sommer 1935 noch zum letzten gemeinsamen Urlaub treffen, gibt es eine neue Hiobsbotschaft. Die Mutter fühlt sich schon länger nicht gesund. Der Arzt in Frankfurt diagnostiziert Leukämie. Vor ihrem Urlaub erhält sie noch Bestrahlungen und fühlt sich besser und kann die gemeinsamen Tage genießen. Ihr Arzt trägt Karl auf, sich zu erkundigen, ob es das notwendige Bestrahlungsgerät für die Mutter auch dort gibt, wohin er auswandern will, denn sie wird die „Tiefenbestrahlung" noch regelmäßig brauchen.

Im September werden die „Nürnberger Gesetze" verabschiedet – eine weitere Stufe in der Entrechtung der jüdischen Deutschen. Die Treffen von Käthe und Karl sind jetzt unter Strafe gestellt – wegen „Rassenschande". Eine Weile telefonieren sie nur miteinander, dann treffen sie sich wieder, vorsichtig und an abgelegenen Orten, in kleinen Restaurants, in denen sie keiner kennt. Einmal geraten sie in eine brenzlige Situation. Am Bahnhof Tierpark warten sie auf den Zug und „zwei Männer betraten nach uns den Bahnsteig und gingen langsam auf uns zu und in einer Entfernung von wenigen Metern sagte der eine laut zu dem anderen: „Was sucht dieser blonde Jude mit dem arischen Mädchen?" Uns blieb das Herz stehen, aber zu unserem Glück fuhr beinahe im selben Augenblick der Zug ein."

Auch Fritz trägt sich mit Auswanderungsplänen, er erkundigt sich über die Bedingungen einer Auswanderung nach Palästina, gerade als Karl beschließt, nach Rio de Janeiro zu emigrieren. Ohne Geld kommt man nicht nach Palästina. Freunde, die schon dort sind, schicken Fritz einen Scheck über eine Summe, die das Langenbachsche Familienvermögen um ein Vielfaches übersteigt, damit könnte Fritz als „Kapitalist" von den Engländern eine Einreiseerlaubnis für Palästina bekommen. Fritz schickt diesen Scheck umgehend zurück. Er wird mit Karl nach Rio gehen. Sie beide werden dort – mal wieder – eine Existenz aufbauen und dann die Mutter und Ernst nachholen. Im Frühjahr 1936 wollen sie Deutschland und Europa den Rücken kehren.

Als die älteste Tochter von Karls Hauswirtin zu Besuch aus Rio nach Berlin kommt, macht sie Karl darauf aufmerksam, dass er sich mit seiner Abreise besser beeilen und noch in diesem Jahr nach Brasilien aufbrechen solle. Die Zuwanderung aus Europa steige stetig, es müsse befürchtet werden, dass die Einreise erschwert werde. Das ist überzeugend.

Legal einwandern können Karl und Fritz auch jetzt nicht, dazu braucht man einen Verwandten, der schon dort wohnt oder einen Anstellungsvertrag bei einer einheimischen Firma. Sie werden mit einem drei Monate gültigen Touristenvisum einreisen, und dann Wege suchen, den Aufenthalt zu legalisieren.

Die „Aurigny" ist das letzte französische Schiff, das 1935 aus Hamburg ausläuft und noch vor dem Jahreswechsel in Rio ankommt. „Ich ging sofort zu der Agentur der Chargeurs Reunis Unter den Linden und hörte, dass für Passagiere erster Klasse durch die Gesellschaft der Betrag von 1000 Mark in französische Franken transferiert werde, worüber ich unter keinen Umständen, da eigentlich unzulässig, ein Wort fallen lassen dürfe. Deshalb belegte ich für mich ab Hamburg 1. Klasse, und für Fritz ab Le Havre 3. Klasse Superieur für dieses Schiff, das am 27. November aus Hamburg auslaufen sollte und machte die notwendige Anzahlung auf beide Passagen. Mein Bankkonto hatte sich in den beinahe sechs Jahren, die ich in Berlin arbeitete, allmählich bis über 3500 Reichsmark erhöht, und so konnte ich beinahe die beiden Passagen und die für den Transfer vorgesehenen 1000 Mark bezahlen, wenn ich mein Guthaben aus den mir noch zustehenden Kommissionen bei Hermann Gerson ausgezahlt bekäme, ein beruhigendes Gefühl, denn das Wenige, was mir fehlte, konnte ich bestimmt von meiner Familie erwarten. Unsere Ausreise nach Brasilien war also garantiert, und sogar ein Sicherheitsfond von 1000 Mark für evtl. Notwendigkeiten drüben, bis wir beide im neuen Land Stellung fanden."

Mit der Passage Erster Klasse bekommt Karl ohne Schwierigkeiten das Visum für Brasilien. Vom Konsulat erhält er auch eine Adresse von einem Lehrer, der in Berlin portugiesisch unterrichtet. „Herr Lemos musste damals glänzend verdienen, denn alle Auswanderer von Berlin nach Brasilien hatten bei ihm Unterricht, und ich erinnere mich, dass er nicht billig war."

Was Karl lernt, das schreibt er für den Bruder auf, auch in phonetischer Schrift und schickt es ihm nach Frankreich. Für die berufliche Zukunft – vielleicht ergibt sich ja etwas in der Möbelbranche – erwirbt er von Wilhelm Knoll in Stuttgart, einem der angesehensten deutschen Hersteller von modernen Möbeln, das Patent für „Antimott-Sitzmöbel" in Brasilien.

„Dann wurde es Zeit, mich auf den Abschied von Europa und damit von allem, was mir lieb war vorzubereiten. Die Nazis und das übrige Weltgeschehen taten allerdings alles, um es mir zu erleichtern. Ich war so angeekelt und so entsetzt über die Vorgänge in Deutschland und über die Haltung der früheren Alliierten, dass ich mir diesen so bitteren Abschied nur möglichst schnell herbeiwünschte." In Frankfurt nimmt er Abschied von allen Freunden und Verwandten. Das Treffen „stand damals unter dem Zeichen des sich wohl nie mehr Wiedersehens und war dementsprechend traurig. Auch fuhr ich mit Ernst und unserer Mutter noch einmal in unseren so heimeligen Taunus und an den Rhein, und sog die Herbststimmung zum letzten Mal wissentlich in mich ein. Mit Mutter und Ernst wurde vereinbart, dass sie nach Rio nachkommen sollten, sobald Fritz und ich nur einigermassen Fuss gefasst hätten, sodass der Abschied von ihnen nicht als endgültig betrachtet werden musste."

Auch in Berlin folgt ein schweres Abschied nehmen dem nächsten. „Im Laufe meiner letzten Woche in Berlin verabredete ich mich beinahe täglich mit einem meiner Freunde oder Verwandten, und gab jedem meine Adresse, d. h. die von Erich Meyer, für alle Fälle. Mein Onkel Siegmund nahm die Gelegenheit war, mir noch einige hundert Mark zu schenken, womit ich imstande war, alle Unkosten der Abfahrt zu bestreiten. Etwas leichte Kleidung für Fritz und für mich hatte ich schon in Frankfurt bei Carsch ausgesucht und geschenkt bekommen. Onkel Louis sah ich noch circa 10 Tage vor meiner Abreise. Auch mit Arthur und Jeanne hatte ich noch einen gemütlichen Abend. Arthur war damals ein Fünfziger und musste sich mit einer knapp ausgeheilten Tuberkulose immer sehr halten. So zuwider ihm auch das Leben in Deutschland war, so konnte er dennoch nicht an eine Auswanderung denken; viele, gerade von der etwas älteren und vor allem der alten Generation hofften und glaubten, dass man den Gipfel des Antisemitismus erreicht habe und die bitteren Zeiten unauffällig und möglichst im eigenen Heim überleben könne. Wie hatten sie sich getäuscht! Meine Berliner Verwandten sind ohne Ausnahme von den Nazis ermordet worden. Onkel Louis, Tante Betti, Onkel Siegmund, Arthur und Jeanne. Und welch schauriges Schicksal müssen sie erlebt haben, bevor sie die ewige Ruhe fanden!"

Dann der Abschied von Käthe, der Gefährtin der letzten Jahre. „Wäre Käthe auch Jüdin gewesen oder ohne starke Bindungen an ihre Familie, so hätte ich ihr damals das Mit- oder Nachkommen und Heirat angeboten." Sie haben oft genug besprochen, dass jetzt andere Entscheidungen wichtiger sind. „So aber bestand für sie keine direkte Gefahr, während ich vor allem versuchen musste, meine Mutter und Ernst aus Deutschland herauszuholen."

„Auf meinen ausdrücklichen Wunsch brachte mich niemand an die Bahn." Es folgt noch der Abschied von den Hamburger Freunden, die ihn noch von der Ausreise abbringen wollen. Aber „ich hatte vor allem den Wunsch, aus Nazideutschland so schnell wie möglich herauszukommen und wieder freie Luft zu atmen."

Das Auslaufen des Schiffes verzögert sich um nervenaufreibende drei Tage, immer wieder deutsche Polizei an Bord und die Hakenkreuzfahne neben der französischen auf dem Schiff, „als ob man aus diesem Deutschland nie mehr herauskäme." Dann werden die Anker gelichtet. Karl hängt seinen Gedanken nach über das, was dies Reise für ihn bedeutet: „Flucht vor einer grossen Gefahr, Befreiung von Angst und Ekel, ein wahres Aufatmen, aber es blieb die Sorge um die vielen Verwandten und Freunde, die zurückgeblieben waren, es blieb das Wissen, die Orte und Landschaften, die man liebte, nie wieder zu sehen, ebenso beinahe alle Menschen, an denen man hing; man liess ein Land hinter sich, das man geliebt hatte und in dem man zu Hause war, eine Heimat mit ihren Sitten und Anschauungen; für mich war der Gedanke noch kaum fassbar, nie mehr nach Frankfurt zu kommen, die lieben Dörfchen und Städtchen und die gepflegten Felder und Wälder des süddeutschen Landes, unseren Spessart, Taunus und Schwarzwald nicht mehr wieder zu sehen oder gar die Alpen mit ihrem Schnee, ihren Felsen, Wäldern und Gletschern. Unsere Bindung an kulturelle Güter, Theater, Literatur, Film, Kunst in jeder Art waren schon in den vorhergegangenen beinahe drei Jahren von den Nazis aufs Brutalste zerschnitten worden. Es war viel Niedriges, Abscheuliches und Unmenschliches, was wir hinter uns liessen, aber auch alles, was wir in unserem bisherigen Leben an Schönheit, Freude und Erleben in uns aufgenommen hatten, und das uns zu dem geformt hatte, was wir waren. Unsere Wurzeln waren, wie die vieler Generationen unserer Vorfahren, tief im deutschen Boden verankert, unsere Denkweise war deutsch, wie auch unsere Erziehung und unsere Lebensweise. Und was stand uns bevor?

Für mich zunächst etwas Erfreuliches: Das Zusammentreffen und Zusammenbleiben mit meinem Bruder und das Wissen, dem, was danach kam, schon nicht allein, sondern zu zweit entgegenzutreten."

In Le Havre steigt Fritz zu. Karl hat schon erreicht, dass Fritz mit in seiner Kabine schlafen kann. Gemeinsam genießen sie die Überfahrt wie einen Urlaub. Denn es ist alles bezahlt, man kann sich ausruhen, gemeinsam portugiesisch üben und Kraft tanken für die Zukunft in einem unbekannten Land.

Am 24. Dezember 1935, einem strahlenden Morgen mit wolkenlosem Himmel laufen sie in die Bucht von Rio de Janeiro ein.

Neuer Anfang in Brasilien

Von Erich Meyer und seiner Frau Edith werden sie schon erwartet und beruhigt, denn man hat ihnen bei der Einreise ihre Pässe abgenommen, weil sie nur Touristen sind. Zehn Tage vor ihrer Abreise könnten sie die bei der Hafenpolizei wieder abholen. Aber Erich meint, es wird sich ein Dreh finden. In Südamerika fände sich immer ein Dreh. Die Zeit bis nach Neujahr sollen sie als Ferien betrachten, denn bis dahin sei jede Arbeitssuche sinnlos.

So lernen sie erst einmal die Stadt kennen, gehen am Strand baden und benutzen die gewöhnungsbedürftigen öffentlichen Verkehrsmittel. Sie gewöhnen sich schnell ein, vor allem weil das Netzwerk der Emigranten funktioniert, die sich gegenseitig weiterhelfen mit Informationen, Adressen, Ansprechpartnern im neuen Land. Karl und Fritz sind in einer kleinen Pension untergekommen, die die Meyers für sie gebucht haben. Schon am zweiten Tag treffen sie auch Bekannte aus Frankfurt und es bildet sich schnell ein kleiner Kreis befreundeter Personen.

Die Angelegenheit mit den Pässen wird schnell geregelt. Karl und Fritz lernen die Institution des „Despachanten" kennen, das ist der unumgängliche Vermittler zwischen Publikum und den Behörden, also der Mann, der weiß, für welches Anliegen man welchen Beamten bestechen muss. Sie erhalten ihre Pässe zurück und auch die nötige Arbeitserlaubnis auf gleichem Wege. Diese Dienstleistung kostet sie ein Drittel ihres Geldes.

Die ersten Möbelgeschäfte, deren Auslagen Karl sieht, sind ein Schock. „ Nicht ein einziger zeigte auch nur den geringsten Geschmack, von den Qualitäten gar nicht zu sprechen. Dagegen war Karstadt in Celle ein geradezu grossartiges und geschmackvolles Geschäft. Ich erinnere mich noch des Entsetzens, das mich damals ergriff. In solchem Laden sollte ich etwa arbeiten und meinen Tag verbringen." Durch die Vermittlung aus der Emigrantenszene erhält Karl jedoch die Gelegenheit sich bei Laubisch & Hirth, einem erstklassigen Möbelhaus, vorzustellen und kann ab 10. Januar dort anfangen. Die Verkaufsprovision beträgt dort übliche anderthalb Prozent, das Festgehalt reicht kaum, um die Kosten in der kleinen Pension zu bezahlen, in der sie noch immer wohnen. Karl arbeitet sich schnell ein. Nur Fritz findet noch keine Stelle, er macht eine Weile das Portugiesisch lernen zu seinem Beruf, denn von ihm werden bessere Sprachkenntnisse erwartet. Karl eignet sich die Sprache in der Praxis des Arbeitens an.

„Damals hatten wir regelmässige Post von zu Hause und auch von Freunden, und vor allem Käthe, die sich sehr für unser Leben und Verdienstmöglichkeiten interessierte. Von Walter Kleeblatt hatten wir schon bald eine Anfrage, was wir davon hielten, wenn er auch nach Brasilien käme. Wir schrieben selbst viel und fühlten uns der alten Heimat noch viel verbundener als der neuen, noch lange Zeit hindurch. Die politischen Ereignisse in Deutschland machten uns natürlich die allergrössten Sorgen. Ständig berichtete man uns von neuen Brutalitäten und Rechtsverbiegungen der Nazis und von der völligen Gleichgültigkeit der Welt. Niemand wollte sich, besonders auch noch der Juden wegen, mit den Nazis überwerfen. Aus dem Völkerbund waren sie schon im Jahre 1935 ausgetreten, die allgemeine Wehrpflicht war wieder eingeführt, und bald las man die nächste grosse Sensation: Das entmilitarisierte Rheinland wurde von deutschen Truppen besetzt und ausser flauen Protesten geschah nichts von Seiten der ehemaligen Alliierten.. Damals wäre es ein Kinderspiel gewesen, die deutschen Truppen zu sofortigem Rückzug zu zwingen. ... Mit welch ohnmächtiger Wut wir diese Nachrichten aufnahmen, lässt sich heute gar nicht mehr nachfühlen. War es denn möglich, dass wir die Lage klarer sahen, als die Regierungen der betroffenen Länder?"

Im März findet auch Fritz eine Stellung in der kaufmännischen Abteilung der Firma Mesbla. Beide machen die überraschende Erfahrung, dass es üblich ist, sich auch sonn- und feiertags in der Firma „sehen zu lassen". „Am darauffolgenden Sonntag ging ich also betrübt über das dadurch ausfallende Seebad in die Fabrik, in der ich so lange herumlief, bis ich von beiden Chefs gesehen war, und beschloss, mich künftig nicht mehr diesem lächerlichen Brauch anzuschliessen." Auch Urlaub wird nicht genommen. „So war ich, als ich zum ersten Mal im Jahr 1938 um Ferien bat, von der ganzen Firma der erste, der sich solchen Luxus erlaubte. Im Jahr 1937 waren Fritz und ich nur zu froh, uns unsere Ferien ebenfalls in Geld auszahlen zu lassen." Gesundheitlich bekommt Karl das Klima und die Umstellung nicht besonders gut. Er leidet jahrelang unter einer quälenden Furunkulose und zunehmend unter Asthma.

So richtig legal sind weder Karl noch Fritz im Land, die Möglichkeiten, das zu ändern kosten nur Geld, bringen aber keinen Erfolg. Aber sie erreichen, dass ihre Angehörigen legal einreisen können. Die Frankfurter lassen sich jedoch Zeit. Der Abfahrtstermin wird immer wieder verschoben. Ernst hat sich inzwischen mit Lore Bacharach verlobt und will bald heiraten. „Sie sollte also auch in die Einwanderungspläne unserer Familie einbegriffen werden, und Ernst und Mutter glaubten, bis Ende August oder Anfang September diesen Jahres (1936) reisen zu können, wenn sie ein Visum nach Brasilien bekämen. Wir fanden diesen Termin reichlich spät, mussten aber mit ärgerlicher Angst miterleben, dass noch zwei Mal ein Schiff für ein späteres eingetauscht wurde."

„Inzwischen hörten wir in unserer allwöchentlichen Korrespondenz, dass Ernst und Lore ihre Heirat für einige Wochen später festgesetzt hatten und anschliessend ihre Hochzeitsreise in die Schweiz planten. Von Mutter erhielten wir später einen Bericht über die Hochzeit und gleich danach einen Brief von Ernst und Lore aus Zürich, in dem sie uns mitteilten, dass sie einige Tausend Schweizer Franken schwarz nach dort gebracht hätten, und auch in Frankfurt noch einige Tausend in Mark-Noten besassen, von denen niemand etwas wisse. Das Couvert dieses Briefes trug die Aufschrift „Via Air France“ und einen dicken Stempel „Lufthansa Frankfurt a/M“. Wir waren völlig ausser uns über diesen Leichtsinn und die Möglichkeit, dass der Brief etwa in Frankfurt geöffnet worden war, was Konzentrationslager für sie bedeutet hätte. So erwarteten wir mit Ungeduld den üblichen Brief am nächsten Dienstag. Zum ersten und übrigens einzigen Mal blieb der Brief an diesem Dienstag aus. Unsere Besorgnis wurde geradezu zur Panik. Eine ganz Woche mussten wir jetzt beklommen und ruhelos abwarten. Es war eine der schlimmsten Wochen, an die ich mich erinnere. Wir baten jeden Abend Walter Kleeblatt, mit uns und einer Dame aus der Pension Bridge zu spielen, es war die einzige Art, uns etwas von unseren düsteren Gedanken abzubringen. Danach haben wir niemals mehr Bridge gespielt. Am nächsten Dienstag kamen dann zwei Briefe gleichzeitig aus Frankfurt, der erste hatte wohl das Flugzeug verpasst, und unsere Erleichterung war unbeschreiblich. Walter Kleeblatt hatte uns inzwischen erzählt, dass er sein ganzes Geld durch eine Frau aus Deutschland nach Luxemburg gebracht hatte, deren Haus vorne in Deutschland und hinten in Luxemburg lag, und die sich dafür 10 Prozent hatte bezahlen lassen. Er gab uns die Adresse. Wir schrieben an die Frau in Luxemburg, dass sie unseren Bruder in Frankfurt besuchen solle und setzten einen vorsichtigen Brief an Ernst auf, in dem wir ihm den bevorstehenden Besuch unserer guten Freundin So-und-so in Kürze ansagten und ihn baten, sie in Freundschaft aufzunehmen. Die Briefe wurden richtig verstanden und so konnte Ernst den noch in Deutschland befindlichen Teil seines Geldes ebenfalls in die Schweiz bringen, wo er allerdings durch die kurz danach erfolgte Abwertung des Schweizer Frankens 25 Prozent verlor.“

Im Oktober kommen die Frankfurter endlich in Rio an. Ernst und Lore nehmen sich zur Enttäuschung der Brüder eine eigene

Wohnung. So begeben sich Fritz und Karl auf die Suche nach einer Wohnung für sich und die Mutter. Einstweilen wohnen sie noch gemeinsam in der kleinen Pension, in die sie schon bei ihrer Ankunft eingezogen sind. Knapp ein viertel Jahr nach ihrer Ankunft verschlechtert sich der Gesundheitszustand von Cecil Langenbach. Sie braucht wieder Bestrahlungen. Für die absehbare Krankenbehandlung der Mutter haben Fritz und Karl eisern gespart, denn in Brasilien gibt es nichts, was einer Krankenkasse vergleichbar wäre. Als die Mutter aus der Klinik zurückkommt, beziehen sie gemeinsam eine winzige Wohnung mit zwei Balkonen und freiem Blick zum Meer. Ernst hat noch in Europa von einer Schweizer Parfümeriefabrik Produktionsrechte und Rezepturen für ein teures Parfüm erworben und will sich damit eine Existenz aufbauen.

Die Produktion beginnt in einer Garage, Lore soll den Verkauf organisieren, aber mangels Werbung bleiben Verkaufsziffern gering, und Ernsts Kapital geht langsam zur Neige. Die Nachrichten aus Europa sind deprimierend und die Emigranten sind in großer Sorge um die zurückgelassenen Freunde und Verwandten, die sie in Briefen zum Verlassen Nazi-Deutschlands auffordern. Mitte 1937 kommt Richard Albersheim mit Frau Dora und der kleinen Tochter Ursel in Rio an. Richard hatte nach dem Verkauf seines großen Geschäfts und der Zahlung der „Reichsfluchtsteuer" noch soviel Geld mitbringen können, dass er ein „Kapitalistenvisum" erhält. Er versucht sich mit einer Kapitalbeteilung, gerät aber an zwielichtige Partner. Auch Marie und Max Plaut treffen mit den beiden Töchtern aus Frankfurt ein.

Cecil Langenbach freut sich auf die Ankunft von Mathilde, der Zwillingsschwester von Moritz Langenbach. Doch die Leukämie ist nicht mehr aufzuhalten. Sie stirbt im April 1938, wenige Wochen vor Mathildes Ankunft. Zu ihrer Beisetzung kommen viele Menschen aus dem Kreis der Emigranten. An ihrem Grab spricht der Freund Ernst Löbl das Exilgedicht von Heinrich Heine:

Wo

Wo wird einst des Wandermüden
Letzte Ruhestätte sein?
Unter Palmen in dem Süden
Unter Linden an dem Rhein?

Werd ich wo in einer Wüste
Eingescharrt von fremder Hand?
Oder ruh ich an der Küste
Eines Meeres in dem Sand?
Immerhin! Mich wird umgeben
Gotteshimmel, dort wie hier,
Und als Totenlampen schweben
Nachts die Sterne über mir.

Noch ein halbes Jahr lang zahlen sie in Raten die Behandlungs- und Beerdigungskosten für die verstorbene Mutter ab.

Im November erreicht sie die Nachricht vom ersten, geplanten, großen Pogrom in Deutschland: der sogenannten „Kristallnacht". „Für uns war es eine grosse Beruhigung, wenigstens unsere Frankfurter Familie durch den Exterritorialen Status der Kolumbianischen Botschaft in Sicherheit zu wissen. In diesen Tagen, so erfuhren wir später, richtete Onkel Ernst ein reines Feldlager in seiner Wohnung ein, in der ca. 60 Personen tagelang lebten und auf dem Fussboden schliefen. Auch konnte Onkel Ernst durch Erteilung von Visen nach Kolumbien manchem Frankfurter Juden die Auswanderung ermöglichen. Schon bald danach wurde ihm von der deutschen Regierung das „Exequatur" entzogen, (d. h. seine Befugnisse als kolumbianischer Botschafter wurden nicht mehr anerkannt). Danach begann auch er, sich trotz seines hohen Alters, ernsthaft mit dem Gedanken an Auswanderung zu befassen." Ernst Langenbach ist zu diesem Zeitpunkt 82 Jahre.

Immer mehr Juden, die noch in Deutschland verblieben sind, versuchen auszuwandern. Aber es wird immer schwerer. Wo noch Visen erteilt werden, steigt deren Preis ständig. „Bis zum Kriegsbeginn steigerten sich dauernd die Forderungen der korrupten Konsularbeamten und führten am Ende dazu, dass Menschen ihren ganzen Besitz in Deutschland für ein Visum selbst nach Paraquay oder Bolivien hergaben. Die europäischen Länder waren keine Einwanderungsländer und litten überdies an grosser Arbeitslosigkeit. Nach Russland konnten nur eingetragene Mitglieder der KPD kommen." Kanada, Südafrika und Australien vergeben Visen vorwiegend an Engländer oder an Angehörige technischer Berufe, die Einwanderung nach den USA ist begrenzt. Onkel Ernst hatte natürlich die Möglichkeit mit seiner Familie nach Kolumbien zu gehen. Aber seine Freunde, die er von früher kannte, waren schon zum größten Teil nicht mehr am Leben und er konnte sich nicht vorstellen dort mittellos zu leben. „Als guter Deutscher hatte er gar nichts zur Seite gebracht, und die Auswanderer durften damals nur noch 10,– Mark aus Deutschland mitnehmen. Da machte mich Herr Ullmann, der damalige Besitzer der Deutschen Apotheke in Rio, ein Frankfurter, der Onkel Ernst gut kannte, darauf aufmerksam, dass sich eine Einwanderung nach Brasilien für einen columbianischen Konsul wahrscheinlich durch Vermittlung der columbianischen Botschaft ermöglichen liesse." Damit beginnt eine komplizierte Prozedur, an deren Ende der brasilianische Staatspräsident, Getulio Vargas, das Frankfurter brasilianische Konsulat telegrafisch anweisen lässt, Onkel Ernst mit Familie und Onkel Carl das Einwanderungsvisum zu erteilen.

Als sie in Rio ankommen, ist der Zweite Weltkrieg schon ausgebrochen. Sie sind von Genua aus abgefahren. Onkel Carl zieht bei Fritz und Karl ein. Für Onkel Ernst, Tante Marie und Alice sind wieder Zimmer in der kleinen Pension gebucht, in der schon die anderen Neuankömmlinge gewohnt haben. Damit ist die Frankfurter Familie in Sicherheit, und bis auf Georg und Lies mit dem kleinen Hänschen, die nach New York ausgewandert sind, sind alle anderen jetzt zusammen in Brasilien. Fritz und Karl sorgen für Onkel Carl und hatten auch damit gerechnet für Onkel Ernst und seine Familie mit aufzukommen. Aber das ist nicht nötig.

Schon bei der Ankunft von Onkel Ernst liegt für ihn ein Brief aus Kolumbien bereit, darin ein Scheck über 500 US Dollar. Geschickt hat ihn der Geschäftsnachfolger von Onkel Ernst in Bucamaranga. Die Geschichte reicht bis in die Jahrhundertwende zurück. Als Onkel Ernst damals sein Geschäft in Bucamaranga auflöste, um wieder nach Frankfurt zurückzukehren, veranstaltete er „einen grossen Ausverkauf seines Ladens, der wie er sagte, alles führte, von der Stecknadel bis zum Klavier, und als der Augenblick seiner Abreise nahe war, bot er seinem Prokuristen Novoa an, mit den restlichen Waren sein Geschäft zu übernehmen. Die Bezahlung der Waren könne seinen Möglichkeiten entsprechend erfolgen. Jahrzehnte hindurch hatten die beiden eine regelmäßige Korrespondenz, in der Novoa bisweilen die schwierige Lage seiner Firma erwähnte, niemals aber eine Zahlung verlangt oder geleistet wurde. In diesen Jahren wurde niemals ein Wort darüber verloren, und nun dieser Brief! Man sieht hier schön, dass Undank nicht immer der Welt Lohn ist und dass es oft vom Charakter des Gebenden abhängt. Jedenfalls hat Novoa noch öfter Zahlungen gemacht, die zusammen mit einigen grosszügigen Geschenken von Felix Adler aus New York, Tante Maries Vetter, und gelegentlichen Verdiensten von Alice tatsächlich Onkel Ernst und Familie wirtschaftlich völlig unabhängig machten.“

Vielen Flüchtlingen fehlt es an solcher Unterstützung. Während all dieser Jahre kommen mit jedem Schiff aus Europa Gruppen deutscher Emigranten an, von denen ein großer Teil ohne Freunde und Verwandte ist und ohne Mittel. An jedem ankommenden Schiff ist die „União Beneficiente Israelita“ mit deutschsprechenden Mitgliedern im Hafen, in billigen Hotels und Pensionen sind zuvor Zimmer belegt worden, mittellose Neuankömmlinge erhalten schon am Schiff Geld für die ersten Tage. Vielen Familien wird die ganze Zeit der Unterhalt bezahlt, besonders wenn es sich um ältere Leute handelt. Für alleinstehende alte Emigranten gibt es ein bescheidenes jüdisches Altersheim. Durch die Opferbereitschaft der jüdischen Gemeinden auf der ganzen Welt, insbesondere aber der amerikanischen Juden, die den „Joint“ finanzieren, sind diese beispiellosen Summen für die Massenauswanderung zusammengekommen. Alle tragen mit Spenden zu dem Hilfswerk bei.

Noch bis zum Eintreten Italiens in den Krieg können die Emigranten über Genua ausreisen. Danach ist auch diese Ausreisemöglichkeit genommen. Auf den amerikanischen Kontinent kommt man nur noch über einen riesigen Umweg über Russland. „Der kürzeste Weg führte per Eisenbahn nach Murmansk an der Nordküste der Halbinsel Kola. Dort legten noch Schiffe verschiedener Nationen an. Der viel häufiger benutzte Auswanderungsweg via Russland war die siebentägige Eisenbahnfahrt mit dem Transsibirienexpress durch Sibirien und die Mandschurei via Charbin und über das Chinesische Meer nach Japan und weiter von Yokohama nach San Franzisko. Auf diesem endlosen Weg ist Otto Brünell mit seiner Familie inkl. der alten Tante Betti (Moritz Langenbachs jüngste Schwester) aus Köln nach den USA gelangt. Die enormen Kosten einer solchen Reise wurden ebenfalls durch Spenden an den „Joint"(der Hilfsorganisation in den USA) aufgebracht, dessen Leistung in der Nazizeit nur als fantastisch bezeichnet werden kann. Letztere Strecke wurde auch von vielen Tausenden benutzt, die in ihrer Verzweiflung sich ein Visum für China (Tschiang- Kai- Chek) oder die Mandschurei geben ließen. So kamen sie wenigstens aus Deutschland heraus. Arbeitsmöglichkeiten gab es für sie in diesen Ländern nicht. Sie mussten ganz vom Joint erhalten werden, bis ihnen die Weiterreise, meist nach den USA ermöglicht wurde. Mit dem späteren Eintritt Japans und der USA in den Krieg verschlossen sich auch diese letzten Auswanderungsmöglichkeiten und die Falle schloss sich über den Zurückgebliebenen."

In Rio rufen die Frankfurter ihre alte Tradition wieder ins Leben: das regelmäßige Familientreffen am Freitag Abend.

Nach langem Schwanken erklärt auch Brasilien, zeitgleich mit Mexiko und Panama, im April 1942 Deutschland den Krieg. Kurz danach wird die Firma Laubisch & Hirth auf die schwarze Liste der Alliierten gesetzt, die die Firmen verzeichnet, die durch Informationen und Lieferungen und auch ideologisch auf Seiten der Nazis stehen. „Ich wandte mich damals an meinen Freund und Kunden Jack Reed, von dem ich wusste, dass er der Hafenkommandant für alle englischen Schiffe im Hafen von Rio de Janeiro war, und bat ihn um eine Bestätigung, ob aktive Handlungen von Laubisch & Hirth vorlägen, die den Einschluss in die schwarze Liste gerechtfertigt erscheinen liessen. Nach 2 Tagen gab er mir eine bestätigende Antwort, und ich schrieb noch am selben Tag, mit etwas schwerem Herzen, meinen Kündigungsbrief. Als Grund erwähnte ich, dass mir als Jude eine Weiterarbeit in einer Firma, die als den Alliierten feindlich gekennzeichnet wurde, unmöglich sei. So trat ich nach mehr als sechsjähriger Tätigkeit aus der Firma aus."

Karl wird sich als freischaffender Innenarchitekt eine Existenz aufbauen. Er hat in den letzten Jahren viele einflussreiche und wohlhabende Familien durch seine Arbeit kennengelernt und hofft einige als Kunden gewinnen zu können. Er lässt die Firma „Carlos Langenbach, Decorador" eintragen. Seine Investitionen sind ein Zeichenbrett mit allem Zubehör, eine gebrauchte, alte Schreibmaschine vom Althändler und die nötigen Drucksachen. Wochenlang läuft er durch die Stadt, und prüft die Polsterer, die Tischler, die Dekorationswerkstätten auf ihre Qualitäten, „denn von Anfang an hatte ich mir vorgenommen, nur das Beste zu liefern, um keinen Kunden zu enttäuschen." In seiner Wohnung entstehen die Entwürfe, tippt er eigenhändig die Kostenvoranschläge. „Meine Angst, nicht genügend beschäftigt zu sein, erwies sich von Anfang an als abwegig." Als seine Zeit für die Anfertigung aller Zeichnungen nicht mehr ausreicht, vergibt er einzelne Aufträge an zwei Zeichner von Laubisch & Hirth. „Die Grundlinien gab ich den beiden Zeichnern selbst. Erst viel später überliess ich bisweilen auch die grundsätzlichen Lösungen dem begabteren von beiden, Joaquim Tenreiro, und bemerkte bei ihm grosse künstlerische Fähigkeiten." Karl Langenbach baut seine Firma mit Umsicht und extrem langen Arbeitstagen weiter aus, stets darauf achtend möglichst ohne oder mit nur geringer Fremdfinanzierung auszukommen. Alle Gewinne werden reinvestiert. Anfang 1943 nimmt Karl Langenbach den Zeichner Joaquim Tenreiro, der daraufhin bei Laubisch & Hirth kündigt, als Sozius auf. Die Firma erhält jetzt den Namen „Langenbach & Tenreiro Ltd.", ab 1944 haben sie eine eigene Fabrik. Dieser Name taucht noch heute in allen Veröffentlichungen auf, die sich mit der Geschichte der modernen Möbel in Brasilien beschäftigen, denn Langenbach und Tenreiro gelten als die Pioniere der Moderne in dem südamerikanischen Staat. Nachdem sie einen Ausstellungsraum mit großer Schaufensterfront haben anmieten können, zeigen sie dort das erste Mal überhaupt selbst entworfenes modernes Mobiliar im skandinavischen Stil. Die überraschend große Resonanz führt dazu, dass sie auf die Entwürfe von „Stilmöbeln" verzichten können.

Mit welchen Hindernissen das kapitalschwache junge Unternehmen konfrontiert ist, belegt dieses Beispiel: „Die ersten Lieferungen bereiteten mir grosse Schwierigkeiten. Die damalige brasilianische Gesetzgebung schrieb vor, dass jedes Stück, das geliefert wurde, auf einer „Nota Fiscal" angeführt sein müsse, aus der der Preis und die entsprechende Steuer ersichtlich war. Diese Steuer hatte für die verschiedenen Waren auch verschiedene Prozentsätze und musste überdies in Form von entwerteten Steuermarken auf die Waren aufgeklebt sein. Diese „Estempilhas" konnte man nur bei der Steuerbehörde erwerben, wozu komplizierte Formulare ausgeführt werden mussten. Es gab diese Marken in verschiedenen Werten und ich musste mir vorher genau errechnen, welche Marken für eine Lieferung gebraucht wurden, da ich mir in der ersten Zeit keinerlei Vorrat dieser Marken leisten konnte. Es gab damals häufige Kontrollen, die sich so abspielten, dass jeder Lieferwagen auf der Strasse von einem Fiscal angehalten werden konnte und seine Waren auf Preis und Steuermarken gründlichst untersucht wurden. Bei Möbeln war das doppelt unangenehm, denn es kam gar nicht selten vor, dass ganze Möbelwagen auf der Strasse ausgeräumt werden mussten. ... Die ersten Lieferungen begleitete ich neben dem Fahrer sitzend, nachdem ich schon zuvor oft genug über die schlechte Behandlung und Verstauung der Möbel reklamieren musste. Die Spannung löste sich erst, wenn alles im Haus der Kunden verstaut und aufgestellt war."

Das Jahr 1942 ist auch für das Privatleben der Langenbachbrüder von größter Bedeutung. Ernsts Ehe mit Lore ist auseinander gegangen. Fritz hatte schon zwei Jahre vorher Hete Paul kennengelernt, die als Hausdame arbeitet und sich mit ihr angefreundet. Zum Karneval besuchen sie Hete bei ihrer Tante Lotte Bacherer, bei der auch die Fotografin Lotte Mengers zu Besuch ist. Lotte stammt aus Hamburg und ist schon 1934 nach Brasilien ausgewandert. Sie hatte in Berlin am Lettehaus ihre Ausbildung zur Fotografin beendet, als die Nazis an die Macht kamen. Lottes Mutter litt damals schon lange an Arthritis und war ans Bett gefesselt. Sie war schon seit längerer Zeit lebensmüde und als kurz nach der Machtergreifung jüdische Anwälte nicht mehr praktizieren durften, und damit Lottes Vater keine Möglichkeit zur Arbeit mehr hatte, haben sie im Juni 1933 dieser trostlosen Situation durch gemeinschaftlichen Freitod ein Ende gemacht. Es war einer der ersten politisch motivierten Selbstmorde in Hamburg. Lotte war damals erst neunzehn Jahre alt. Nach der Beerdigung ihrer Eltern begann sie ihre Auswanderung zu organisieren. Als Fotografin hat sie sich wenige Jahre nach ihrer Einwanderung in Brasilien selbständig gemacht. Sie macht vor allem Kinderbilder und Portraitaufnahmen. Karl findet Lotte auf Anhieb sympathisch und im Laufe von wenigen Monaten sind sie verlobt. Karl und Lotte heiraten an Karls 39. Geburtstag. Einen Monat später heiraten Fritz und Hete. Auch Ernst hat seine unglückliche Ehe mit Lore überwunden und geht wenige Monate später seine zweite Ehe mit Edith Joseph ein. Edith war zusammen mit ihrer Mutter sehr spät ausgewandert. Als der Zweite Weltkrieg ausbrach, wurden alle jüdischen Emigranten in Dakar vom Schiff geholt und in ein Gefangenenlager in der Wüste kaserniert. Sie blieben dort ein halbes Jahr unter erbärmlichen Verhältnissen und hatten das Glück, zu den Wenigen zu gehören, die nicht an Typhus oder einer Tropenkrankheit erkrankt waren. Ediths Bruder, der damals schon in Rio lebte, gelang es nach Monaten ihre Weiterreise nach Rio zu bewerkstelligen.

Ernst und Edith können nur eine kurze Zeit gemeinsam glücklich sein. 1945 wird bei ihm ein Nierenkarzinom diagnostiziert. „Ernst starb mit 46 Jahren, noch ohne wirtschaftlich ein Licht am Ende des Tunnels gesehen zu haben. Dass er wenigstens das Ende Hitlerdeutschlands miterlebt hat, war für ihn eine grosse Genugtuung. Ebenso, dass er sich mit Edith aufs Beste verstand, leider ohne viel Zeit gemeinsam zu haben, und immer von finanziellen Schwierigkeiten überschattet. Es war ein bitteres Ende."

Carlos Langenbach 1999 bei einem Besuch im Taunus

Lottes und Karls Tochter Miriam wird 1944 geboren. Lotte gibt danach ihren Beruf auf. „Wir waren uns beide darüber klar, dass die Verantwortung der Eltern ihren Kindern gegenüber zu jedem Opfer zwingt, hatte doch nie ein Kind seine Eltern darum gebeten, auf die Welt gesetzt zu werden. So widmete Lotte von da an alle ihre Zeit den Kindern (Sohn Thomas wird im Sommer 1945 geboren), und ich tat es ebenfalls gern, leider nicht in dem Umfang, wie ich es gewünscht hätte. Die Umstände zwangen mich, meinem Geschäft mehr Zeit opfern zu müssen als erwartet und so war meine Anwesenheit zu Hause meist auf die Mittagszeit und den Abend beschränkt, an dem wir später die beiden Kleinen auf den Schultern durch die Wohnung trugen und dann in ihre Betten warfen, von lustigem Geschrei begleitet. Nur an den Sonntagen gingen wir immer mit ihnen aus, und in unseren Ferien waren wir ausnahmslos mit den Kindern zusammen."

In den Jahren 1950 und 1951 sterben in kurzem Abstand hintereinander Onkel Ernst Langenbach im Alter von 92 Jahren und Onkel Carl Langenbach, nur wenige Jahre jünger.

Fritz und Hete haben ebenfalls zwei kleine Kinder und Fritz hat sich bei der Mesbla eine gute, verantwortliche Position erarbeitet.

Seit zwei Jahren sind sie naturalisiert worden und haben damit einen dauerhaft gesicherten Aufenthaltsstatus. Karl hat mit anderen Freunden ein Grundstück auf halbem Wege zwischen Rio und Petropolis erworben und bescheidene Gartenhäuser drauf errichtet. In Karls und Lottes Haus gibt es auch ein Zimmer für Fritz, Hete und die Kinder. Sie verleben dort schöne Tage. Das Leben könnte endlich ein wenig entspannter weitergehen, als die Ärzte bei Fritz Darmkrebs feststellen. Er stirbt nach quälenden Behandlungen Ende 1952 im Alter von gerade 42 Jahren.

Karl und sein Partner Joaquim Tenreira bauen das Möbelgeschäft und die Fabrik weiter aus. Ihre Produkte genießen einen hervorragenden Ruf. Aber die Zusammenarbeit der beiden Partner wird zunehmend schwieriger, bis schließlich das Zerwürfnis nicht mehr aufzuhalten ist. Karl Langenbach scheidet aus der Firma aus, die er gegründet und zu großem Erfolg geführt hat. Er verläßt Rio, das Gartenhaus wird zum Wohnhaus erweitert, und Karl baut – mal wieder – eine neue Existenz auf. In Petropolis eröffnet er eine Fabrik für Polstermöbel. Wie zuvor die Fabrik in Rio gilt auch diese bald als die modernste in Brasilien. 1968 setzt er sich zu Ruhe und überlässt diese Fabrik seinen vier Hauptangestellten, die sie noch heute führen.

Der Umzug bekommt ihm auch gesundheitlich. Die Asthmaanfälle hören auf, sicher nicht nur dem Klimawechsel geschuldet. Denn „es begann jetzt eine Zeit, die für uns alle eine sehr glückliche war …, die erste wirklich sorglose, die ich seit 1928 und Lotte praktisch seit ihrer Jugend erleben konnte."

Im Frühjahr 1960 machen Karl und Lotte eine große Reise. Sie besuchen Freunde und Verwandte, die durch den Naziterror in alle Winde zerstreut worden sind und machen Station in: New York, Cleveland, London, Hamburg, Ost-Berlin, Schönwald, Bern und Paris. „Die Stadt Frankfurt allerdings war für mich eine solche Enttäuschung, dass ich es vorzog, nicht dort zu übernachten, sondern in Wiesbaden, das ich immer besonders gern hatte und das ziemlich unverändert geblieben war."

Inzwischen war Karl Langenbach noch häufig in Europa, auch in Frankfurt und im geliebten Taunus. Das letzte Mal im Jahr 2000 im Alter von 96 Jahren. 1999 beeindruckte er die WK-Mitglieder, die einmal im Jahr zusammenkommen, in Berlin durch seine Vitalität.

Er hielt auf ihrem Treffen einen Vortrag. Die Verbindung zu WK ist bis zu seinem Tod im Sommer 2002 nie abgerissen.

Nachdem Karl Langenbach sich aus dem Berufsleben zurückgezogen hatte, sah es zunächst so aus, als sei die mit Herz und Verstand betriebene Langenbachsche Familientradition in der Möbelbranche damit erloschen, denn die Kinder Miriam und Thomas gingen beruflich ganz andere Wege. Aber die Enkelgeneration knüpft an die alten Fäden wieder an: Eine Enkeltochter ist Architektin geworden und ein Enkelsohn studiert Design und hat für WK Entwürfe gefertigt.

So nimmt die Geschichte dieser tatkräftigen Familie, die so lange der Unterdrückung ausgesetzt war und die die Nazis mit dem Tode bedroht und ihrer Heimat beraubt haben, wenigstens an dieser Stelle ein versöhnliches Ende.

Nachwort

Dreihundertfünfzig Jahre lang haben die Langenbachs nachweislich in Frankfurt gelebt, bis die Nazionalsozialisten sie vertrieben haben. Die nächste Generation entwickelt ihre Wurzeln in Brasilien. In Frankfurt sind nur wenige Spuren dieser alten Frankfurter Familie zu finden: steinerne Spuren auf den jüdischen Friedhöfen der Stadt, die winzig kleinen Fundamente des Hauses zum Roten Widder, in dem sie eine Weile gewohnt haben, in der Ausstellung des Jüdischen Museums unter dem Börneplatz. Keine Spuren gibt es von ihnen an der Umfassungsmauer des alten jüdischen Friedhofs an der Battonstraße. Dort stehen die Namen der von den Nazis deportierten und ermordeten Frankfurter Juden. Der Name Langenbach ist dort nicht verzeichnet, vorwiegend deshalb, weil die Familie sich nie über die Gefahr der Nationalsozialistischen Diktatur getäuscht hat und weil sie ohne Zögern einer für den anderen eingestanden sind.

Es gibt noch Menschen in der Stadt, die sich der Familie erinnern und die den Kontakt weiter pflegen. Einem von ihnen – Wolfgang Thaetner – verdankt dieses Buch seine Entstehung. Wolfgang Thaetner hat mich auf die Familie Langenbach aufmerksam gemacht und mir vielfältiges Material zu Verfügung gestellt und das Entstehen der Arbeit geduldig und aufmerksam verfolgt. Dafür ganz herzlichen Dank! Seine Beziehungen zur Familie Langenbach sind ein Beleg für ein selbstverständliches Zusammenleben zwischen den Angehörigen verschiedener Religionen in Frankfurt in den ersten zwei Jahrzehnten des zwanzigsten Jahrhunderts. Wolfgang Thaetners Mutter war katholisch, sein Vater evangelisch und sein Taufpate – Ernst Langenbach, der kolumbianische Konsul – jüdisch. Eine solche Konstellation war eigentlich nur in Frankfurt möglich.

Die Kontakte zu den Langenbachs wurden auch von Seiten der WK-Gemeinschaft gepflegt. Mit dem Ehrenvorsitzenden, Wilhelm Krahn, traf Karl – oder wie er jetzt heißt: Carlos – Langenbach immer zusammen, wenn er in Deutschland zu Besuch war. Im ganzen Verband genießt Carlos Langenbach nicht nur als Sohn des WK-Mitbegründers hohes Ansehen, sondern auch seiner eigenen beruflichen Lebensleistung wegen: Er war ein Pionier bei der Entwicklung und Durchsetzung modernen Mobiliars in Brasilien, hat anschließend mit Umsicht und unendlichem Fleiß eine der modernsten Möbelfabriken des Landes aufgebaut und ist stets den Qualitätsanforderungen treu geblieben, die schon seinen Vater zur Mitgründung des WK-Vereins bewogen haben.

In den offiziellen Urkunden und Büchern über die Geschichte des WK-Verbandes wird Moritz Langenbach nicht erwähnt (z. B. Hans Wichmann: Aufbruch zum Neuen Wohnen 1978 und 1992). Erst durch die Kontaktaufnahme von Wolfgang Thaetner zum WK-Einrichtungshaus Helberger in Frankfurt (1995) wurde seine Tätigkeit für die WK bekannt und belegt. Die WK-Stiftung hat das Entstehen dieses Buches durch die Honorarzahlung angestoßen in der Hoffnung auf weitere Unterstürzung. Als diese ausblieb, haben WK und der geschäftsführende Gesellschafter Hans Strothoff dafür gesorgt, dass auch die Hauptfinanzierung gesichert wurde: eine späte Würdigung im 90. Jubiläumsjahr für einen vergessenen WK-Gründer. Karl Langenbach hat das Manuskript noch lesen können und für gut befunden. Allen WK-Mitgliedern für ihre großzügige Unterstützung herzlichen Dank!

Die Spuren der Familie Langenbach waren nicht immer leicht zu finden, als Familie haben sie in der bisherigen Forschung keine große Rolle gespielt. Das Unauffällige der Familiengeschichte scheint aber mehr auszudrücken als mangelndes Forschungsinteresse. Das „Unauffällige“ haftet der Familie selbst an: sie haben sich niemals produziert und in den Vordergrund gespielt – schon Rabbi Meier Langenbach gilt als „bescheiden“, auch als sie wirklich reich sind, pflegen sie das „Schöne“, nicht das „Teure“. Sie haben immer Verantwortung übernommen, die beiden Rabbis und der Gemeindevorsteher Meier Langenbach ebenso wie später Seligmann Langenbach, der das Philanthropin förderte, oder Moritz Langenbach, der ehrenamtlicher Richter geworden ist. Typisch, dass Moritz Langenbach sich beim Niedergang seines Geschäftes um das Schicksal des Prokuristen sorgt, dass Ernst Langenbach sein Geschäft übergibt, ohne eine Rechnung zu stellen und Carlos Langenbach seine Firma seinen langjährigen Mitarbeitern überlässt. Ihre Kreativität ist ebenfalls mehrfach früh belegt, von der Druckerei des Isaak Langenbach, bis zur Meisterschaft des Siegmund Langenbach, der Gründung des WK- Vereins durch Moritz Langenbach, seiner Geschäftsgründung im Pariser Exil und der Lebensleistung seiner

Söhne, die fast ihr Leben lang mit der Gründung „einer neuen Existenz“ befasst waren und in bewundernswerter Weise die famliäre Solidarität gelebt haben.

Vor der Folie dieser speziellen Familiengeschichte wird noch einmal der Verlust deutlich, der mit der Zerstörung Frankfurts als jüdischer Lebenswelt durch die Nazis erfolgt ist. Wir „Nachgeborenen“ können das nur mit Entsetzen und Wehmut zur Kenntnis nehmen. Es erwächst uns aber auch die Aufgabe, die Verantwortung dafür zu übernehmen, dass sich die Geschichte von Entrechtung, Terror und Mord nicht wiederholt. Aus diesem Land sind Verfolgte in alle Welt geflohen. So hätten wir heute die Verantwortung, denen die Tür aufzumachen, die jetzt vor unmenschlichen Verhältnissen die Flucht ergreifen.